게임은 알려주고 **중독**은 **치료**하는 **학부모 지침서**

게임 중독
벗어나기

게임은 알려주고 **중독**은 **치료**하는 **학부모 지침서**

게임 중독
벗어나기

권재원 지음

서 문

　이 책은 2008년에 출간한 『컴퓨터 게임 중독증의 이해와 치료』를 고쳐 쓴 것이다. 그런데 이 책은 엄밀히 말해서 개정판이 아니라 대중판이다. 이런 해괴한 타이틀을 붙이게 된 데에는 사연이 있다.

　2008년에 출간했던 책은 저자의 박사학위논문과 청소년학회 등에 게재했던 논문들을 정리한 것이었다. 따라서 일반인들, 특히 컴퓨터 게임 중독증에 관심이 많은 학부모와 청소년들이 그 책을 읽고 유용한 정보를 얻기란 대단히 어려웠다. 사실 저자도 그 책이 널리 읽힐 것을 기대하지 않았고, 교육 전문가나 심리 전문가들에게 어떤 새로운 관점을 소개할 수 있다면 그것으로 만족했었다. 그렇게 그 책은 작은 분량이 출판되었으며, 컴퓨터 게임 중독 관련 논문이나 보고서에 간간히 인용되면서 나름의 역할을 다한 뒤 모든 과학 연구 결과물들이 그렇듯, 보다 새로운 이론들의 밑거름이 되면서 서서히 잊히기 시작했다.

　그런데 한국학술정보(주)에서 뜻하지 않게 이 책의 개정판을 제안해 왔다. 청소년의 컴퓨터 게임 중독증 때문에 고생하는 학부모들이 많은데, 정작 컴퓨터 게임 중독증에 대한 이해를 돕는 책이 너무 없다는 것이었다. 그래서 정말 그런지 알아보기 위해 실제 시중에 나와 있는 컴퓨터 게임 중독증에 대한 책이나 문헌을 살펴보았다. 그 결과 이들은 모두 훌륭한 연구 결과나 아이디어를 담고 있었지만 지나치게 전문적이고 어렵거나, 아니면 논의 과정은 생략한 채 치료법이나 대처 방법만 매뉴얼처럼 제시하고 있어서 컴퓨터 게임 중독증 자체를 이해하고 싶어 하는 청소년과 학부모에게 뭔가 허전한 감을 주고 있음을 확인했다. 출판사 측 역시 기존의 컴퓨터 게임 중독증 관련 저작들 중 나의 전작이 기초적인 내용을 가장 많이 담고 있기 때문에 잘 손질하면 현재 청소년과 학부모의 요구에 부응할 수 있을 것이라고 설명했다.

출판사 측의 이런 설명을 듣고 나는 적잖이 고민해야 했다. 우선 이 책이 개정판이 될 것인가 아니면 전혀 다른 목적을 가진 책이 될 것인가부터 결정해야 했다. 개정판은 실제 내용상의 변동이 있어야 한다. 더 많은 최신 이론을 흡수하여 내용을 보강하거나 아니면 전판의 오류를 찾아서 수정해야 한다. 그러나 출판사 측의 요구는 그런 것이 아니라 학술서적의 형식을 가지고 있는 전작을 대중적으로 바꿔 달라는 것이었다. 그렇다면 내용상으로는 큰 변화가 없고, 다만 읽기 쉽게 문장과 형식을 개작해야 한다는 것인데, 여기에 개정판이라고 이름을 붙이기는 어려웠다. 그래서 궁여지책으로 생각해 낸 것이 대중판이었다.

따라서 이 책은 전편과 비교할 경우 이론적으로, 학술적으로 추가된 내용은 거의 없다. 오히려 일반인들에게는 그다지 중요하지 않은 서베이 과정과 통계적 검정 부분이 대폭 삭제되었다. 그 부분이 따로 궁금한 독자는 전판을 참고하거나 필자의 논문을 참고하기 바란다. 또 이전 판(앞으로 학술판이라 부르겠다)이 나오고 대중판이 나오기까지 3년이라는 시간이 지났지만, 그사이에 발표된 논문이나 보고서들은 이 책의 기존 이론을 보강하거나 뒤집는 결과가 제시되지 않는 한 인용하지 않았다. 쉽게 풀어 쓴다는 이 책의 목적상 이론을 더 복잡하게 만들 수는 없었기 때문이다. 부록에 수록한 컴퓨터 게임의 역사와 걸작 게임선은 이전 판의 것을 그대로 수록하였다.

그 결과 이전의 책과 비슷한 듯하면서도 그렇지 않은 이 책이 나오게 되었다. 이 책은 학술판과 비교해서 내용상으로는 큰 차이가 없지만, 일반인들도 비교적 쉽게 읽을 수 있게 문장과 용어를 많이 수정하였다. 물론 그렇다고 해서 아무런 준비 없이 술술 읽을 수 있다는 것은 아니다. 청소년, 컴퓨터 게임, 중독증, 어느 하나 만만한 주제가 없는데, 술술 읽히는 책을 쓴다는 것은 엄청난 대가가 아니면 불가능한 일이다.

모쪼록 이 책이 청소년의 컴퓨터 게임 문제 때문에 고민하는 학부모나 교육자들에게 도움이 되었으면 한다. 마지막으로 이 책이 술술 읽힌다면 그것은 독자의 이해력이 높은 덕분이며, 술술 읽히지 않는다면 그것은 저자의 표현능력 부족 때문임을 부기해 둔다.

2010년 11월

권재원

차 례

서문

제1장

컴퓨터 게임은 문화의 한 부분이다

최근 컴퓨터 게임에 대한 관심이 부쩍 높아지고 있다. 20년 전에는 전자오락이라 불리며 청소년 유해 업종으로 간주되었고, 10여 년 전만 해도 아이들의 가벼운 일탈 정도로 혹은 청소년의 독특한 하위문화로 치부되었던 컴퓨터 게임은 최근 디지털 컨버전스 시대를 맞이하여 각종 인터넷, 네트워크, 통신을 망라한 ICT문화의 총화로 자리 잡아 가고 있다. 아이폰과 아이패드로 세계를 떠들썩하게 했던 애플의 차기 제품이 스마트 게임콘솔이 될 것이라는 예측이 무성한 것 역시, 컴퓨터 게임이 더 이상 일탈이나 하위문화가 아니라 보편적인 문화 혹은 문화의 중심에 올라섰다는 방증이 된다.

그런데 컴퓨터 게임이 하위문화에서 이렇게 문화의 중심으로 올라섰다는 것은 그 위험성과 유해성에 대해서도 그만큼 더 많은 관심을 기울여야 한다는 뜻이다. 담배가 필로폰이나 대마초에 비해 독성이 훨씬 더 약함에도 불구하고 청소년들의 흡연에 약물중독보다 더 많은 관심을 기울이는 까닭은 담배를 피우는 것이 음지의 반문화, 하위문화가 아니라 보편적이고 일상적인 문화이기 때문이다. 더군다나 최근 들어 심심치 않게 신문지면을 장식하는 컴퓨터 게임 중독증에 대한 기사들을 보면 부모가 게임에 빠져 자녀를 유기하거나, 형이 게임에 빠져 동생을 게임 방식으로 가격하다가 사망에 이르게 하는 등 보는 눈을 믿기 어려울 정도의 사건들이 속출하고 있다.

그렇다고 해서 컴퓨터 게임을 금지하거나 혹은 담배처럼 아동·청소년의 접근을 차단하는 것으로 이 문제를 해결할 수는 없다. 담배는 아동·청소년에게 유해할 뿐 아니라 눈곱만큼의 유익함도 주지 못하기 때문에 금지할 수 있는 것이다. 그러나 컴퓨터 게임의 경우를 보면 피해 사례만 집중적으로 보도되어서 그렇게 보일 뿐이지, 긍정적이고 유익한 측면도 결코 적지 않다. 컴퓨터 게임에 대한 교육학자나 심리학자의 견해들 역시 담배의 경우와 달리 예찬론에 가까운 긍정적인 견해에서부터 박멸론에 가까운 부정적인 견해에 이르기까지 다양한 스펙트럼을 가진다.

컴퓨터 게임에 대한 긍정적인 견해들은 산업으로서의 컴퓨터 게임과 문화로서의 컴퓨터 게임의 가치를 높이 평가한다. 최근 "우리나라의 온라인 게임이 중국 시장을 장악하다", "우리나라 게이머들 세계대회 3년 연속 석권" 같은 식의 기사가 톱으로 올라오는 것을 흔히 볼 수 있다. 즉, 컴퓨터 게임은 굴뚝 없는 산업의 대명사요, 우리나라 창의성의 상징이며 훌륭한 외화벌이 수단이다. 게다가 각종 세계대회를 석권하는 E스포츠 선수들의 활약에 힘입어 국위 선양에까지 기여하고 있다.

반면 다른 쪽에서는 컴퓨터 게임을 청소년 범죄를 유발하며 강한 중독성을 가지고 있다고 비난하고 있다. 이들에 따르면 컴퓨터 게임은 폭력적이고 선정적인 매체의 대표주자요, 모방 충동을 야기하는 청소년 범죄 유발인자다. 특히 아이를 육성하는 컴퓨터 게임에 중독된 부부가 정작 자기들의 아이를 유기하여 사망에 이르게 한 충격적인 사건 이후, 컴퓨터 게임을 일종의 사회악으로 간주하는 사람들의 목소리도 높아지게 되었다. 그래서 게임 시간을 물리적으로 제한하는 셧다운 제도라거나 게임하는 것이 오히려 고통으로 느껴지게 만드는 피로제의 도입을 요구하는 목소리가 끊임없이 나오고 있는 것이다.

그러나 이 견해들은 긍정·부정을 막론하고 컴퓨터 게임을 너무 불공평하게 다루고 있다. 특히 긍정적으로 평가하는 경우조차 컴퓨터 게임은 돈을 벌어 주기 때문에 긍정되거나 감내되어야 한다는 관점이 읽히고 있다. 즉, 컴퓨터 게임은 조심스럽게 다루어야 할 위험 매체처럼 취급되고 있는 것이다. 심지어 최근 정부의 지원을 받아서 대대적인 컴퓨터 게임 중독증 치료 사업을 진행하고 있는 아이윌센터에서 제안하는 프로그램 역시 청소년들이 컴퓨터 게임을 절제하도록 하는 데 집중하고 있다. 이것은 부당한 대우이다. 이렇게 처음부터 컴퓨터 게임을 낮추어 보는 시선을 가지고 접근해서는 청소년들의 치료는커녕 세대갈등만 심화될 가능성이 크다.

만약 컴퓨터 게임 역시 일종의 문화산업이라고 한다면, 다른 문화장르들과 비슷한 대접을 받아야 한다. 우리는 오페라나 발레가 러시아처럼 외화벌이 수단으로 기능하지 않음에도 불구하고 이 장르들이 융성하기를 바란다. 또 유명한 성악가나 무용수가 세계를 주름잡지 못하더라도 이 장르들이 융성하여 우리 혹은 우리 자녀가 충분히 즐기고 누릴 수 있기를 희망한다. 또, 음란한 연극이나 무용도 얼마든지 있을 수 있지만, 그런 것들이 있다고 해서 연극이나 무용을 유해하다고 말한다면 넌센스가로 여길 것이다.

컴퓨터 게임과 가장 근접한 장르이며 함께 영상물로 분류되고 있는 영화의 예를 들어 보자. 만약 시중에 포르노그래피가 많이 유포되고 그것을 모방하여 성범죄를 저지르는 청소년들이 늘어난다면 여기에 어떻게 대처하는 것이 가장 합리적일까? 그것을 이유로 해서 청소년의 영화관람 시간을 제한한다거나, 영화에 피로도 시스템을 도입해서 두 시간 이상 영화를 못 보게 한다거나 혹은 청소년이 영화를 아예 보지 못하게 하자는 주장을 한다면 그게 정당화될 수 있을까? 누구나 문제가 되는 것은 포르노지 영화가 아니라는 것에 쉽게 동의한다. 심지어 포르노는 포르노지 그걸 영화의 한 장르로 인정할 수 없다는 주장도 나올 것이다. 물론 컬럼바인 총기 난사사건 등 학교에서 총기사고가 빈발해진 미국에서 '청소년 권장 영화'와 '유해 영상물'에 대한 구별이 한결 엄격해진 것이 사실이다. 하지만 그 경우에도 영화 그 자체를 유해매체로 보아 제한하려는 일은 일어나지 않았다. 일부 보수단체가 하드코어록이라는 음악 장르 전체를 유해한 것으로 몰아서 퇴출하려고 시도하기는 했지만 시민사회에 의해 거부되었다. 몇몇 걸작 때문에 영화는 무조건 유익한 것이 아니듯이 몇몇 유해영상물 때문에 모든 영화가 유해매체는 아니라는 것은 상식이다.

따라서 이 경우 우리가 선택할 수 있는 가장 합리적이고 강력한 조치는 청소년에게 권장할 만한 유익한 영화와 차단해야 하는 유해한 영화를 구별하여 영화별로 관람 등급을 지정하는 정도다. 심지어 이때 유해하다고 판명된 영화도 그 내용이나 표현 방식이 청소년에게 나쁜 영향을 줄 수 있다는 의미이지 작품 자체가 유해하다는 의미는 아니다.

물론 경우에 따라 작품 자체가 유해하다고 판단되어 청소년은 물론 성인에게도 배포되지 못하는 영화가 있을 수도 있다. 하지만 이 경우에도 도덕적 · 교육적 기준만 사용되는 것은 아니다. 이 판정에는 영상예술로서의 기준도 함께 사용된다. 영상예술의 기준은 표현의 자유를 폭넓게 보장하며, 이 두 기준이 상충될 경우에는 항상 표현의 자유가 우선권을 가진다. '예술이냐, 외설이냐? 예술이냐 폭력물이냐?' 식의 논란이 자주 일어났던 것도 영화가 예술적 가치를 입증하는 한 어느 정도의 선정성 · 폭력성은 허용된다는 전제가 깔려 있기 때문이다.

물론 이 어느 정도의 수준이 어디까지냐에 대해서는 사회적 합의 정도에 따라 달라질 것이다. 그렇지만 『몽상가들』, 『색계』 같은 영화는 여자 배우의 음모와 남자 배우의 성기가 노출되고 『폴라x』, 『감각의 제국』, 『백치들』 같은 영화에서는 아예 배우들이 실제로 성행위를 하지만 그렇다고 해서 이 작품들이 음란물이며 상영이 금지되어야 한다고 주장하는 사람들은 많지 않으며, 설사 있다 해도 시대에 뒤떨어진 주장으로 받아들여지고 있다.

또 컴퓨터 게임은 영상물일 뿐만 아니라 일종의 경기이기도 하기 때문에 스포츠와 인접한 장르라고 할 수 있다. 실제 E스포츠라는 말까지 널리 사용되고 있으니 이 비교에 무리는 없을 것이다. 흔히 컴퓨터 게임의 과도한 폭력성을 비난하면서 이를 제한해야 한다는 주장이 많은 설득력을 얻고 있다. 하지만 만약 이러한 폭력성 기준을 똑같이 적용한다면 가상의 격투가 아니라 실제로 상대를 가격하고 가상의 피가 아니라 실제로 유혈 낭자한 상황이 발생하는 복싱이나 각종 격투 종목들은 무슨 근거로 허용될 수 있을까? 이런 종목들은 청소년이 관람하지 못하도록 해야 올바른 조치가 아닐까? 그런데 청소년들은 복싱이나 기타 여러 격투 종목들을 아무 제약 없이 직접 혹은 TV로 관람하고 있다. 심지어 선수로 등록되어 합법적으로 싸움을 하고, 강력한 폭력을 발휘하여 상대방을 때려눕히면 잘 싸웠다고 상까지 받는다. 이런 일이 가능한 것은 이런 격투 종목들을 평가하는 기준으로 폭력성 등의 기준보다 스포츠로서의 기준을 우선 적용하기 때문이다. 일단 스포츠로서의 가치를 인정받는다면 어느 정도의 폭력성은 경기의 한 요소로서 허용되는 것이다.

영화나 스포츠는 물론 인류의 빛나는 유산으로 취급되는 고전 예술작품들도 따져 보면 청소년 유해요소들이 만만치 않게 들어 있다. 이를테면 오페라의 대명사처럼 알려진 모차르트의 『피가로의 결혼』은 백작의 스와핑 시도와 이를 막으려는 남편의 암투를 중심으로 이야기가 진행되고 있다. 특히 4막은 어두운 정원 곳곳에서 정사가 벌어지려고 하는 정황을 묘사하고 있다. 그런데 이 작품은 '불후의 명작'이기에 심지어 부모들은 초등학생 자녀들까지 데리고 와서 경건한 자세로 감상할 것을 요구한다. 또 스트라빈스키의 발레 『봄의 제전』이나 리하르트 슈트라우스의 오페라 『살로메』는 명백히 카날리즘 (carnalism)을 보여 주고 있다. 그런데 이런 작품들은 선정성, 폭력성보다는 우선 음악으로, 또 무용으로서의 가치가 압도적으로 높기 때문에 도리어 청소년에게 권장되는 고전의 반열에 올라서 있다.

따라서 컴퓨터 게임을 문화 산업의 한 부분으로 인정한다면, 그래서 외국에 수출하는 것이 자랑이 되고, 그 분야의 고수들을 마치 올림픽 선수들이나, 국제 경연대회 우승한 예술가들처럼 칭찬하려면 적어도 컴퓨터 게임을 컴퓨터 게임으로서 판단할 수 있는 고유의 기준을 가지고 있어야 하며, 이 기준을 바탕으로 먼저 걸작과 졸작이 구별되어야 한다. 다른 외부적 기준에 의한 유해성 논란은 그다음의 일이 되어야 한다. 즉, 다소 유해한 요소가 있지만 예술성과 게임성의 측면에서 볼 때 훌륭한 게임과 유해한 요소 그 자체가 목적이 되고 있는 쓰레기 같은 게임을 구별해야 한다는 것이다. 만약 그렇게 하지 않으려면, 그리하여 컴퓨터 게임을 그저 필요악 정도로 취급하려면 중국이나 미국 시장에서 우리나라 게임이 선전하고 있는 것을 혹은 E스포츠에서 우승한 선수들을 자랑해서는 안 된다. 이는 마치 콜롬비아 정부가 세계 마약 시장을 장악하고 있다고 자랑하는 것과 같은 것이다.

그런데 유감스럽게도 컴퓨터 게임은 이미 정착한 문화의 한 부분으로서의 이런 당연하고 공정한 대접을 거의 받지 못한다. 어른들은 아직까지도 컴퓨터 게임에 대해 공공연히 적대적이며, 적대적이지 않은 경우에도 컴퓨터 게임 고유의 문화적인 가치를 인정하고 그 고유한 척도로 게임을 평가하려는 태도를 가지고 있지 못하다. 그 결과 컴퓨터 게임은 자신의 고유한 척도가 아니라 외부적인 척도, 즉 선정성·폭력성·교훈성 등으로 평가되고 있다. 어떤 컴퓨터 게임이 게임으로서의 가치, 영상예술로서의 가치가 높기 때문에 어느 정도의 선정성이나 폭력성도 허용된다는 식의 평가가 이루어진 예는 전무하다시피 하다. 반면 선정성이나 폭력성 정도가 낮은 게임은 영상예술성이나 게임성과 무관하게 그런 대로 청소년들에게 권장할 만한 것으로 취급된다. 거기에다가 교훈적인 내용이나 학습과 관련한 내용이 들어 있으면 유익한 컴퓨터 게임 대접을 받는다.

우리나라 기성세대의 컴퓨터 게임에 대한 일반적인 반응을 요약하면 그 분야 자체는 백해무익하니 완전히 없애 버려도 무방하지만, 이미 어느 정도 정착되었고, 또 산업적 가치도 있고, 아이들의 놀 거리도 필요하니 적절히 통제되고 제한되어야 하는 일종의 필요악이다 정도가 되겠다. 1980년대에는 만화가 이와 같은 부당한 취급을 받았었다. 청소년 문제가 부각될 때마다 흥분한 학부모 단체에서 만화책을 산더미같이 쌓아 놓고 화형식을 하는 풍경을 볼 수 있었으니 말이다. 비슷한 시기 미국에서는 헤비메탈 음반들과 비디오게임 팩들을 쌓아 놓고 화형식을 했다고도 한다. 법적으로도 전자유기장(오락실)이나 만화대여소, 그리고 당구장은 청소년 유해시설로 취급되었었다.

초기(호기심 단계)

게임에 관심을 보이기 시작함.
주로 게임을 화제 삼아 대화를 나눔.
수면시간 줄어들고 성적 소폭 떨어짐.
게임을 무조건 못 하게 하는 게 아니라 아이들과 게임에 대한 공감대를 키워 스스로 게임을 조절하는 능력을 길러 줘야 함.

중기(대리만족 단계)

현실 대신 게임 속에서 만족을 느낌.
게임머니 거래를 시작함.
게임머니를 구하기 위해 거짓말을 하고 돈을 훔침.
가정에서 자체적인 대화로 해결 불가능.
전문 상담을 통해 아이가 현실에서 만족하지 못하는 근본적 원인 찾아야 함.

후기(현실도피 단계)

현실과 게임 세계를 구분 못 함.
자퇴나 가출하는 경우 많음.
온라인 상태만을 갈구하다 보니 범죄나 사고를 저지르기 쉬움.
입원 등을 통한 적극적인 격리치료가 필요함.

자료: 서울시 아이윌센터

게임 중독 단계별 증세 및 부모대처법

서울시에서 제공하는 '컴퓨터 게임 중독 부모 대처요령'을 보라. 여기서는 컴퓨터 게임이 좋은 효과도 줄 수 있는 문화장르라는 고려는 전혀 보이지 않는다. 적당한 수준은 용인하지만 사용시간이 늘어나면 위험한 마약같이 취급하고 있다. 관심, 호기심에서 시작했다가 헤어나지 못하는 수렁에 빠지는 과정은 약하게는 담배, 심각하게는 마약에 빠져드는 전형적인 코스가 아닌가?

하지만 컴퓨터 게임이라는 분야 자체가 유익한가, 유해한가를 따지는 것은 마치 영화가 혹은 오페라가 유익한가, 유해한가를 따지는 것처럼 어리석은 일이다. 포르노그래피 때문에 영화 자체를 유해매체로 단죄할 수 없듯, 몇몇 병리현상을 근거로 컴퓨터 게임을 단죄할 수는 없다. 게다가 컴퓨터 게임은 이미 청소년들의 가장 유력한 여가수단 중 하나로 정착되었고, 30대까지 망라하는 연령층이 일상적으로 즐기고 있는 가장 보편적인 매체가 되었기 때문에 단죄하고자 해도 단죄할 수도 없다. 어른들은 이름도 처음 들어 보았을 프로게이머들이 청소년들의 우상이 되고, 해마다 부산 광안리에서 열리는 프로게임 결승전에는 10만 명에 육박하는 10대에서 30대를 망라하는 구름 관중이 몰려든다. 이렇게 많은 젊은 세대의 문화로 정착된 컴퓨터 게임을 싸잡아서 그 유해성을 거론하는 것은 오히려 문화 충돌의 한 원인이 될 가능성마저 있다. 그러니 "게임 못하게 하면 아빠랑 쌩 깔 거야!"(동아일보 2010. 07. 21.)라는 말을 듣게 되는 것이다.

따라서 이제는 우리가 영화 전체가 유해하다, 유익하다 하지 않고 유해한 영화와 유익한 영화를 구별하듯이 컴퓨터 게임이 유익한가 유해한가를 거칠게 논의할 것이 아니라 좋은 컴퓨터 게임을 가려 낼 수 있는 기준은 무엇인가에 대한 보다 진전된 논의가 필요하다. 또 영화에서 유해한 영화와 유익한 영화라는 외적 분류보다 졸작 영화와 걸작 영화라는 영화 내적 분류가 우선이듯이, 컴퓨터 게임도 우선 수준 높은 게임과 질 낮은 게임을 선별하고 나서 그다음에 유익·유해 컴퓨터 게임을 가려내야 할 것이다. 이것이 이미 21세기 ICT문화의 핵심에 정착한 컴퓨터 게임에 대한 정당한 대우가 될 것이다.

이러한 기준을 세울 때 특히 유념해야 할 것은 컴퓨터 게임은 다른 무엇보다도 우선은 놀이수단이라는 점이다. 심지어 컴퓨터 게임이 학습매체로 활용될 경우에도 '에듀테인먼트'라는 신조어가 보여 주듯 놀이로서의 속성은 대단히 중요하다. 따라서 '재미'야말로 좋은 컴퓨터 게임을 가려내는 가장 결정적인 기준이 되어야 한다. '재미'의 요소를 갖추지 못한 컴퓨터 게임은 아무리 유익한 내용을 담고 있더라도 사용자를 붙들어 두지 못하기 때문에 효과를 발휘하지 못할 것이다.

물론 '재미'있다고 해서 좋은 컴퓨터 게임이라고 할 수는 없다. '재미'있으면서 그 바탕 위에 유익한 내용과 미적인 가치가 아우러져 있어야 좋은 컴퓨터 게임이라 할 수 있을 것이다. 하지만 재미의 기준이 다른 것에 우선해야 한다는 사실만큼은 불변이다. 일단 사용자를 붙들어 놓아야 교육적 내용이건 미적 표현이건 간에 효과를 발휘하는 것이다. 이런 의미에서 재미는 좋은 컴퓨터 게임의 필요조건이라고 할 수 있다.

그런데 문제는 이 '재미'라는 것을 그렇게 쉽게 정의 내릴 수 없다는 것이다. 어떤 사람이 어떤 대상이나 활동에 몰두해 있거나 혹은 웃고 있다고 해서 그것을 '재미있는 상태'라고 할 수 없기 때문이다. 특히 어떤 활동이 재미있다면 사람들은 그 활동에 장시간 몰두하고 있을 것이다.

하지만 '재미' 외에도 사람들을 장시간 붙들어 두는 힘을 가진 작용이 있다. 그것은 바로 중독이다. 그런데 재미있는 활동과 중독적인 활동은 모두 행위자를 장시간 붙잡아 둔다는 공통점을 가지기 때문에 피상적 관찰만으로는 구별하기가 거의 불가능하다. 경기장에서 장시간 어떤 경기를 재미있게 관람하는 팬과 경마장에서 장시간 전광판을 주시하는 도박 중독자는 겉으로 봐서는 쉽게 구별이 되지 않는다. 이는 컴퓨터 게임의 경우도 마찬가지다. 어떤 게임에 재미를 느끼며 몰두하는 청소년과 중독되어서 몰두하고 있는 청소년을 구별해 내는 것은 쉬운 일이 아니며, 더 나아가 재미의 대상이 되는 게임과, 중독대상이 되는 게임을 구별하는 것은 더욱 어렵다.

그럼에도 불구하고 이 구별에 실패했을 경우 치러야 하는 비용은 적지 않다. 재미있어서 컴퓨터 게임을 플레이하는 청소년을 중독으로 오판해서 강력한 조치를 취한다면 심각한 세대 간 문화 충돌이 일어나고 말 것이다. 실제로 많은 기성세대들은 이런 오류를 잘 범한다. 하지만 중독되어 장시간 게임에 매달리고 있는 청소년을 재미있게 게임하고 있는 것으로 오판한다면 자칫 돌이킬 수 없는 결과에 이를 수도 있다. 따라서 재미있는 컴퓨터 게임과 중독적인 컴퓨터 게임의 선별은 이 새로운 매체의 교육적 활용에 앞서 해결해야 하는 과제라고 할 수 있으며, 그것이 바로 이 책의 목표이기도 하다.

이 책에서 일관되게 주장한 것은 컴퓨터 게임을 당당한 문화 장르의 하나로 인정해야 한다는 것이었다. 그리고 만약 컴퓨터 게임을 하나의 문화, 예술 장르로 인정한다면 다른 예술장르들과 마찬가지로 걸작과 범작이 있을 것이며, 또 고전의 반열에 올라선 작품도 있을 것이다.

사실 컴퓨터 게임에서 고전을 선정한다는 것은 쉬운 일이 아니다. 컴퓨터 게임은 사실상 예술작품이 아니라 상품으로 소모되기 때문에 몇 년, 심지어는 10년이 지난 게임이 여전히 유통되는 일은 흔한 일이 아니다. 그러나 비록 현재 유통되고 사용되고 있지는 않더라도 여전히 오늘날 유통되는 게임들에 적용되는 원형을 제시하고 참고의 대상이 되고 있다면 고전이란 이름으로 불림에 부족함이 없을 것이다.

여기에 소개한 아홉 개의 게임은 사실 저자의 주관적인 견해에 따라 선정된 것이다. 여기에 소개한 게임들보다 더 훌륭한 게임들도 있다. 그러나 학술적인 저작이 상품을 광고할 수는 없기 때문에 부득이 오래 전에 발표되어 사실상 상품으로서의 수명은 끝난, 그러나 참고자료로서의 가치는 높은 그런 게임들을 소개하였다.

따라서 여기에 소개된 게임들을 좋은 게임이라고 여겨 자녀들에게 권장하는 어리석음은 피해야 할 것이다. 청소년들에게 여기 소개된 게임들은 이미 너무 낡은 게임이다. 다만 기성세대들은 여기에 소개한 게임들을 면밀히 검토하고 또 플레이해 보는 것이 도움이 될 것이다. 이를 통해 '좋은 게임'이란 어떤 것인가에 대한 감각을 얻을 수 있기 때문이다. 여기에 소개된 게임들은 이미 염가(1편당 5,000원 내외)로 판매되는 주얼 게임(jewel game)*들이다.

● 테트리스(Tetris)

1985년 러시아의 알렉스 파지노프가 개발한 게임으로 1986년 IBM PC를 위한 버전이 개발된 후 세계 각국으로 전파되었으며, 각 나라에서도 많은 아류작을 만들 정도로 인기를 끌었다. 20년이 지난 오늘날에도 PC 게임과 온라인 게임, 특히 모바일 게임에서 많은 인기를 누리고 있다.

---

* 설명서와 패키지 없이 게임 시디만 저가로 판매되는 것. 오래된 게임을 염가에 처분하는 방법으로 많이 활용된다.

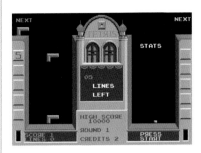

영원한 고전 〈테트리스〉

처음 이 게임이 등장했을 때는 어찌나 재미있던지 미국 정보기관의 업무효율성을 떨어뜨리기 위해 KGB가 개발했다는 낭설이 퍼지기도 하였다.

이런 명성과 달리 게임 자체는 매우 단순하다. 이 게임은 네 개의 정사각형이 조합되어 만들어진 각기 다른 모양의 블록을 차곡차곡 쌓아서 빈칸 없이 채우면 사라지는 퍼즐형 게임으로 2차원 화면에 사운드도 단순하다.

그럼에도 불구하고 전 세계적으로 폭발적인 인기를 끌고 아직까지도 그 인기와 영향력이 사라지지 않는 것은, 이 게임이 단순함에도 불구하고 자기 목적형 활동이 갖추어야 할 모든 조건을 갖추고 있기 때문이다. 이 게임의 핵심은 다음에 나올 블록의 모양을 미리 볼 수 있다는 것이다. 따라서 플레이어는 현재 내려오는 블록을 맞추는 것과 동시에 다음에 내려올 블록을 맞추기 유리한 모양을 만들어야 한다. 이런 이중의 두뇌활동이 단순한 이 게임에 유쾌한 복잡성을 부여한다.

또한 게임이 진행될수록 블록이 내려오는 속도가 점점 빨라지며, 블록을 채워 넣어야 할 곳도 빈 공간에서 시작하여 복잡한 모양으로 점점 어려워진다. 마침내 한 스테이지를 클리어하면 러시아 민속복장을 한 피에로들이 등장해 한판의 즐거운 춤을 선사하여 적절한 보상을 제공한다.

제2장

두 얼굴의 매체, 컴퓨터 게임

이제 컴퓨터 게임의 유익한 점과 유해한 점이 구체적으로 무엇인지부터 살펴보자. 이는 컴퓨터 게임에 대한 막연한 예찬과 막연한 공포를 제거하고 합리적인 대처방안을 찾기 위한 출발점이 될 것이다. 그런데 문제는 컴퓨터 게임이라는 매체가 짧은 시간 동안 매우 빠르게 변하고 큰 폭으로 발전했기 때문에 그동안 누적된 연구 결과들이 큰 도움이 되지 않는 경우가 많다는 것이다.

예컨대, 1990년대까지만 해도 컴퓨터 게임은 일부 마니아에게만 국한되었던 매체이자 놀이수단이었다. 이들 마니아는 폐쇄적인 PC에 설치된 게임 세계 속에 파묻히면서 세상과 단절된 기쁨을 즐겼다. 따라서 그 당시 컴퓨터 게임이 주는 유익한 점에는 이런 철저한 고립적 기쁨, 세상으로부터의 후퇴가 주는 안정감 같은 것이 포함될 수 있었고, 유해한 점으로는 고립적 성향의 강화 등을 들 수 있었다. 그러나 1997년*을 계기로 이런 상황이 달라졌다. 컴퓨터 게임은 마니아의

---

* 1997년은 PC방이 보편화되기 시작한 해이다. 1990년대 중반의 청소년들인 X세대의 주요 문화는 가요, 브레이크 댄스, 그리고 NBA 농구였다. 컴퓨터 게임은 일부 마니아들의 문화였으며 청소년들은 전자 유기장 게

문화가 아니라 보편적인 청소년 문화를 넘어 10~40대까지 망라하면서 많은 사용자를 보유하고 있는 유력한 문화매체가 되었다. 또 폐쇄적인 PC에 설치되지 않고, 인터넷 서버에 주로 설치됨으로써 사이버상의 사회적 네트워크와 결합되었다.

이 새로운 매체는 일부 마니아만의 전유물이던 시절에는 적극 장려되었다. 컴퓨터 게임을 응용한 교수설계 연구가 이루어지고 문화관광부에 '게임 산업 개발원'이 발족되었다. 그러나 보편적 문화로 자리 잡은 다음부터는 위험성을 드러내는 사례들이 나타나기 시작했다. 특히 2001년 이후 컴퓨터 게임이라는 주제로 등록된 논문들을 보면 거의 대부분이 부작용과 관련된 것일 정도로 '컴퓨터 게임 유해론'이 널리 주장되었다. 정보통신부에 '사이버 중독 예방센터'가 만들어졌고, 지자체마다 컴퓨터 게임 중독 치료를 위한 프로그램을 운영하게 되었다.

우리가 컴퓨터 게임을 무작정 장려하거나 금지하지 않고, 좋고 나쁜 컴퓨터 게임을 가려내고자 한다면 이런 배경하에 발표된 컴퓨터 게임의 각종 유익론과 유해론들을 살펴보아야 한다. 유익·유해 컴퓨터 게임을 임의로 선정하지 않으려면 이런 연구 결과들을 바탕으로 과학적 근거가 있는 기준을 구성해야 하기 때문이다.

컴퓨터 게임의 유익성·유해성에 대한 논란과 연구는 주로 이 분야가 집중적으로 부각되며 정착되던 초창기인 1990년대 후반과 2000년대 초반에 집중적으로 이루어졌다. 그 이후 크게 두드러지는 연구는 나오지 않았고, 주로 임상적인 기록이나 진단, 측정 등 조사만 이루어졌을 뿐이다.

임(오락실 게임)을 주로 하였다. 당시 컴퓨터 게임을 하던 청소년들은, 자신들이 하는 것은 게임으로 부르고 다른 청소년들이 하는 것은 오락이라 부르며 차별하였다.

❚❘ 컴퓨터 게임은 유익하다

컴퓨터 게임이 유익하다는 주장은 심리학·교육학 등 다양한 분야에서 꾸준히 제기되어 왔다. 이들을 통칭 유익론이라고 부르기는 하겠지만, 저마다 주장하는 유익성과 그 근거들이 다양해서 하나로 통칭하기에는 사실 무리가 있다. 그럼에도 불구하고 이 주장들을 크게 몇 가지 유형으로 분류해 본다면 '학습효과론'과 '여가·문화 수단론'으로 정리할 수 있다.

'학습효과론'은 한마디로 컴퓨터 게임이 공부에 도움이 되기 때문에 유익하다는 것이다. 컴퓨터 게임은 직접 교육 내용을 효과적으로 표현할 수도 있고 혹은 학생들의 학습동기와 학업 성취도에 긍정적인 영향을 주어서 학습효과를 높일 수도 있다.

여기에 기반을 두어 수업에 컴퓨터 게임을 활용하거나 혹은 각종 학습용 소프트웨어를 컴퓨터 게임 형식으로 제시하려는 시도들이 많이 나타났다. '한자성의 비밀' 같은 초보적 퀴즈 수준의 게임이 아니라 컴퓨터 게임을 통해 무려 '철학'을 공부하도록 하자는 대단히 야심찬 프로젝트까지 있었다. 심지어 여기서 더 나아가 아예 컴퓨터 게임만으로 수업을 대신할 수 있도록 하는 기획도 시도되었다. 최근 논란이 되고 있는 전자교과서 같은 경우도 형성평가 부분은 일종의 게임 형식을 취하고 있다.

컴퓨터 게임은 어떻게 학습효과를 높여줄까? 우선 컴퓨터 게임은 재미있기 때문에 이를 수업에 응용하면 학생들의 학습동기를 높일 수 있다. 또 메타인지적 효과도 기대할 수 있는데, 이는 컴퓨터 게임이 매우 복잡하고 정밀한 룰에 따라 진행된다는 데서 비롯된다. 이 복잡하고 정밀한 룰을 풀어 가며 게임을 하다 보면 학생들의 문제해결 능력이나 추리력의 향상을 기대할 수 있다. 한편 컴퓨터 게임은 현실에서 실제로 구현할 수 없는 상황을 가상체험 할 수 있다. 이 뛰어난 시뮬레이션 기능은 위험한 화학 실험을 대신한다거나, 환경문제·도시운영 등 가상 상황을 제시하여 학생들이 실제로 문제 해결의 기회를 제공받는 효과를 올릴 수 있다.

'여가·문화 수단론'은 컴퓨터 게임이 공부를 도와주는 것이 아니라, 좋은 놀이의 수단이 되기 때문에 유익하다고 이야기한다. 이 주장에 따르면 컴퓨터 게임의 유익함은 학습 등 이차적인 효과가 아니라 재미있는 게임이 되어 주는 것만으로도 충분하다. 이는 놀이가 그동안 유익한 인간활동으로 인정받아 왔던 노동, 학습 등의 보조적 수단이 아니라 이들과 어깨를 나란히 할 수 있는 유익한 활동이라는 견해에 기반을 두고 있다. 이런 주장을 펼친 대표적인 학자는 단연 호이징하다. 호이징하는 그의 기념비적인 저작인 『놀이하는 인간(호모 루덴스)』에서 놀이야말로 가장 인간적인 활동임을 역설하였다. 따라서 컴퓨터 게임은 학습이나 노동에 도움이 된다는 것을 입증함으로써 자신의 유용성을 보여 줄 필요가 없다. 그저 좋은 놀이이기만 하면 된다.

그렇다면 놀이로서 컴퓨터 게임은 어떤 유익함을 가지고 있을까? 컴퓨터 게임은 다른 어떤 놀이기구도 가지지 못한 표현력을 가지고 있다. 놀이가 참여자들 간의 약속을 통해 일종의 마법 공간을 창출하는 것이라면, 컴퓨터 게임은 이 마법의 공간을 단지 약속을 넘어 실제 존재하는 것처럼 만들어 낼 능력을 가지고 있다. 컴퓨터 게임은 이 표현력을 통해 놀이라는 외피 속에 지적 모험, 탐험의 세계를 효과적으로 표현할 수 있는 것이다. 또 컴퓨터 게임은 인공지능을 구현할 수 있기 때문에 단지 놀이의 도구나 배경에 그치지 않고, 스스로 놀이의 참여자가 되어 줄 수 있으며, 고도의 판단력과 추리력이 요구되는 놀이를 효과적으로 구현할 수 있다. 요약하면 컴퓨터 게임은 매력적이고 지적인 놀이이며, 상상력과 환상을 잘 구현할 수 있는 아름다운 서사매체다.

컴퓨터 게임의 유익함에 대한 경험적인 증거도 적지 않게 찾을 수 있다. 우선 컴퓨터 게임을 도입함으로써 학업 성취도를 높이거나 혹은 관련된 여러 학습효과가 향상되었다는 증거들이 있다(김회수와 천은영, 1999; 강운선, 1999). 다음은 컴퓨터 게임이 자신에 대한 긍정적인 평가를 높이고, 스트레스를 감소시키며, 마음속의 이른바 맺힌 것을 풀어 주고, 마음의 상태를 적절한 수준으로 고양시킨다는 증거들이 있다. 이를 심리학자들은 자아 효능감·정화(catharsis)·최적경험(optimal experience)의 효과를 보인다고 말한다(마동현과 김철규, 1999; 권혁남 외, 1998; 엄나래와 정영숙, 2002). 또 외국 사례이지만 컴퓨터 게임이 후천성과잉행동증후군 소견을 보이는 아동을 치료하는 데 효과가 있었다는 독특한 임상사례가 제시되기도 하였다(Bergmann, 2000).

그런데 지금까지 제시한 '컴퓨터 게임 유익론'들을 자세히 살펴보면 여전히 컴퓨터 게임의 유익한 효과의 핵심에 '재미'가 자리 잡고 있음을 확인할 수 있다. 컴퓨터 게임의 유익성을 학습효과에서 찾는 경우에도 결국 학생들의 흥미를 높이고 동기유발을 하는 것은 컴퓨터 게임이 학습내용을 담을 수 있어서가 아니라 재미있기 때문이다. 즉, 재미를 통해 학생들을 끌어들일 수 있다는 것이다. 물론 '여가·

문화 수단론'의 경우 재미가 핵심적인 요소임은 놀이의 속성상 당연하다. 따라서 컴퓨터 게임의 유익한 효과는 무엇보다도 재미를 그 바탕으로 하고 있다. 재미가 없는 컴퓨터 게임은 그것이 어떤 유익한 내용을 담고 있든 게임으로서의 가치가 없기 때문에 그 효과를 발휘할 기회조차 갖지 못할 것이다. 따라서 유익한 컴퓨터 게임을 선별하기 위해서는 먼저 재미에 대한 이해가 선행되어야 할 것이다.

▮▮ 컴퓨터 게임은 중독을 유발한다

컴퓨터 게임이 유익하다는 주장이 다양한 분야에서 제시되었던 것과 달리 컴퓨터 게임의 유해성에 대한 주장들은 주로 심리학과 종교계를 중심으로 제기되었다. 이 중 종교계의 주장은 특정 가치관이 지나치게 많이 개입되어서 언급할 만한 가치가 없고, 심리학, 특히 각종 임상 · 병리 심리학에서 제기된 컴퓨터 게임 유해론은 귀 기울여 들어볼 가치가 있다. 또 컴퓨터 게임의 유해성에 대한 연구들은 유익성에 대한 연구보다 양적으로도 더 풍부하다. 사실상 최근의 연구들은 거의 대부분 컴퓨터 게임의 유해성과 그 치유방안에 대한 것들이라고 보아도 무방할 정도다.

하지만 이것이 컴퓨터 게임의 유해성이 유익성보다 더 크다는 뜻은 아니다. 다만 컴퓨터 게임의 유익성보다 유해성이 보다 객관적으로 측정하기가 용이하며, 또 유익함을 더 보태는 방향보다는 유해성을 제거하는 방향의 연구가 더 긴급하기 때문에 보다 많은 연구들이 이루어졌을 뿐이다.

컴퓨터 게임 유해론들은 유익론에 비해 보다 선명하게 범주화할 수 있다. 이들을 주장하는 가장 대표적인 유해성의 종류에 따라 분류할 수 있는데, 이들을 크게 '모방범죄론', '사회성 상실론', 그리고 '중독론'으로 분류하더라도 큰 무리는 없을 것이다. 논자에 따라서는 모방범죄론과 사회성 상실론에 해당되는 내용을 기술하고서는 이들까지 통칭해서 컴퓨터 게임 중독증이라고 부르기도 하는데, 이렇게 부르게 되면 중독증의 범위가 너무 넓어져서 그 용어의 분석적인 가치가 사라진다.

'모방범죄론'은 문자 그대로 청소년들이 컴퓨터 게임에 나오는 폭력적이거나 선정적인 장면에 심취하여 현실감각을 상실함으로써 결국 이 행동들을 모방하게 된다는 주장이다. 당연히 게임 세계에서 허용되었던 그런 폭력적이고 선정적인 행동들은 현실 세계에서는 심각한 범죄가 된다. 이러한 주장은 일반인들이 가장 직관적으로 수긍하기 쉬운 컴퓨터 게임의 유해성이다. 간혹 게임에 나오는 장면을 흉내 내다가 동생이나 친구를 죽음에 이르게 한 어처구니없는 사건들도 보도되곤 해서 이 주장에 대한 설득력을 더욱 높여 준다. 심지어 컴퓨터 게임이야말로 폭력과 살인의 교과서나 다름없다는 격렬한 비판을 하는 연구자들도 있었다.

이러한 모방범죄론의 근거는 컴퓨터 게임이 매우 사실적이면서 동시에 비현실적이라는 모순적 성격을 가졌다는 것에서 찾을 수 있다. 컴퓨터 게임은 실제와 유사한 장면을 실감나게 표현할 수 있다. 따라서 사람을 죽인다거나 어떤 선정적인 경험을 사실적으로 체험할 수 있게 만든다. 최근에는 3D나 4D까지 등장하면서 더욱 실감 나는 체험이 가능해졌다.

또한 컴퓨터 게임은 실감만 낼 뿐 아니라 학습까지 할 수 있다. 예를 들어 몇몇 슈팅게임들은 실제 총격전과 같은 현실감만 제공하는 것이 아니라, 총기에 대한 자세한 정보, 조준사격 방법 같은 것도 실제와 거의 흡사하게 학습할 수 있도록 되어 있다. 따라서 플레이어들은 실제 총기를 조립하여 사용하는 요령까지 익혀 가면서 서로 쏘아 죽이는 게임을 하는 것이다.

그런 반면에 컴퓨터 게임은 역설적이게도 현실이 아니다. 플레이어들도 이것이 현실이 아니라는 것을 분명히 알고 있다. 따라서 살상이나 기타 잔혹한 행동을 할 때 어떤 정서적인 저항을 느끼지 않는다. 바로 이 지점에서 모방범죄론이 힘을 얻는다. 모방범죄론에 따르면 청소년들은 정서적 저항감이 덜한 가상의 현실에서 현실이라면 차마 하지 못했을 살상이나 잔혹한 행동을 주저 없이 하게 된다. 그런데 이런 행동이 누적되면, 이런 잔혹한 행동을 저지하던 정서적 저항감 자체가 둔화되어 버려서 결국 현실 세계에서도 각종 잔혹한 범죄를 생각 없이 저지를 수 있다는 것이다.

이러한 주장은 직관적이며 매우 설득력이 강하다. 그러나 의외로 분명한 경험적 증거를 충분히 제시하고 있지는 못하다. 잔혹한 행동을 한 청소년 범죄자가 컴퓨터 게임을 흉내 냈다고 말하는 경우가 종종 있는 것은 사실이지만, 그것이 반드시 원인이라고 단정 짓기는 어렵다. 그 청소년은 컴퓨터 게임이 아니라도 어떤 식으로든 잔혹한 행동을 했을 청소년일 가능성이 크다. 다만 컴퓨터 게임이 잔혹한 행동의 종류를 결정하는 데는 참고되었을 수 있다. 잔혹한 게임을 했기 때문에 잔혹한 성격을 가지게 되었는지 혹은 원래 잔혹한 것을 좋아하는 성격이라 그런 게임을 좋아했던 것인지는 구별하기 어렵다. 또 청소년 범죄자들이 대체로 컴퓨터 게임을 많이 한다는 주장은 사실상 거의 대부분 청소년들이 컴퓨터 게임을 많이 하고 있다는 점에서 '청소년 범죄자들은 청소년이다'라는 진술 이상의 것이 되기는 어렵다. 사실은 잔혹한 게임을 즐기는 청소년들 중 압도적인 다수는 잔혹한 행동이나 범죄를 저지르지 않는 정상적인 청소년들이다. 물론 속으로는 파괴 충동 같은 것을 느낄지도 모르지만, 그런 충동을 안 가진 사람이 과연 있을까?

물론 비교적 과학적 근거가 있는 실험 연구들이 아주 없는 것은 아니다. 이런 연구들은 대체로 청소년들에게 컴퓨터 게임을 플레이하게 한 뒤 공격성 등의 변화를 측정한다. 그리고 대개의 경우 컴퓨터 게임의 플레이시간이 길어질수록 청소년의 공격성은 높아지는 경향을 보인다. Hee-Yeong Lee & Bradley(2000)의 실험이 이런 종류 연구의 선구자 격이다. 그런데 컴퓨터 게임이 폭력성에 미치는 효과가 순간적인 것인지 지속적인 것인지를 분간하는 것이 애매하다.

누구나 순간적으로 흥분할 수 있다. 문제는 그 순간 흥분했는가가 아니라, 지속적으로 폭력적인 행동을 하는가, 그리고 그와 비슷한 상황이 반복될 때마다 흥분하면서 공격적이 되는가 하는 것이다. 사실 순간적인 공격성이라면 비단 컴퓨터 게임뿐만 아니라 격렬한 농구 시합도 영향을 줄 수 있고, 거친 헤비메탈 음악도 영향을 미칠 수 있다. 그러나 농구 시합 때의 흥분을 며칠씩 유지하는 청소년은 거의 없다. 그런 청소년이 있다면 농구 시합이 아니라 원래 인성에 큰 문제가 있는 것이며, 농구 시합 자체도 다른 청소년보다 공격적으로 했을 것이다. 그리고 컴퓨터 게임도 이와 마찬가지다.

무엇보다도 컴퓨터 게임이 모방 범죄 등을 통해 청소년 범죄를 부추긴다고 주장할 수 있으려면 이게 경험적으로 입증되어야 한다. 즉, 컴퓨터 게임의 보급 속도와 더불어 일탈 청소년들의 증가세도 높아졌음을 보여 주어야 한다. 그러나 컴퓨터 게임 문화가 급속도로 보급되기 시작한 1998년을 경계로 일탈 청소년 비율이 급격하게 증가했음을 보여 주는 이렇다 할 증거는 나오지 않고 있다. 따라서 모방범죄론은 그 격렬한 목소리에도 불구하고 실제로는 과학적 증거가 대단히 미약한 주장이다. 물론 일탈 청소년의 일탈 행위의 강도가 훨씬 높아지긴 했지만, 그게 컴퓨터 게임 때문이라고 몰아붙이기에는 설득력이 부족하다.

그럼에도 불구하고 컴퓨터 게임 유해론 중 모방범죄론이 가장 빈번하게 거론되었던 것은 이것이 기성세대의 통상적인 직관과 맞아떨어졌기 때문이다. 그러나 과학은 직관과 반드시 일치하는 것이 아니다. 오히려 직관과 반대되는 증거가 나오더라도 직관이 아닌 증거를 믿는 것이 과학이다.

다음으로 '사회성 상실론'을 보자. 이 주장은 청소년들이 컴퓨터 게임에 지나치게 탐닉하게 되면서 현실 세계보다 가상 세계에 더 깊이 빠져들게 되어 결국 사회적으로 고립화·파편화된다는 주장이다. 물론 여기에 대해 이 주장들은 1990년대의 PC 기반 게임에는 해당될지 몰라도 오늘날의 인터넷 기반 게임에는 해당되지 않는다고 반박할 수 있다. 하지만 오늘날 온라인 게임에서 플레이어들이 사이버 공간에서 활발하게 교류하는 것은 사실이지만, 실제 플레이어들의 신체들은 현실 공간에서 고독하게 홀로 놓여 있다는 점을 염두에 두어야 한다. 그리고 24시간 내내 접속해 있을 수도 없는 노릇이다. 따라서 컴퓨터 게임에 몰두하는 청소년들은 오프라인 상태에서 다른 청소년과의 연대 기회를 상실하게 된다. 또 문자와 이모티콘 등으로 이루어지는 온라인상의 상호작용에 익숙해진 청소년들은 이보다 훨씬 복잡한 감정변화를 읽어야 하는 현실 세계의 상호작용에 미숙해지거나 심지어 이를 두려워하게 될 가능성이 있다. 또 컴퓨터 게임의 세계는 아무리 그 안에서 플레이어들이 상호작용한다고 하더라도 그들이 바꿀 수 있는 세계가 아니다. 그 세계는 이미 프로그램화된 세계이며 일방적으로 주어진다. 따라서 여기에 지나치게 탐닉하는 사람은 컴퓨터 게임이 제공하는 세계와 메시지에 수동적으로 이끌리게 되면서 미디어에 지배당하는 수동적인 인간으로 전락할 것이다. 사태가 이렇게 되면 청소년은 결국 정상적인 사회생활이 어려워질 것이니, 이는 참으로 심각한 문제라고 할 수 있다.

이러한 '사회성 상실론'은 모방범죄론과 달리 여러 경험적인 증거도 충분히 제시하고 있다. 문제는 그 반대의 주장도 마찬가지로 충분히 제시되고 있다는 것이다. 따라서 컴퓨터 게임은 사회성을 상실시킨다는 주장과, 사회성을 보완한다는 주장이 나란히 제기되고 있다. 사실 컴퓨터 게임이 청소년들의 얼마 안 남은 놀이도구라는 점과 특히 남자 청소년들 사이에서는 오프라인 만남에서도 주요 화제가 되고 있다는 점을 감안하면 컴퓨터 게임이 청소년들의 사회성·능동성을 손상시킨다는 주장은 과도한 것이 될 수도 있다.

만약 어떤 사람이 야구 중계에 지나치게 몰두하여 바깥출입을 끊고 하루 종일 야구만 본다면 이는 심각한 문제가 되겠지만, 많은 사람들이 야구장을 찾는다거나 야구 이야기를 하면서 사회생활의 윤기를 보태는 것도 사실이기 때문이다. 컴퓨터 게임도 이와 마찬가지로 서로 시합을 하거나 혹은 유명 게이머들의 경기를 관전하기도 한다.

따라서 사회성 상실론은 컴퓨터 게임이 지금처럼 보편적인 문화로 완전히 정착하고, PC 게임 위주에서 온라인 게임으로 재편되기 이전의 마니아 문화 시절의 문제점에 더 가깝다고 할 수 있다.

또 사회성 상실론은 인과관계의 선후관계가 모호한 상태에서 무리하게 컴퓨터 게임을 사회성 상실, 고립의 원인으로 제기한 것이 아니냐는 문제 제기를 받기도 한다. 즉, 청소년이 컴퓨터 게임을 많이 했기 때문에 현실 사회에서 고립되고 사회성을 상실한 것인지, 아니면 현실 사회에서 고립되고 의미 있는 연대를 상실했기 때문에 컴퓨터 게임에 더욱더 탐닉하게 된 것인지가 명확하게 구별되지 않는 것이다. 따라서 '사회성 상실론'은 상당히 의미 있는 문제 제기임에는 분명하나 이것만으로 컴퓨터 게임의 유해성을 입증하기는 어려워 보인다.

이제 '컴퓨터 게임 중독증론'을 검토해 보자. 이것은 컴퓨터 게임에 대한 지나친 몰두가 약물중독이나 도박중독, 도벽·방화벽과 같은 중독증으로 발전할 수 있다는 주장이다. 이는 킴벌리 영(Young, 1998)이 강력하게 주장한 이래 많은 지지자를 확보하였다. 컴퓨터 게임 중독증은 최근 컴퓨터 게임의 유해성으로 가장 많이 다루어지는 주제이며, 심지어는 중독증과 무관한 온갖 유해요소들을 모조리 컴퓨터 게임 중독증이라고 통칭하는 경향까지 나타나고 있다. 이 주장에 따르면 컴퓨터 게임이나 인터넷 등 각종 사이버 도구에의 탐닉은 사이버 세계에 반복 접속하지 않을 때 불안·초조·정서장애를 일으키는 금단현상이 나타난다는 점에서, 그리고 각종 조절능력 장애에 이르게 된다는 점에서 마약이나 도박 중독과 같은 중독증으로 간주되어야 한다.

'모방범죄론', '사회성 상실론'과 달리 '컴퓨터 게임 중독증론'은 이미 심리학적·정신의학적 병리현상으로 상당 수준으로 입증되어 있다. 물론 아직까지 컴퓨터 게임 중독증 혹은 사이버 중독증이 미국 정신의학회의 정신병리 진단 분류표인 DSM-Ⅳ TR에 등록되어 있지는 않았기 때문의 의학계에서 정식 정신질환으로 인정해야 하는지에 대해서는 논란의 여지가 있다. 하지만 미국 정신의학회에서 2012년에 개정되는 DSM 5판에는 컴퓨터 게임 중독증을 등재할 것이라고 공언하고 있기 때문에 이미 정식 정신질환으로 인정받고 있다고 봐야 할 것이다. 또 현재 적용 중인 판에 등재되지 않은 이유도 그 유해성 자체를 인정할 수 없어서라기보다는, 즉 이 질환의 실체를 인정하지 않아서라기보다는 아직까지는 충분한 임상사례와 데이터가 축적되지 않았기 때문이라고 한다. 실제로 지금도 많은 정신과 의사들은 컴퓨터 게임 중독증의 실체를 인정하고 있다. 다만 아직 분류표상에 정식 질환명으로 명시되어 있지 않기 때문에 이미 등록되어 있는 정신질환 중 각종 약물, 도박 중독증의 기준에 준하여 컴퓨터 게임 중독증을 진단하고 있다.

컴퓨터 게임 중독증의 진단과 치료의 선구자에 해당되는 킴벌리 영(1998)은 도박·약물·알코올 중독자의 행동상의 특징을 연구하고 이를 바탕으로 사이버 중독증 진단척도를 개발하였다. 이후 수많은 학자들이 이 척도를 원용하여 다양한 게임 중독 혹은 인터넷 중독 진단척도를 개발했으며, 우리나라만도 10여 종이나 되는 컴퓨터 게임 중독 진단척도가 사용되고 있는 실정이다. 이는 앞서 소개했던 모방범죄론, 사회성 상실론 등이 고유의 진단척도조차 내어 놓지 못하고 있는 것과 비교하면 상당한 차이라고 할 수 있다. 또 컴퓨터 게임 중독증에 영향을 미치는 제반 변인들이 무엇인지 알아보고자 하는 후속 연구들도 이어졌다. 이와 관련된 연구들은 거의 대부분 일관되게 컴퓨터 게임 플레이 시간이 길면 길수록 청소년이 사이버 중독증에 빠질 가능성이 클 것이라는 주장을 통계적으로 입증하고 있다(김혜원, 2001; 이해경, 2002; 정보 문화 진흥센터, 2001; 게임 종합 지원센터, 2001b).

이러한 논의들을 종합해 보면 폭력적이거나 선정적인 장면을 모방하여 청소년 범죄를 유발한다거나, 지나치게 게임에 몰입하여 사회적으로 고립된다거나 하는 주장은 직관적으로는 쉽게 파악될 수 있지만, 실제로 그게 컴퓨터 게임이 야기한 유해성인지를 입증하기는 쉽지 않다. 우리가 컴퓨터 게임의 유해성으로 이론의 여지 없이 받아들일 수밖에 없는 것은 '컴퓨터 게임 중독증'인 셈이다. 실제로 컴퓨터 게임을 옹호하는 입장에 선 교육자나 심리학자도 컴퓨터 게임 중독증의 실체는 부정하지 않고 있다.

● 프린세스메이커 2(Princess maker 2)

〈프린세스메이커 2〉의 엔딩 장면

이른바 육성 시뮬레이션 게임이라 불리는 게임들 중 가장 큰 성공을 거둔 작품이다. 육성 시뮬레이션 게임이란 문자 그대로 어떤 사람이나 동물을 양육하는 게임이다. 이런 종류 게임의 원조 격으로 소형 게임기로 진행하는 다마고치가 있지만, 어린 소녀를 훌륭한 숙녀로 양성하는 〈프린세스메이커〉는 단지 먹이 주기, 놀아 주기만 반복하던 단순한 육성 시뮬레이션 게임의 수준을 여러 차원 높여 주었다. 이후 스포츠 선수를 양성한다거나, 연예인들을 양성하는 여러 아류작이 등장하였지만, 〈프린세스메이커〉의 후속작인 〈프린세스메이커 2〉를 능가할 만한 작품은 벌써 7편까지 나온 〈프린세스메이커〉를 포함해서 아직 나오지 않았다.

이 게임의 가장 큰 장점은 애니메이션을 보는 듯한 아름다운 화면과 역시 아름다운 배경음악이다. 플레이어는 시종 게임의 진행에 따라 표정으로 반응하는 아름다운 소녀의 모습을 보며 게임을 진행한다. 게다가 이 소녀는 게임이 진행되면 점점 성숙한 모습으로 바뀌어 간다. 또 플레이어는 재산관리를 잘해서 이 소녀에게 여러 가지 아름다운 아이템을 선물하고 더욱 예쁜 옷으로 갈아입힐 수 있다. 플레이어는 이 소녀의 적절한 아르바이트, 교육, 그리고 수행 스케줄을 수립해야 한다. 다양한 종류의 아르바이트는 수입을 올리는 대신 피로도를 높이며, 높은 피로도는 소녀를 병석에 눕게 만든다. 예절, 학문, 예술, 무술 등을 익히는 교육은 반대로 많은 비용이 든다. 따라서 아르바이트와 휴식과 교육이 적절히 조화되어야 파산하지 않으면서 소녀를 훌륭하게 양육할 수 있다. 이렇게 18세까지 소녀를 양육하면 엔딩이 나오는데 소녀는 그동안 플레이어가 어떻게 양육했느냐에 따라 다양한 직업(창녀부터 여왕까지 수십 가지의 직업이 준비되어 있다)을 가진 어른이 된다.

제3장

컴퓨터 게임 고르기는 어렵다

지금까지의 논의들을 살펴보면 우리는 두 개의 모순된 주장들과 만나게 된다. 한편에서는 컴퓨터 게임 중독증을 비롯한 각종 폐해를 거론하며 이를 유해매체라고 주장하고 있으며, 다른 한편에서는 컴퓨터 게임은 유익한 교육매체이자 여가선용 수단이라고 주장하고 있다.

또 두 주장들은 모두 각자 나름의 논리와 통계적으로 유의한 경험적 근거를 제시하고 있다. 따라서 컴퓨터 게임의 효과가 유해한지 유익한지에 대해서는 시비를 가리기가 어렵다. 사실 사회학자의 입장에서는 연구자들의 문화적 성향에 따라서도 컴퓨터 게임에 대한 태도가 달라졌을 가능성이 있지 않을까 하는 의구심이 든다. 실제로 심리학이나 정신병리학 계열의 연구자들은 컴퓨터 게임의 유해성에 치중해서 연구하는 경향이 있고, 정보·통신 산업이나 문화 산업에 관심이 높은 연구자들은 유익성에 치중하는 경향이 있다. 심지어 게임종합지원센터(2001b)에서 실시한 연구에서는 컴퓨터 게임 사용시간이 길어질수록 중독증의 위험도 높아지지만 동시에 긍정적 효과 역시 높아진다는 역설적인 연구 결과가 나오기도 했다.

여기서 우리는 컴퓨터 게임이 유익한가 아니면 유해한가를 두고 벌이고 있는 논란이 큰 의미가 없음을 확인하게 된다. 컴퓨터 게임이 유해하다면 차단하면 그만이다. 유익하다면 권장하면 그만이다. 그런데 유해한 증거와 유익한 증거가 동시에 제출되고 있고, 이들이 모두 합리적이고 경험적인 근거를 가지고 있다면?

결국 컴퓨터 게임은 유익하면서도 유해하기 때문에 조심스럽게 사용해야 한다는 결론에 도달하게 된다. 실제로 컴퓨터 게임과 관련된 각종 청소년 지도 단체들이 내거는 주장이 모두 여기에 해당된다. "컴퓨터 게임은 적당히 하면 약, 지나치면 독"이라는 것이다. 하지만 이런 식의 이야기는 너무도 상식적이고 뻔한 것이라 분석적 의미가 별로 없다. 세상의 모든 좋은 것들이 지나치면 다 해롭다. 하지만 그렇다고 모든 좋은 것들이 지나치다고 해서 중독대상이 되는 것은 아니다.

그런데 컴퓨터 게임 유해론이건 유익론이건 혹은 유해하면서 또한 유익하기도 하다는 주장이건 간에 한결같이 공통된 점이 있으니, 그것은 컴퓨터 게임 전체를 하나로 취급하고 있다는 것이다. 보는 사람마다 컴퓨터 게임의 유해성과 유익성에 대한 견해가 다른 까닭이 컴퓨터 게임의 양면적 속성 때문이 아니라, 이들이 각기 다른 유형의 컴퓨터 게임을 관찰했을 가능성도 있는데, 여기에 주목하지 않는 것이다.

예를 들어 어떤 사람이 선정적이거나 잔혹하기 이를 데 없는 애니메이션을 보았다면 그는 '애니메이션은 청소년에게 유해하다'라는 결론을 내리기 쉬울 것이다. 그런데 다른 사람이 "업"이나 "니모를 찾아서" 같은 훌륭한 애니메이션을 보고 나서 '애니메이션은 청소년에게 유익하다'는 결론을 내릴 수도 있는 것이다. 상식을 가진 사람이라면 이런 결과들을 보고 '애니메이션 중에는 유익한 작품도 있고 유해한 작품도 있다'라는 결론을 내리지 '애니메이션이라는 장르는 유익한 면과 유해한 면을 모두 가지고 있다'는 결론을 내리지는 않을 것이다. 그런데 유독 컴퓨터 게임에 대한 각종 연구와 그 결과에 대한 해석들을 보면 마치 모든 컴퓨터 게임을 동질적인 것으로 보고, 컴퓨터 게임이 유익한 효과와 유해한 효과를 모두 가지고 있는 것처럼 취급하고 있다.

애니메이션이나 영화라는 장르에는 걸작과 포르노나 쓰레기에 가까운 작품이 마구 뒤섞여 있을 것이다. 중요한 것은 어떤 작품을 관람하느냐이지 얼마나 많이 관람하느냐가 아닌 것이다. 그런데 만약 '영화 관람시간'만을 변인으로 삼아 유익하거나 유해한 효과를 검증하려고 한다면 어떤 결과가 나올까? 어떤 청소년은 영화관람 시간이 길수록 유익한 결과를 보일 것이고, 어떤 청소년은 관람 시간이 길수록 유해한 결과를 보일 것이다. 그렇다면 영화는 유익한 것일까 유해한 것일까?

또 의약품과 향정신성약품(마약)을 동시에 '약품'으로 간주하여 '약품 복용량'이 신체에 미치는 효과를 측정한다면 그 결과는 어떻게 될까? 의약품을 복용하는 사람은 건강에 도움이 되는 것으로, 마약을 복용하는 사람은 건강을 해치는 것으로 나올 것이다. 그런데 의약과 마약을 구별하지 않고 그저 약품으로 분류했기 때문에 약품을 많이 쓸수록 유해할 수도 있고, 유익할 수도 있다는 엉뚱한 결론이 나오는 것이다.

자, 이제 컴퓨터 게임으로 다시 돌아와 보면 컴퓨터 게임을 많이 하는 것이 좋으냐 나쁘냐를 따지는 것이 상당히 엉뚱한 논리라는 점을 수긍할 수 있을 것이다. 청소년의 컴퓨터 게임 플레이 시간이 얼마나 되느냐를 가지고 우리가 얻을 수 있는 정보는 많지 않다. 이런 식의 관점은 은연중에 좋은 컴퓨터 게임의 존재를 부정하고, 컴퓨터 게임을 많이 사용할수록 점점 더 유해할 것이라는 가정을 하고 있어야 논리적으로 성립이 가능하다.

따라서 컴퓨터 게임의 플레이 시간을 변인으로 삼아 유익 혹은 유해성을 입증하려는 연구는 상당히 무리한 논리를 전개하고 있는 셈이다. 단순히 컴퓨터 게임 플레이 시간이 아니라 어떤 게임을 플레이하는가, 또 플레이 방식은 주로 어떤 것인가 등을 면밀히 분석할 필요가 있다.

그런데 이런 분석을 위해서는 먼저 컴퓨터 게임들을 좋은 게임과 나쁜 게임으로 분류할 수 있는 기준을 가져야 한다. 또 플레이 방식도 건전한 방식과 불건전한 방식으로 분류할 수 있어야 한다.

문제는 컴퓨터 게임을 어떤 기준을 가지고 유익한 게임과 유해한 게임을 선별해 낼 것인가 하는 것이다. 불행히도 컴퓨터 게임이 유해하냐 아니냐를 따진 연구들에 비해 컴퓨터 게임을 유익한 게임과 유해한 게임으로 선별한 연구들은 그리 많지 않다. 그래도 컴퓨터 게임의 선별을 시도한 얼마 되지 않는 연구들을 살펴보면 이들은 크게 유해한 내용이 얼마나 표현되고 있는지를 기준으로 유해성을 선별한 연구와 게임의 내적인 구조를 중심으로 유익한 게임을 선별해 내려고 한 연구로 구별된다. 즉, 전자는 주로 유해한 게임을 가려내는 데 집중하고 있고, 후자는 '잘 만들어진 게임'을 가려내는 데 집중하는 경향이 있다.

내용상의 유해성 중심으로 컴퓨터 게임을 선별하고자 한 연구들이 가장 즐겨 사용하는 기준은 폭력성이다(이해경, 2002; 박혜원과 곽금주, 1996). 이들이 가장 자주 시도하는 선별작업은 폭력, 살상 혹은 선정적인 장면이나 표현이 등장하는 빈도를 측정하여 총 플레이 시간에 비해 이런 장면과 표현의 비중이 높은 게임들을 폭력 게임 혹은 선정성 게임 등으로 분류하는 것이다. 또한 이들은 이렇게 폭력 혹은 선정성 게임으로 분류된 컴퓨터 게임의 플레이 시간이 컴퓨터 게임 중독증에 어떤 영향을 주는지 통계적으로 입증하려고 하였다. 그 대부분의 경우 이런 폭력 게임 혹은 선정성 게임이 컴퓨터 게임 중독증에 유의한 영향을 주고 있음이 통계적으로 입증되었다. 또한 폭력적이고 선정적인 컴퓨터 게임의 플레이 시간이 길어질수록 비폭력적인 컴퓨터 게임에 비해 아동들의 폭력성과 선정성을 증가시킨다는 사실도 확인하였다.

이러한 연구 결과들을 놓고 본다면 유해한 컴퓨터 게임을 가려내는 일은 그리 힘들지 않을 것 같다. 단위 시간당 일정 수준 이상의 폭력적·선정적 장면의 빈도를 비교하면 그만이다. 그래서 이 수치가 일정 수준을 넘어가는 컴퓨터 게임만 골라서 청소년들의 접근을 차단하면 되는 것이다.

그러나 이렇게 폭력성이나 선정성을 기준으로 게임을 분류하는 방법은 근본적으로 큰 한계를 가지고 있다. 그것은 바로 유익한 컴퓨터 게임을 선별하는 데는 그다지 효과적이지 않다는 것이다. 애초에 이들의 연구는 유익한 컴퓨터 게임을 선별하는 것이 목표에 들어 있지도 않았다. 이들이 선별하려고 한 게임은 폭력성 게임, 선정성 게임이지 유익한 게임이 아니었던 것이다. 당연한 논리지만 단지 비폭력적이고 선정적이지 않은 게임이라고 해서 유익한 게임이라고 단정 지을 수는 없다. 이런 게임들은 단지 폭력적이지 않은 게임, 선정적이지 않은 게임에 불과하며, 노래로 치자면 80년대의 건전가요에 불과하다.

물론 이런 한계를 인식하고 폭력적·선정적 컴퓨터 게임이 폭력성·중독성 같은 유해한 효과에 미치는 영향뿐 아니라 이른바 건전한 게임이 성취감과 교육성 같은 유익한 효과에 미치는 영향도 측정하려는 시도들이 있었다. 그런데 그 결과가 사뭇 역설적이다. 건전한 게임뿐 아니라 폭력적인 게임도 성취감 등 긍정적인 영향을 주었던 것이다. 즉, 폭력적이긴 하지만 그래도 유익한 컴퓨터 게임의 존재가 확인된 것이다. 그렇다면 결국 폭력적·비폭력적 기준을 가지고 유익한 컴퓨터 게임을 선별하는 것은 힘들다는 것이 반증된 셈이다. 이 기준은 단지 유해한 게임을 가려낼 수 있을 뿐이다. 비유하자면 범죄자가 아닌 사람이라고 해서 다 선량한 사람은 아닌 것이다.

그런데 이 연구들을 자세히 살펴보면 이 폭력성이라는 기준의 가치중립성도 조금 의심스럽다. 예컨대 폭력적 장면이 얼마나 등장해야 폭력적 게임으로 분류되는지 명확한 기준에 대해서는 아직 아무런 합의가 이루어지지 않았다. 혹 기준이 있다고 해도 1분에 몇 회 하는 식의 임의적인 설정을 했거나, 아니면 '필요 이상의, 과도한' 등 모호한 기준이 있을 뿐이다. 심지어 "90년대 이후 등장한 컴퓨터 게임은 거의 폭력적이고 잔인한 게임"(이해경, 2002, p.57)이라는 일부 연구자의 진술은 마치 컴퓨터 게임 대부분을 폭력적이고 잔인하다고 예단하는 것처럼 보인다. 혹시 이들은 애초에 컴퓨터 게임에 대해 다분히 적대적이거나 우려하는 눈으로 접근하기 시작했던 것은 아닐까? *

또 앞에서 이미 충분히 논의했다시피 컴퓨터 게임의 유해성으로서 가장 대표적이라고 할 수 있는 것은 중독증인데, 폭력성·선정성이 중독증으로 발전하는 메커니즘에 대해서 아무런 설명이 없다. 사실 우리나라는 컴퓨터 게임의 폭력성이나 선정성에 대한 규제가 결코 모자라는 나라가 아니다. 그래서 아이폰이나 안드로이드폰의 게임 어플리케이션조차 차단되어 있는 나라다. 그럼에도 불구하고 청소년의 컴퓨터 게임 중독증은 점점 더 심각해지고 있으며, 우리보다 규제가 느슨한 나라들에 비해 중독증 유병률이 낮다는 어떠한 임상적 증거도 제시되지 못하고 있는 실정이다.

이와 같은 점들을 모두 감안하면 폭력성·선정성의 기준은 유익·유해 컴퓨터 게임의 선별에 그다지 성공적이지 못하다. 유익한 게임을 가려내지 못할 뿐 아니라 유해한 게임의 경우도 가장 유력한 유해성인 중독성 게임을 가려내지 못한다. 게다가 그 기준 자체의 객관성도 명확하지는 않다고 할 수 있다.

사실 인접분야인 영화나 애니메이션의 경우를 봐도 항상 폭력성이나 선정성은 그 수위에 대해 합의가 쉽지 않은 기준이었고 언제나 논란거리였다. 19세기 이전까지 거슬러 올라가면 문학이나 회화 등 이른바 고급 예술 분야에서도 폭력성·선정성은 늘 논란거리였다. 오늘날 어떤 청소년도 그 관람에 제한을 받지 않고 도리어 수준 높다고 칭찬까지 받을 모차르트의 오페라 <코지 판 투테>나 <돈 지오바니>에 대해서도 베토벤 같은 결벽주의자는 "이런 음란한 작품에 위대한 천재성을 낭비했다"며 분개했을 정도였다. 또 역사적으로 볼 때 대체

---

* 90년대 이전에 등장한 컴퓨터 게임이 거의 얻기 어렵기 때문에 90년대 이후에 등장한 컴퓨터 게임이라는 말은 사실상 컴퓨터 게임 전체를 의미한다.

로 새로운 예술이 등장할 때마다 기성세대들이나 기득권자들은 폭력성·선정성의 기준을 들어 이들을 억압하려 했다. 마네 혹은 클림트의 작품이 몰이해 속에 그토록 수모를 겪었던 것도, 그 기법이나 회화관이 이해되지 못해서가 아니라 단지 선정성 때문이었다.

이렇게 폭력성이나 선정성 같은 기준은 기성세대의 가치가 개입되기 쉬워 객관성을 확보하기 어려운 기준이다. 따라서 가치가 개입되기 쉬운 기준을 배격하고 대신 게임 자체의 객관적인 내적 구조를 근거로 유익·유해 컴퓨터 게임을 선별할 필요성이 제기된다. 영화나 음악으로 치면 주관성이 개입되기 쉬운 내용이나 표현보다는 기법을 중심으로 평가하자는 것이다. 컴퓨터 게임 역시 아키텍처라 불릴 정도로 복잡한 기법을 통해 제작되기 때문에 충분히 그 고유의 기준으로 평가할 만한 객관적인 기준이 있다. 그리고 이런 기준을 찾아보려 한 연구자들도 많지는 않지만 있다(게임 종합 지원센터, 2001b; Bergmann, 2000; 박동숙과 전경란, 2001).

게임 고유의 내적 구조를 근거로 좋은 게임과 그렇지 않은 게임의 선별을 시도한 연구들은 주로 1990년대 중반 이후 크게 발달한 인공지능으로부터 컴퓨터 게임의 평가기준 근거를 찾고 있다. 이들은 인공지능을 최대한 활용하여 복잡하고 지능적이며 자유도 높은 컴퓨터 게임은 유익하고, 흔히 전자오락이라고 불리던 단순한 구조의 컴퓨터 게임은 유해하다고 주장했다.

게임종합지원센터(2001b, pp.71-74) 연구진이 밝혀낸 바에 따르면 컴퓨터 게임 이용시간이 많아질수록 중독의 위험도 커지고 동시에 긍정적 영향도 커지는 결과는 결코 역설적인 것이 아니다. 오히려 이는 컴퓨터 게임을 장시간 이용하는 사람들 중에 단지 컴퓨터 게임을 애호하는 사람들과 중독된 사람들이 함께 섞여 있기 때문에 나타나는 현상이다. 즉, 똑같이 긴 시간 컴퓨터 게임을 사용해도 애호가(마니아)들은 긍정적인 영향을 받는 반면, 중독자들은 부정적인 영향을 받는다. 그런데 얼른 봐서는 중독자와 마니아를 구별하기란 쉽지 않기 때문에 그냥 구별 없이 컴퓨터 게임 장시간 사용자로 분류되어 버리기 쉬우며, 이렇게 되면 장시간 사용은 유익하기도 하고 유해하기도 하다는 엉뚱한 결과가 나와 버리는 것이다. 따라서 컴퓨터 게임 장시간 사용자를 중독자와 마니아로 구별할 필요가 있고, 컴퓨터 게임 역시 마니아용 게임과 중독자용 게임을 분류할 필요가 있는 것이다.

그렇다면 어떤 게임이 마니아 게임일까? 이들 연구진은 90년대 중반 이후 발달된 인공지능 기술을 반영한 컴퓨터 게임이 과거의 단순 조작 게임, 즉 전자오락이라고 불리던 그 게임들과 질적으로 다르다는 데 착안했다. 최근에 등장한 게임들은 높은 자유도를 가지며 고도로 복잡하고 조직적인 구조를 가지고 있다. 이들의 주장에 따르면 이런 게임을 플레이하는 것은 고도로 복잡한 지능적인 활동을 하고 있는 것이지 결코 중독적인 활동을 하는 것이 아니다. 이런 종류의 마니아 게임을 즐기는 플레이어는 게임 자체가 복잡하고 머리를 많이 써야 하기 때문에 플레이 시간이 길어질 뿐이지, 중독되어서 오랫동안 컴퓨터 앞에서 씨름을 하는 것이 아니다. 반면 중독증에 영향을 주는 게임은 이런 인공지능형 게임이 아니라 단순 파괴형의 구식 게임들이다. 따라서 컴퓨터 게임을 복잡하고 자유도가 높은 인공지능형 게임들과 단순 반복형 게임, 즉 전자오락으로 분류해서 다르게 취급해야 할 것이다.

컴퓨터 게임의 구조적인 디자인과 인공지능을 강조한 연구와 달리

박동숙과 전경란(2001)은 최근의 컴퓨터 게임이 단순한 오락이 아니라 줄거리와 내러티브가 있는 일종의 서사예술의 성격을 가지고 있다는 데 착안했다. 따라서 이들은 내러티브 구조를 기준으로 수준 높은 컴퓨터 게임을 선별할 수 있을 것이라고 하였다. 간단히 말하면 과거의 컴퓨터 게임은 일방적인 줄거리를 부과하였지만 최근의 컴퓨터 게임은 양 방향적이며 플레이어의 생각과 선택을 요구한다는 점에서 질적으로 더 높은 차원에 있다는 것이다. 이와 비슷하게 베르크만(2000) 역시 작가의 창의성이 반영된 가상공간에서 다양한 서사를 진행하게 되는 어드벤처 유의 게임은 상상력과 사고력을 요구하기 때문에 아동들의 창의력을 신장시키고 집중력을 향상시키지만 단순한 슈팅 게임이나 액션게임은 백해무익할 것이라고 주장하였다.

이들의 주장을 요약하면 한마디로 단순한 게임은 유해하고 구조적으로 복잡한 게임은 유익하다는 것이 된다. 폭력·비폭력을 유해·유익에 등치시킨 것과 마찬가지로 이들은 단순·복잡을 유해·유익에 등치시키는 것으로 보인다. 그러나 실제 현실을 보면 이들의 기준 역시 유익·유해 컴퓨터 게임을 효과적으로 선별했다고 보기는 어렵다.

우선 자유도가 높고 복잡한 구조를 가진 게임이 유익한 게임이며 마니아 게임일 것이라는 주장을 살펴보자. 이 주장대로라면 롤플레잉·시뮬레이션 게임이 단순한 구조의 슈팅·아케이드 게임에 비해 긍정적 영향은 더 많이 주고 중독적 영향은 더 적게 준다는 것이 입증되어야 한다. 그러나 실제 통계적인 검정 결과 그들이 분류한 게임유형과 긍정적·부정적 효과 간에는 의미 있는 관계가 발견되지 않았다. 또 내러티브의 양 방향성과 복잡성을 내세우는 주장의 경우는 그것이 구체적으로 무엇을 뜻하며 무엇에 유익한지 조작적인 정의가 이루어지지 않아서 추상적인 상태로 머물러 있었다. 베르크만은 어드벤처 게임이 유익한 결과를 가져왔음을 임상적 사례를 통해 충실히 제시하고 있기는 하다. 하지만 단순 슈팅게임이나 액션게임은 무엇에 어떻게 해로운지에 대해서는 어찌 보면 단순하고 감각적인 것을 경멸하는 문화적인 편견에 가까운 주장을 펼치고 있다.

결국 이 기준 역시 폭력성 · 선정성 기준과 마찬가지로 절반의 기준이 되고 말았다. 폭력성 · 선정성 기준이 유익 · 유해가 아니라 무해 · 유해를 가리는 기준에 가까웠듯이 구조 복잡성 기준은 오히려 유익 · 무익의 기준에 더 가까운 것으로 보인다. 무익한 게임이라고 해서 그것이 유해하거나 중독적이라는 것을 의미하지 않는다. 이는 마치 진화론에 허점이 있다고 해서 창조론이 참이 되지 않는 것과 마찬가지다.

게다가 이들은 실제 컴퓨터 게임을 선별할 때 사용할 만한 게임 아키텍처, 구조의 평가기준을 마련하지 않았고, 구조적인 복잡성이라고 하는 개념도 다만 직관적으로 제시했을 뿐 조작적으로 제시하지 않았다. 그럼에도 불구하고 이들의 시도는 폭력성 · 선정성에 비해 가치 개입의 우려가 적은 선별기준의 가능성을 보여 주었다는 데서 그 의미를 가질 수 있다.

지금까지 컴퓨터의 유해 · 무해의 기준과 유익 · 무익의 기준을 통합하여 유해 · 유익을 가리는 일관된 기준을 구성할 필요가 있음을 확인하였다. 그런데 유해기준으로서 폭력성 · 선정성이 문제가 많은 기준임이 밝혀졌고, 유익함의 기준으로서 게임의 구조와 내러티브의 구조가 유용하긴 하지만 아직 충분히 조작화되지 않았음을 확인하였다. 따라서 유해성 기준은 보다 중독증과의 관련성이 명백한 그런 기준이어야 하며, 유익성의 기준은 컴퓨터 게임의 유익성의 핵심인 '재미'

를 설명할 수 있는 그런 기준이어야 한다. 따라서 '재미'와 '중독'에 관한 이론들을 살펴보고 여기서 '컴퓨터 게임의 재미를 구성하는 요인', '컴퓨터 게임의 중독을 유발하는 요인'을 찾아내는 것이 다음 과제가 된다.

• 명령과 정복(Command & Conquer)

지금은 거대기업인 EA에 흡수 합병되고 말았지만, 웨스트우드 스튜디오는 창의성으로 무장한 게임 디자이너들의 꿈의 공장이었다. 이들은 탐정 추리물과 중세 서사물을 결합한 어드벤처 게임인 <키란디아의 전설>을 만들었으며, 최초의 실시간 전략게임인 <듄2>를 개발하였다. 특히 <듄2>는 오

〈명령과 정복: 타이베리안 선〉의 한 장면

늘날까지도 컴퓨터 게임의 주류를 이루고 있는 실시간 전략게임의 거의 모든 원리들을 개발하여 구현한 작품이다. <듄2>의 엔진은 블리자드사의 <워크래프트>, <스타크래프트> 등의 기본 골격을 제공하였다.

그러나 웨스트우드 스튜디오가 개발한 실시간 전략게임의 가장 중요한 시리즈는 <명령과 정복>이다. 이 시리즈는 10년에 걸쳐 무려 11개의 시리즈가 발매되어 실시간 전략게임의 산 역사가 되어 준다. 이 시리즈들에는 지형, 날씨, 병력, 무기들 간의 상관관계 등 전략적인 고민을 깊이 해서 신중하게 작전을 세워야 하는 <타이베리안 선(Tiberian Sun)>, <제너럴스(Generals)> 같은 게임과, 기민하고 민첩한 컨트롤로 전투에서 승리해야 하는 <적색경보(Red Alert)> 시리즈들이 포함되어 있다. 이 중 어느 시리즈도 손쉽게 승리할 수 있는 보상 강화 게임은 끼어 있지 않으며, 승리를 위해서는 많은 수련과 치밀한 생각이 필요한 자기 목적형 게임들로 이루어져 있다. 불행히도 웨스트우드 스튜디오가 대기업인 일렉트로닉 아츠(EA: Electronic Arts)에 거액 매각된 뒤 뛰어난 상상력의 초기 개발자들이 대거 회사를 떠나, 더 이상의 창의성 있는 시리즈들은 나오지 않고 있다.

제4장

유익하고 재미있는 컴퓨터 게임도 있다

유익한 컴퓨터 게임의 필요조건이자 핵심이라고 할 수 있는 재미에 대해 살펴보자. 먼저 인류학과 심리학에서 재미에 대한 일반적인 이론을 탐색하고, 이를 바탕으로 재미있는 컴퓨터 게임의 일반적인 특성을 유추한 뒤, 재미있는 컴퓨터 게임의 유익성은 무엇인지 알아보는 것이 바른 순서가 될 것이다.

❙❙ 재미에도 질적으로 다른 차원이 있다－몰입

제아무리 좋은 내용과 유익한 효과를 담고 있는 컴퓨터 게임이라 할지라도 이것을 플레이하는 청소년들이 "재미가 없다"고 말한다면 그걸로 끝이다. 재미는 좋은 컴퓨터 게임의 필요조건이자 어떤 면에서는 대전제인 것이다. 그럼 재미있게 컴퓨터 게임을 만들면 될 것 아니냐고 반문할 수 있겠지만, 이게 그렇게 쉬운 문제가 아니다. 왜냐하면 재미라고 하는 것이 무엇을 뜻하며 어떤 조건에 의해 나타나는

지를 명확하게 알기 어렵기 때문이다. 또 너무도 다양한 상황과 맥락에서 재미라는 말이 사용되기 때문에 재미라는 말의 의미 폭도 매우 넓다. 따라서 이 수많은 재미들 중 어떤 재미이며, 그 재미는 어떻게 구현되는가를 알아내는 데에 유익한 컴퓨터 게임을 가려내기 위한 열쇠가 있다.

우선 사람들이 흔히 어떤 상황에서 '재미있다'는 말을 사용하는지 살펴보자. 먼저 우스꽝스럽고 어리석기까지 한 코미디물이나 대중 드라마를 보면서 낄낄거리는 사람들은 분명 그것을 '재미있다'고 부를 것이다. 하지만 셰익스피어의 연극을 보면서 그 심오한 아름다움을 즐기며 몰두하고 있는 사람들에게 같은 질문을 해도 역시 그 활동을 '재미있다'고 말할 것이다. 물론 앞서 코미디나 막장 드라마를 보던 사람들은 셰익스피어의 드라마를 보며 '재미없다'고 말하며 잠이 들 가능성이 크다. 혹은 만난 지 얼마 안 되는 연인들이나 신혼부부가 마침내 밤을 같이 보내게 될 때도 '재미 봤다'라고 표현하며, 돈을 잘 벌거나 사업이 잘되고 있을 때도 '재미 좀 본다'고 말한다. 싸움을 할 때는 '재미적다'라고 협박을 하며, 독특한 발상이나 아이디어를 접해도 '재미있다'고 말한다. 심지어 칠판을 한 가득 채우고 머리를 쥐어뜯을 정도로 복잡한 수학식과 씨름하고 있는 물리학자 역시 자신의 활동을 '재미있다'고 평가할 것이지만, 대다수 다른 사람들은 그게 전혀 재미있어 보이지 않을 것이다.

이렇게 재미란 상황과 맥락, 그리고 어떤 사람이 누리느냐에 따라 달라진다. 절대적으로 재미있는 활동은 미리 정해져 있지 않다. 재미는 어떤 사물이나 활동이 사람과 상호작용하면서 나타나는 효과이지 어떤 사물이나 활동의 속성이 아닌 것이다. 따라서 재미있다고 표현될 수 있는 사물이나 활동에는 여러 가지 이질적인 것들이 포함되어 있으며, 또 우리는 이러한 사물들이나 활동을 접한 뒤 느끼는 여러 가지 다양한 심리적 상태를 '재미있다'로 표현하는 것이다.

이렇게 '재미있다'는 표현이 다양한 심리 상태의 종합적 표현이라면 그 요소가 되는 다양한 심리 상태들 중 어떤 상태가 주도하느냐에 따라 서로 종류가 다를 이 다양한 재미들을 모두 질적으로 동등한 것으로 간주할 수는 없을 것이다. 또한 우리가 고차 사고력과 저차 사고력의 차이를 인정하듯이, 재미를 느끼기 위해 정신 능력 중 어느 부분이 작동했느냐에 따라 고차적인 재미와 저차적인 재미가 따로 있다는 것을 인정해야 한다. 즉 여러 유형의 재미들 사이에 일종의 위계가 있음을 인정해야 한다. 그렇지 않다면 막장 드라마와 셰익스피어 드라마의 가치는 다만 상대적이며, 얼마나 많은 사람을 더 즐겁게 하느냐에 따라서만 결정된다고 하는 엄청난 공리주의적 결론을 수용해야 한다. 이것은 용납하기 어려운 주장임에 분명하지만 '재미'라고 불리는 상태들을 보다 엄격하게 구별해서 고차적인 것과 저차적인 것으로 구별하지 않는 한, 우리는 소수에게만 즐거움을 주는 정극이나 오페라에 들어가는 국가 예산을 다수에게 즐거움을 주는 막장 드라마나 각종 개그 콘서트 유에 돌려야 한다는 주장을 반박할 수 없게 될 것이다. 하지만 국립 발레단, 오페라단을 해산하고 그 대신 각종 쇼 공연을 늘리자는 정책에 찬성할 국민은 많지 않을 것이다. 설사 발레나 오페라를 평생 한두 번 보지 않을 사람들조차도 자기들의 거주 지역에 오페라 극장이나 시어터를 건립하는 것은 반긴다. 이는 이미 은연중에 재미들의 위계를 인정하고 있기에 가능한 태도다.

이러한 고차적인 재미와 저차적인 재미의 구별을 실제 학문의 영역으로 가지고 온 선구적인 학자는 놀이 인류학이라는 분야를 창시하다시피 한 호이징하(Huizinga)다. 호이징하는 그의 기념비적인 저작인『호모 루덴스』(1955)에서 '무엇인가에 몰두하여 노력을 통해 획득하는 재미'를 우스꽝스럽거나 저급한 재미로부터 구별하려고 하였다. 그는 이런 고차적인 재미를 별도의 용어로 표현했는데, 그것은 네덜란드어인 'Aardigheid'였다. 물론 이것이 뭐가 그리 대단한 일인가 의문이 생길 수도 있다. 하지만 이는 고급스럽고 지적인 활동의 가치를 '재미'와 연결시킨 거의 최초의 작업이다. 사실 그때까지만 해도 가치있고 고상한 활동은 근엄하고 인내심을 요구하는 딱딱한 활동이라는 것이 통념이었다. 이런 고상한 활동은 감각적인 즐거움과는 거리가 멀기 때문에 재미가 있건 없건 간에 성실함과 인내심으로 버티고 해내야 하는 그런 활동으로 여겨져 왔다. 물론 이런 활동들이 재미를 줄 수도 있으나, 그것은 그런 고상한 활동의 본질에 속하는 것이 아니라 어디까지나 부수적인 것이었다. 그러나 호이징하는 도리어 고급스러운 재미를 주는 활동이 고상하고 가치 있는 활동의 원천이라고 주장하였다. 따라서 놀이는 시간이 남을 때 하는 낭비적인 활동이 아니라 인간을 인간답게 하는 매우 중요하고 고귀한 활동이 되는 것이다.

이렇게 호이징하가 논의하기 시작한 고급스럽고 고차적인 재미를 본격적으로 이론화하고 조작화한 학자는 헝가리 출신의 심리학자인 칙센트미하이(Csikszentmihalyi)다. 칙센트미하이(1975, pp.1-5)는 이런 고급스러운 재미를 느끼는 상태를 'flow(몰입)'*라는 용어를 사용하여 표현하였다. 이때 유의할 점은 몰입이 고차적인 재미를 의미하

---

* 혼동을 피하기 위해 'absorption', 'immersion'에 해당하는 용어는 이 책에서는 '탐닉'이라는 용어로 표현하였다.

는 것이 아니라 이런 재미있는 활동을 하고 있는 사람이 겪게 되는 심리적 경험을 의미한다는 것이다. 즉, 어떤 사람이 어떤 활동에 몰입하고 있다면 그 활동은 고차적인 재미를 주는 활동이라고 할 수 있다. 칙센트미하이는 이 몰입을 보다 엄밀하게 자기 목적형 동기화의 결과로서의 재미를 느끼고 있는 상태라고 정의하였다.

자기 목적형 동기화의 결과로 재미를 느끼는 상태라는 말은 물론 일반인들이 그대로 이해할 수 없는 말이다. 이 말이 의미하는 바를 제대로 이해하려면 약간의 심리학적인 배경지식이 필요하다. 심리학에서는 인간의 행동을 자극에 대한 단순한 반응과 뚜렷한 방향성(지향성)을 가지고 동기화된 것으로 구별한다(Gleitman, 1995).*

동기화된 행동은 다시 내적 동기와 외적 동기로 나누어진다. 내적 동기란 어떤 행동의 동기가 그 행동을 하는 사람으로부터, 또 그 행동 자체에서 찾을 수 있는 것을 말한다. 예를 들면 '내가 좋아서 하는 일이다', '그 일을 내 평생 꿈꾸어 오던 일이다' 등으로 표현될 수 있는 동기다. 외적 동기란 행동의 동기가 행동하는 사람과 행동의 외부에서 주어질 경우를 말한다. 예를 들면 '목구멍이 포도청이라서', '그 일이 가져다줄 영광을 생각해서' 등으로 표현될 수 있는 동기다.

인간의 행동을 외적 동기로 설명하는 이론들 중 가장 대표적인 것은 행동주의다. 행동주의는 인간의 행동은 그 행동으로 인해 얻게 되는 긍정적이거나 부정적인 보상을 통해 강화됨으로써 동기화된다고 주장한다. 즉, 포상과 같은 긍정적인 보상이나 처벌과 같은 부정적인

---

* 물론 행동과학자라 불리는 일련의 심리학자들은 자극 – 반응과 지향적 행위의 차이를 인정하지 않을 것이다. 이들에게는 지향적 행위는 다만 습관화된 반응에 불과하다. 하지만 오늘날 이런 행동주의를 철두철미하게 받아들이는 심리학자는 거의 없다.

보상이 반복되면 긍정적 보상을 주는 행동은 지향하고 부정적인 보상을 주는 행동은 회피하도록 습관화된다는 것이다. 그러나 이런 외적 보상 이론에 의거하면 단순한 행동에 대한 설명은 비교적 만족스럽게 할 수 있지만 고차적이고 복잡한 행동에 대한 설명력은 크게 떨어진다.

예를 들면 아무런 보상이 주어지지 않는데 그림 그리기에 몰두하고 있는 아마추어 화가의 창작 동기, 보상은커녕 엄청난 고통을 스스로 감수하고 있는 마라톤 동호인들의 동기를 외적 보상을 통해 설명하기란 매우 어렵다. 직장마저 그만두고 8,000미터급 고산에 도전하는 등반가의 동기 역시 공명심, 경제적 보상 따위로 설명하기는 어렵다.

이와 같은 행동들의 공통점은 사실상 그 행동을 하는 것 외에는 아무런 보상도 없다는 것이다. 어떤 외적 보상도 찾을 수 없음에도 강력하게 동기화되어 있는 이런 행동들은 이미 그 행동 자체가 동기이자 보상이 되는 것이다. "산에 오를 수만 있다면 나는 무조건 행복해."라고 외치는 산악인에게 "왜 산에 오르느냐?"라고 산 이외의 다른 동기를 묻는 것은 헛일이다.

이렇게 행동 그 자체가 보상이 되어 동기화되어 있을 때 이를 일컬어 자기 목적형 동기화(autotelic motivation)라 한다. 그렇다면 이렇게 자기 목적형으로 동기화된 활동을 자기 목적형 활동(autotelic activity)이라 부를 수 있을 것이다.

최근 논란이 된 오은선 씨의 히말라야 고봉 등정 논란도 등정 여부의 진위보다는 등정의 동기가 자기 목적적인가 아니면 어떤 보상을 추구하는 것인가가 더 중요한 논점이었다. 즉, 오은선 씨가 고산을 오르는 행위 그 자체를 추구했다기보다는 세계 최초의 여성 완등자라는 타이틀을 추구했기 때문에 그 등정의 가치가 떨어진다는 것이다.

이제 우리는 칙센트미하이가 말한 '몰입'을 좀 더 분명하게 서술할 수 있게 되었다. 몰입이란 한마디로 말해 자기 목적형 활동의 보상으로 '재미'를 느끼면서 그 활동에 고도로 집중되어 있는 상태다. 그렇다면 대체 이런 몰입상태에서 우리는 어떤 경험을 하게 되는 것일까? 칙센트미하이는 전 세계에 걸쳐 몰입상태를 경험한 사람들 수만 명을 조사한 결과 이들은 대체로 다음과 같은 경험을 털어놓는다고 밝혔다.

> "의식이 온통 해당 경험으로 가득 차 있는 것 같다."
> "느끼는 것, 바라는 것, 생각하는 것이 하나로 어우러진다."
> "삶이 고조되는 순간을 느끼며 물 흐르듯 행동이 자연스럽게 이루어짐을 느낀다."
> "잡념이 없어지고 심지어는 자의식도 사라질 지경이지만 집중력은 최고조에 이른다."
> "자신이 이룬 일에 대해 말할 수 없는 성취감과 행복을 느끼게 된다."

이 진술들은 얼핏 들으면 저마다의 경험을 중구난방으로 이야기하고 있는 것 같지만, 자세히 살펴보면 뚜렷한 공통점을 찾을 수 있으며, 한 줄로 요약할 수도 있다. 이 진술들을 한 줄로 요약하면 "어떤 대상에 고도로 집중하여 그 대상 이외의 것과 시간의 흐름을 잊어버리는 상태"가 된다.

문제는 이 진술들은 모두 경험을 한 당사자가 자신의 상태를 내성에만 의존했다는 것이다. 하지만 교육을 하는 입장에서는 청소년들의 진술에만 의존할 수는 없다. 사실은 중독증에 걸렸음에도 불구하고 마치 몰입을 경험하고 있는 것처럼 진술할 수 있기 때문이다. 따라서 우리는 몰입상태와 단지 넋을 잃고 막장 드라마나 저질 활동에 빠져 있는 상태를 구별할 수 있는 기준을 찾아야 한다.

이때 가장 중요한 기준이 되는 것은 행위자와 대상의 상호작용이다. 몰입은 고도의 몰두 상태지만 이는 어디까지나 능동적으로 대상과 상호작용하고 있는 상태이지 결코 대상의 압도적인 영향력 때문에 그 대상 외의 다른 것들은 잊어버리는 수동적인 상태가 아니다. 물론 몰입의 대상이 되는 활동은 상당한 수준의 재미와 흥미를 주는 활동이겠지만, 이런 활동이 주는 재미를 그냥 받고 있는 상태가 아니라 그 활동의 주인이 되어 있는 상태인 것이다. 이러한 몰입상태를 다른 상태와 비교하기 위해 칙센트미하이는 활동 및 대상의 속성에 해당되는 부분을 지각된 도전이라고 하고, 행위자의 측면을 지각된 기술이라고 한 뒤 이들 간의 관계를 통해 몰입을 규정하였다. 칙센트미하이에 따르면 몰입이란 한마디로 지각된 도전과 지각된 기술이 서로 팽팽한 균형을 이루고 있는 상태다. 이를 도표화하면 다음과 같다.

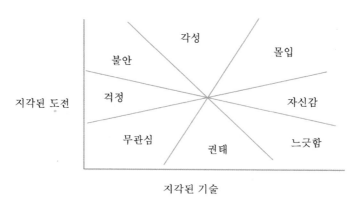

*자료: Csikzsentmihalyi(1997)

과제와 실력의 함수관계에 따른 몰입

그림을 보면 행위자가 지각한 자신의 기술과 행위자가 지각한 활동의 곤란도(도전) 수준의 상관관계에 따라 여러 가지 경험이 나뉘고 있다. 만약 행위자가 자신이 해야 할 과업이나 활동이 자신의 기술수준을 압도할 정도로 어려운 것으로 여겨진다면, 그는 그 활동을 하면서 몰입을 경험하는 것이 아니라 불안감에 사로잡히게 된다. 반면 행위자가 지각한 자신의 기술에 비해 지각된 도전의 난이도가 너무 낮으면 자신감이 지나친 나머지 느긋하고 안일한 상태에 빠지게 된다. 이 두 경우 모두 몰입과는 거리가 멀다. 이런 방식으로 지각된 난이도가 상대적으로 어려운 쪽에는 몰입을 중심으로 각성, 걱정, 불안이라는 상태가 자리 잡고, 지각된 난이도가 상대적으로 쉬운 쪽으로는 자신감과 느긋함이라는 상태가 자리 잡게 된다. 몰입은 이 두 극단 사이의 중용의 상태라고 할 수 있다. 불안한 사람은 제대로 과제를 이행하기 어렵고, 느긋한 상태에 빠진 사람은 지루함을 느끼게 되기 때문이다. 반면 지각된 기술도 없고, 과제의 난이도도 매우 낮다면 행위자는 아예 관심을 보이지 않을 것이다.

이제 우리는 몰입을 자신이 지각하고 있는 기술수준을 최대한 발휘할 수 있는 정도의 난이도를 가진 과제가 주어질 때 나타나는 심리상태라고 보다 조작적으로 규정할 수 있게 되었다. 이렇게 주어진 과제와 자신의 실력이 균형을 이루게 되면 정신을 체계적으로 사용하여 활동에 집중하게 되며 이때 몰입을 경험하는 것이다. 이 장의 목표가 고차적인 재미를 정의하는 것이었기 때문에 이를 '재미'라는 용어를 사용하여 재진술해 보면, 몰입이란 능동적으로 도전하여 획득하는 재미를 만끽하고 있는 상태라고 할 수 있다.

그런데 능동적으로 도전하여 획득하는 재미를 만끽하는 상태를 따로 구별하여 '몰입'이라는 용어로 표현한다고 해서 재미있는 활동과 중독적인 활동의 구별이 어렵다는 문제가 해결되는 것은 아니다. 실제로 중독자들은 자신들이 몰입상태라고 생각하기 마련이다.

정신병리학에서도 중독뿐 아니라 과몰입이라는 용어를 널리 사용하고 있다. 2010년 초 부모가 게임을 하다가 자기 자녀를 방치하여 굶어 죽게 만든 충격적인 사건도 각종 언론에서 '컴퓨터 게임 과몰입'이라는 용어로 불렸다. 그런데 이런 식으로 용어를 사용하게 되면 몰입과 중독의 차이가 단지 양적인 차이로만 간주되어 버린다. 하지만 과연 몰입이 덜하면 지루하고, 적당하면 몰입이며, 지나치면 중독이 되는 것일까? 그렇다면 포르노그래피도 지나치게 많이 볼 경우에만 문제가 된다고 할 것인가? 혹은 셰익스피어의 드라마도 지나치게 많이 보면 중독이라고 할 것인가? 포르노그래피와 평범한 영화와 걸작 영화 사이에는 단지 양적인 차이만 있는 것일까? 치료를 위해 의약품을 복용하는 환자와 마약중독자 사이에는 단지 양적인 차이만 있는 것일까?

칙센트미하이라면 분명 아니라고 할 것이다. 몰입과 중독은 겉으로 보기에는 어떤 활동에 푹 빠져서 세상 돌아가는 줄도 모르고 있는 유사한 상태다. 하지만 그 내면에서 작동되고 있는 과정은 전혀 다르다. 몰입은 행위자가 자신과 활동을 모두 통제하고 있는 상태이며, 중독은 흔히 말하는 대로 정신줄을 놓은 상태다. 몰입과 중독은 엄격하게 구별되어야 하는 전혀 다른 상태다.

그러나 '몰입'이 '중독'과 질적으로 다른 상태라는 것을 입증하려면 겉으로 보기에는 거의 같아 보이더라도 실제 내면에서는 많은 차이가 있음을 입증해야 한다. 즉, 중독과 구별되는 유익한 심리적 효과가 나타났음이 경험적으로 확인되어야 한다. 그렇지 않다면 몰입은 다만 중독의 또 다른 이름, 혹은 정도가 덜한 중독 정도로 오해받기 십상일 것이다.

따라서 칙센트미하이(1975; 1990; 1997)는 몰입이 가져오는 긍정적 효과를 크게 창의성과 최적경험(optimal experience)이라고 제시하였다. 칙센트미하이는 창조적인 업적을 남긴 사람들 수백 명을 인터뷰하였는데, 이들은 한결같이 자신들이 창조적인 아이디어를 생각해 냈던 순간 몰입을 경험하고 있었다고 진술하였다.

양적으로 측정하기가 까다로운 창의성과 달리 칙센트미하이가 내세운 몰입의 또 다른 긍정적인 심리적 효과인 최적경험은 양적인 측정이 가능한 조작적 개념이다. 최적경험이란 긍정적인 심리적 힘인 집중력 · 즐거움 · 행복감 · 힘 · 의욕 등은 고조되며, 반대로 심리적 엔트로피라고 불리는 불안 · 혼란 · 걱정 등은 감소되는 상태를 말한다. 이는 결국 우리 마음 상태가 잘 정돈되고 스스로에 대한 충만감과 역동감을 느끼는 그런 상태라고 말할 수 있다. 레크리에이션이나 체육학 연구자들에 따르면 예술 · 스포츠 등 여가 · 문화 활동은 궁극적으로 이 최적경험의 향상을 목표로 삼는다(손영수 외, 2002; 정용각, 2000).

칙센트미하이는 몰입과 최적경험이 밀접한 상관관계를 가지고 있다는 것을 증명하기 위해 무려 13년간이나 세계 여러 지역에서 표집된 사람들을 대상으로 조사를 실시했다. 이 자료를 수집하기 위해 칙센트미하이는 경험추출법(ESM: Experience Sampling Method)*이라는

---

* 경험추출법은 연구 대상에게 설문지와 호출기를 나누어 준 뒤, 하루 중 무작위로 울리는 신호에 따라 설문지에 답하게 하는 조사 방법이다. 이 방법은 기존 질문지법에 비해 순간적 경험을 수집하기 유리하다. 또 설문지가 작성된 시간을 중요한 변인으로 취급할 수 있으며, 종단적 · 횡단적 연구를 겸할 수 있다는 장점이 있다. 그러나 비용과 인력이 많이 들며 연구 대상자가 중도에 실험을 포기하는 경우가 생길 수 있다는 약점이 있다.

독특한 자료수집 방법을 개발하기까지 했다. 경험추출법은 무작위로 울리는 호출기와 설문지를 통해 응답자의 하루 시간을 효과적으로 추출함으로써 생활을 표집하는 효과를 거두려는 자료 수집 방법이다.

이런 복잡하고 까다로운 자료 수집 끝에 칙센트미하이는 전 세계 수만 명의 사람들을 대상으로 수십만 건에 달하는 방대한 자료를 수집하였다. 이 자료는 사람들은 어떤 활동들에 자신들의 시간을 얼마나 사용하는지 효과적으로 보여 준다. 또한 각 활동에 따라 또한 각 활동에 따라 그것을 할 때 어떤 심리적 경험을 하는지 보여준다..

이 결과물은 매우 방대하고 복잡한 통계자료로 제시되었는데, 이것을 일반적인 독자들이 상세하게 검토할 필요는 없기 때문에 이를 간단히 다음과 같은 그래프로 옮겨 볼 수 있다.

몰입, 불안, 느긋함과 최적경험

여기서 각 막대는 몰입, 불안, 느긋함의 상태가 최적경험의 구성요소들인 집중력, 즐거움, 행복감, 힘(자부심)에 어떤 영향을 주는지를 보여 준다. 막대가 위로 높이 올라갈수록 긍정적인 영향을 주는 것이며, 아래로 많이 내려갈수록 부정적인 영향을 주는 것이다. 각 막대는 몰입, 불안, 느긋함의 순서대로 한 묶음을 이루고 있다.

먼저 몰입이 어떤 영향을 주는지 살펴보면, 집중력, 즐거움, 행복감, 힘에 모두 긍정적인 영향력을 행사하고 있음을 확인할 수 있다. 불안은 집중력은 높여 주지만, 즐거움·행복감·힘에 부정적인 영향을 주고 있다. 반면 느긋함은 즐거움·행복감에는 긍정적인 영향을 주지만 집중력을 저하시키고 있다. 따라서 몰입만이 최적경험을 이루는 네 가지 심리 상태 모두에 긍정적인 영향을 주는 것을 확인할 수 있다.

이제 몰입은 겉보기에는 중독과 비슷하게 무엇인가에 장시간 몰두한 상태이긴 하지만 속으로는 최적경험이라는 유익한 심리 상태에 긍정적인 영향을 주고 있음을 확인하였다. 따라서 몰입은 매우 유익하고 긍정적인 심리적 효과가 있는 능동적인 재미를 느끼는 상태이며, 재미있고 유익한 컴퓨터 게임은 바로 몰입을 경험하게 하는 컴퓨터 게임이며, 그 효과는 최적경험, 그리고 앞에서 언급한 창의성이라고 말할 수 있다.

칙센트미하이의 제자인 그래프(Graef, 1978) 역시 몰입 박탈 실험이라 불리는 상당히 의미 있는 실험을 했다. 이것은 피험자들에게 일정 기간 몰입을 느낄 수 있게 하는 어떤 행위도 하지 못하게 한 뒤, 신체적·정신적 여러 지표의 변화를 세 차례에 걸쳐 측정한 것이다. 피험자들은 그것이 어떤 활동이건 간에 자신의 능력을 조금 앞서는 도전적인 활동을 일체 하지 않고서 하루 이상을 보내야 한다. 그 대신 어렵지 않은 활동들이나 수동적인 활동, 그리고 휴식은 자유롭게 누릴 수 있도록 하였다. 그 결과는 놀라웠는데, 피험자들은 단지 지루함, 따분함을 느낀 정도가 아니라 도리어 신체적인 피곤함이나 두통 등 증상을 호소하였다. 또한 대부분의 피험자들이 집중력, 기억력, 인내심, 창의성, 유연성 등이 저하되는 현상을 보여 주었다. 이 실험은 만약 우리가 몰입을 경험하지 못하면 어떻게 되는지를 보여 줌으로써, 우리에게 몰입이 얼마나 긍정적인 효과를 보여 주는지 입증한 실험이다. 그 결과는 몰입은 집중력, 기억력, 인내심, 창의성, 유연성 등 심리적인 유익한 효과뿐 아니라 신체적으로도 유익한 효과를 끼친다는 것이 입증된 것이다.

그 외에도 몰입이 주는 긍정적인 효과에 대한 실험 결과는 얼마든지 더 찾아볼 수 있다. 칙센트미하이의 실험을 우리나라에 적용한 이은주(2001)의 실험에서는 몰입이 우울·분노·혼란과 같은 심리적 엔트로피의 감소는 물론 학업 성취에도 긍정적인 영향을 주는 것으로 나타났다. 그 외에도 또 뭐가 더 있을지 모른다. 몰입이 가진 잠재력은 거의 무궁무진한 것으로 보이며 아직도 밝혀지지 않은 효과들이 얼마든지 있을 것이라는 기대감까지 불러일으키고 있다. 몰입은 심리적 최적화를 위해, 학습 효과를 위해, 그리고 최근에는 생산성 향상을 위해 연구되고 있다. 몰입 경영이라는 말은 더 이상 낯선 말이 아니다.

이상의 결과들을 종합하면 이렇게 된다. 도전적이면서 재미있는 자기 목적형 활동은 몰입이라고 하는 독특한 심리 상태를 제공한다. 몰입은 심신 모두에 유익한 결과를 주고 있으며 그 핵심에는 창의성과 최적경험이 자리 잡고 있다. 그렇다면 이미 답은 나온 셈이다. 청소년들에게 재미있는 놀 거리를 마련해 주어 몰입의 기회를 제공하는 것은 교육적으로 대단히 큰 의미를 가진다.

물론 그렇다고 해서 몰입을 경험하게 하는 활동이 꼭 컴퓨터 게임일 필요는 없다. 심지어는 그게 꼭 놀이일 필요도 없다. 다른 활동이라도 그것이 몰입할 수 있는 활동이라면 얼마든지 좋다. 책을 읽는 것에, 공부를 하는 것에 몰입할 수 있는 사람들도 드물지만 제법 있다. 그러나 대부분의 청소년들이 몰입을 가장 자주 경험하는 활동은 놀이다. 공부나 일에서 몰입을 경험하는 사람들도 그것을 일종의 놀이처럼 즐기는 자세로 임해야 몰입을 경험한다.

그런데 지금 우리나라 청소년들이 주로 하는 놀이는 현실적으로 컴퓨터 게임이다. 다른 놀이는 할 시간도 없고, 할 시설과 공간도 없다. 밤 열 시가 넘도록 학교와 학원에서 시달리다 온 청소년들이 그 시간에 어디 가서 무슨 놀이를 하겠는가? 이런 현실에서 청소년의 놀이 자체를 금지할 생각이 아니라면 컴퓨터 게임은 별 대안 없는 선택이다. 그런데 컴퓨터 게임 중독증 역시 기우가 아니라 엄연한 현실이라는 것이 문제다.

결국 해법은 두 가지뿐이다. 컴퓨터 게임보다 더 좋은 놀이거리를 찾아 주든가, 컴퓨터 게임 중 몰입대상이 될 만한 것을 골라 주든가 둘 중 하나다. 바로 이런 상황에서 몰입대상으로 사용되고 있는 컴퓨터 게임과 중독대상이 되고 있는 컴퓨터 게임을 구별해 내고, 그 메커니즘까지 규명하는 것은 대단히 중요한 일이 아닐 수 없다.

물론 다른 활동과 마찬가지로 컴퓨터 게임을 플레이하고 있는 청소년의 모습만 봐서는 몰입하고 있는지 중독된 것인지 판단할 수 없다. 게다가 대체로 성인들은 컴퓨터 게임에 대해 적대적이거나 무지

하기 때문에 컴퓨터 게임을 플레이하고 있는 청소년들은 무조건 중독된 것으로 보일 가능성도 있다. 그러나 최소한 다음의 두 가지를 엄격하게 과학적으로 분석하기 전에는 몰입과 중독을 함부로 속단해서는 안 된다.

먼저 어떤 컴퓨터 게임을 일정한 시간 이상 플레이한 청소년에게서 증가하고 있는 것이 최적경험인지 아니면 중독경향인지 측정해야 한다. 만약 최적경험이 증가하고 있다면 이것은 중독이 아니라 몰입이다. 다음은 해당 컴퓨터 게임 자체를 분석해야 한다. 즉, 그 컴퓨터 게임이 자기 목적형 활동으로서의 구조를 갖추고 있어서 몰입의 대상이 될 만한지 분석해 보아야 한다. 그 결과, 어떤 컴퓨터 게임이 자기 목적적 활동으로서의 구조를 갖추고 있고, 그것을 플레이하는 사람들의 최적경험이 증가한다면, 그 게임은 중독성 게임이 아니다. 그 게임은 몰입 게임인 것이다.

이 중 최적경험의 증가 여부를 측정하는 것은 크게 문제가 되지 않는다. 칙센트미하이와 그의 제자들은 이미 최적경험을 측정할 수 있는 여러 종류의 신뢰할 만한 척도들을 개발해 놓았다. 따라서 우리는 이 척도들을 이용하여 여러 종류의 컴퓨터 게임들을 사용자의 최적경험 증가 여부를 통해 평가할 수 있다.

이렇게 최적경험과 중독경향의 증가 여부를 측정하는 방법은 컴퓨터 게임에 대한 객관적이고 신뢰할 만한 평가가 가능하다는 점에서 중요하다. 문제는 최적경험이나 중독증은 항상 컴퓨터 게임을 상당 시간 사용한 다음에야 나타나는 사후적인 현상이라는 것이다. 이 측정은 게임을 측정대상으로 삼지 않고 게임 사용자를 측정대상으로 삼는다. 따라서 이미 최적경험이나 중독이라는 현상이 나타난 다음에야 측정이 가능하다. 말하자면 일종의 사후약방문인 셈이다.

물론 사후약방문도 그 다음 번 환자를 위해서는 상당히 중요하다. 하지만 지금 당장 눈앞의 청소년을 위해서는 사후약방문 이상의 것이 필요하다. 게임에 몰두하고 있는 청소년이 몰입하고 있는 것인지 중독된 것인지 판별하는 것은 물론 중요하다. 마약에 중독된 환자를 판별하고 회복시키는 것이 중요한 것과 마찬가지다. 그러나 어떤 약품이 마약인지 가려내는 것 역시 예방과 치료 차원에서 대단히 중요한 것이다.

하지만 컴퓨터 게임을 자기 목적형 활동에 해당되는 것과 중독성에 해당되는 것으로 선별할 수 있는 기준은 개발되어 있지 않다. 따라서 칙센트미하이 학파의 연구 성과를 원용할 수 있는 최적경험 척도와 달리 이 기준은 직접 만들어야 한다. 이 기준은 컴퓨터 게임을 선별하기 위한 기존의 것이 없기 때문에 컴퓨터 게임과 유사한 다른 여가·문화 활동을 참고해서 구성해야 한다. 즉, 청소년들이 몰입을 경험하는 것으로 알려진 여러 활동들의 특징들을 추출하고, 이를 바탕으로 자기 목적적 컴퓨터 게임의 기준을 유추해 내어야 하는 것이다. 그 기준의 타당성은 이 기준을 근거로 하여 자기 목적적이거나 중독성으로 분류한 컴퓨터 게임들이 실제 최적경험과 중독경향에 영향을 주었는지 측정해 봄으로써 확인할 수 있을 것이다.

▌▎ 몰입의 대상이 되는 청소년 여가활동의 특징

- 자기 목적형 활동

이제 청소년들이 몰입을 경험하는 활동들이 무엇이며 그 활동들의 공통된 특징이 무엇인지 추출해 보도록 하자. 그러기 위해서는 청소년들이 주로 하는 활동들이 무엇인지 살펴보고, 각 활동들을 통해 어떤 심리적 경험을 하는지 살펴보아야 할 것이다.

청소년들의 몰입 경험

청소년들은 보통 어떤 활동을 하며 하루를 보낼까? 그리고 청소년들은 어떤 활동을 할 때 어느 정도의 몰입을 경험할까? 안타깝게도 우리나라 청소년을 대상으로는 이 물음에 대한 효과적인 답이 어렵다. 우리나라 청소년들의 하루는 공부를 하거나 공부하기를 강요받는 시간으로 가득하기 때문에 여러 활동들을 비교하기 어렵기 때문이다. 따라서 청소년들의 여러 활동들에 대한 비교는 청소년들이 다양한 활동과 여가를 누리고 있는 다른 나라의 자료들을 통해 유추할 수밖에 없다.

칙센트미하이는 슈나이더와 함께 청소년들이 어떤 활동에서 몰입을 경험하는지 알아보기 위하여 미국 청소년들의 하루 생활을 경험추출법을 통해 측정하였다. 그 결과는 다음에서 보는 바와 같다. 이 표를 보다 직관적으로 보여 주기 위해 표 아래에 그래프도 첨부해 두었다.

이 표에서 활동 비율이라고 하는 것은 청소년이 하루 중 깨어 있는 시간의 몇 퍼센트를 해당 활동에 소모하는가를 의미한다. 당연히 그 합계는 100이 되며, 잠자는 시간은 여기에서 제외된다. 몰입 비율은 그 활동을 하는 시간 중 몰입을 경험했다고 응답한 경우가 전체 응답 중 얼마나 되는지 그 비율을 백분율로 구한 것이다.

미국 청소년들의 유형별 활동 비율과 몰입 비율

(단위 %)

활동 유형	활동 비율	몰입 비율
생산활동		
수업	21.0	41.2
숙제	3.5	29.8
아르바이트	10.8	19
능동적 여가활동		
독서	3	33.5
운동, 놀이	8	44
취미생활(예술 등)	5.2	32
수동적 여가활동		
TV	9.3	13
수다 등 교제활동	8.4	12
휴식, 낮잠, 빈둥거리기	6.5	9.6

*자료: 칙센트미하이, 1997, pp.91-99.

활동 비율

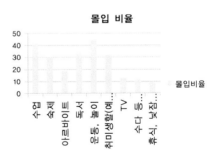

몰입 비율

활동 유형은 크게 생산활동, 유지활동 그리고 여가활동이라는 세 차원으로 구분되어 있다. 생산활동은 공부를 하거나 아르바이트를 하는 등 생산적인 일에 사용한 시간을 뜻한다. 유지활동은 먹거나 배설하고, 설거지를 하거나 몸을 단장하는 등 생활을 가능하게 하기 위한 각종 일상적인 행위들을 위해 소모한 시간을 의미한다. 여가시간은 여기에서는 특별한 의미를 가지는 게 아니라 단지 필수적인 활동이라 할 수 있는 앞의 두 활동을 하기 위해 소모한 시간 외의 시간을 통틀어서 일컫는 것이다.

여가활동은 능동적 여가활동과 수동적 여가활동으로 나누어진다. 능동적 여가활동은 그 활동을 즐기기 위해 어느 정도 기능에 숙달되어야 하는, 즉 노력을 기울여야 하는 여가활동이다.* 반면 특별한 기능숙달 없이 별다른 노력을 기울이지 않고 그저 즐길 수 있거나 게으르게 뒹구는 등의 활동은 수동적 여가활동으로 분류된다.

이제 활동별로 몰입 경험을 보면 미국 청소년들은 운동경기나 게임 활동에서 44%가, 예술작품의 감상·창작활동 등 활동에서는 32%가 몰입을 경험하였다. 즉, 청소년들은 능동적 여가활동에서 많은 몰입 경험을 한다. 반면 수동적 여가활동에서의 몰입 경험은 13%에 불과한데, 이는 심지어 공부하거나 일하는 시간에서 경험하는 몰입보다도 더 낮은 수치다. 그런데 사용하는 시간을 보면 미국의 청소년들은 능동적 여가활동에는 겨우 16.2%의 시간만 사용한 반면 수동적 여가활동에는 24.2%의 시간을 사용하고 있는 것으로 나타났다. 결국 이 조사 결과에 따르면 미국 청소년들은 몰입할 수 있는 활동보다는 다만 시간을 죽

* 능동적·수동적 여가활동의 분류는 스탠리 파커(Stanley Parker, 1976)의 여가사회학에서 비롯되었다. 그러나 이 두 여가의 분류를 긍정적·부정적 효과와 연결한 것은 칙센트미하이 고유의 업적이다.

이는 수동적 여가활동에 여가를 탕진하고 있는 셈이 된다.

그렇다면 우리나라 청소년들은 시간을 어떻게 보낼까? 물론 최근의 청소년들은 학교, 방과 후 학교, 학원 등을 전전하며 다니기 때문에 시간을 어떻게 보내느냐는 물음이 무의미할 수 있겠다. 그러나 사교육이 지금처럼 성행하기 전인 10년 전의 조사 결과를 보면 앞서 소개한 미국 청소년의 사례가 미국만의 상황인지, 아니면 청소년 일반의 상황인지 판단할 수 있을 것이다.

정영숙과 엄나래(2002)는 칙센트미하이의 몰입 이론과 경험추출법을 수용하여 우리나라 청소년을 대상으로 몰입 비율을 측정하였다. 그 결과는 다음과 같다. 이 조사 결과에는 칙센트미하이와 슈나이더가 미국에서 실시한 조사에서는 나오지 않는 컴퓨터 게임에 대한 결과가 포함되어 있다는 점에서 큰 의미를 찾을 수 있다.

우리나라 청소년의 유형별 활동 비율과 몰입 비율 (단위 %)

활동 유형	전체 활동 중 비율	몰입 비율
생산활동		
학교 수업과 숙제	30.8	29.4
방과 후 공부(학원, 과외)	14.8	39.8
현실 여가활동		
독서	1.7	33.3
운동	2.1	41.1
취미생활(예술 등)	5.3	23.1
TV	7.2	24.0
빈둥거리기(수다, 외출, 휴식 등)	9.1	18.5
사이버 여가활동		
컴퓨터 게임	5.5	40.4
정보검색	0.4	24.1

*자료: 엄나래와 정영숙, 2002

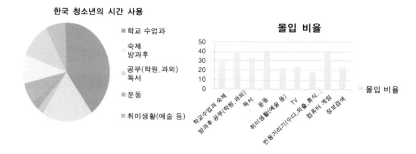

한국 청소년의 시간 사용

■ 학교 수업과
  숙제
  방과후
  공부(학원,과외)
  독서
■ 운동
■ 취미생활(예술 등)

몰입 비율

■ 몰입 비율

먼저 활동 비율을 살펴보면 2002년 당시 우리나라의 청소년은 하루의 45.68%를 공부시간에 사용하고 있는 것으로 나타났다. 일부 학부모들에게는 이조차 미흡할지 모르겠지만, 10년 전의 청소년들도 깨어 있는 시간의 거의 절반을 공부하는 데 사용하고 있었던 것이다. 이는 미국 청소년들의 공부와 아르바이트를 합한 35.3%보다 10%나 높은 수치다. 우리나라 청소년의 과중한 학습 노동 운운하는 말들이 결코 빈말이 아님을 보여 주고 있는 것이다. 아마 사교육이 기승을 부리고 있는 최근에 측정했다면 이 수치는 더 늘어났을 것이며 어쩌면 50%도 넘을지 모른다.

반면 독서·운동·예술 활동 등 능동적 여가활동에 사용한 시간은 모두 합쳐도 9.2%에 지나지 않는다. 이는 TV를 보거나 빈둥거리며 허비하는 12.5%보다 적은 시간이다. 결국 우리나라 청소년들은 능동·수동을 가리지 않고 여가활동 자체에 시간을 별로 사용하지 못하고 있었으며, 그 비율은 공부에 사용하는 시간의 절반에도 미치지 못했다. 아마 최근에 측정한다면 그 비율은 더 낮아질 것이다.

의외의 결과는 청소년들이 컴퓨터 게임을 하느라 보낸 시간이 불과 5.5%에 지나지 않았다는 것이다. 만약 최근에 다시 조사한다면 여가시간 자체가 줄어들었기 때문에 이 시간은 더 줄어들었거나 최대한 5.5% 내외에 머무를 것이다.

그럼에도 불구하고 많은 교사와 학부모가 청소년들의 컴퓨터 게임 시간이 너무 많다고 여기고 심지어는 중독이라고 의심까지 한다. 듣는 청소년 입장에서는 참으로 억울할 만하다. 그렇다면 왜 어른들은 청소년들이 컴퓨터 게임을 지나치게 많이 한다고 생각하는 것일까? 그 까닭은 우리나라 청소년들이 컴퓨터 게임을 플레이할 수 있는 시간이 주로 학원이 끝난 심야 시간대에 집중되기 때문일 것이다. 한두 시간 남짓 플레이하더라도 그 시간이 자정부터 새벽 두 시 사이라면 부모들 눈에는 '잠을 안 자면서까지 게임을 하고 있는 것'이기 때문에 훨씬 더 심각하게 보일 것이기 때문이다.* 따라서 자녀가 컴퓨터 게임을 너무 많이 한다고 걱정하기 전에 자녀가 몇 시에 집에 들어오며, 놀이에 투자할 수 있는 시간이 과연 언제이며 모두 몇 시간이나 되는지 냉정히 살펴봐야 한다.

이제 우리나라 청소년들이 여러 활동들을 통해 몰입을 경험한 비율을 살펴보자. 표와 그래프를 살펴보면 우리나라 청소년들이 몰입을 많이 경험하는 활동은 운동, 컴퓨터 게임, 학원·과외 활동 순으로 나타나고 있다. 이들은 모두 40% 내외의 비교적 높은 몰입 경험률을 보여 주었다. 특히 컴퓨터 게임 시간은 운동과 거의 차이가 없는 대단히 높은 몰입 경험률을 보여 주었다. 학원이 끝난 심야시간에 수면을 줄여 가며 하루 활동 시간의 5.5%, 공부 시간의 1/9에 불과한 컴퓨터 게임 시간이 청소년들에게는 몰입할 수 있는, 즉 심리적 엔트로피를

---

* 따라서 컴퓨터 게임을 하느라 밤잠을 설친 적 있다는 응답이 높게 나왔다는 이유로 우리나라 청소년의 컴퓨터 게임 중독이 심각하다고 주장하는 연구 결과들은 모두 사회적 배경을 무시하는 순수 심리학의 오류이다.

제거할 수 있는 귀중한 시간이었던 것이다.

하지만 이런 결과를 보고 학원에서 시달리다 돌아온 청소년들에게 컴퓨터 게임을 적극 권장하자는 식의 결론을 내릴 수는 없다. 저 조사 결과에서는 컴퓨터 게임을 분류하지 않았기 때문이다. 청소년이 어떤 유형의 컴퓨터 게임에 몰입하는지 알지 못하는 상태에서 아무 컴퓨터 게임이나 던져 주고 몰입을 기대해서는 안 된다. 경우에 따라서 그 게임이 중독성 게임일 수도 있기 때문이다. 만약 우리가 컴퓨터 게임들 중 자기 목적적 활동을 제공하는 컴퓨터 게임만 가려서 청소년들에게 제공할 수 있다면 40%라는 결코 적지 않은 몰입 경험률을 더욱 높게 끌어 올릴 수 있을 것이다.

이러한 연구 결과들이 우리에게 던져 주는 메시지는 명확하다. 청소년들은 능동적 여가활동을 할 때 더 많은 몰입을 경험하며, 수동적 여가활동을 할 때는 몰입을 거의 경험하지 않는다. 그런데 우리나라 청소년들은 능동, 수동을 가리지 않고 기본적으로 여가시간이 부족하다. 그중 컴퓨터 게임을 하는 시간은 우리나라 청소년들이 그나마 몰입을 경험할 수 있는 얼마 안 되는 시간이다.

지금까지 청소년들이 주로 능동적인 여가활동을 할 때 몰입을 경험함을 확인하였으니, 이제는 운동경기, 독서, 예술활동과 같은 능동적 여가활동에다가 심지어는 학원 수업까지 포함된 몰입 제공 활동들의 공통점을 추출할 순서다. 이 공통점을 추출해 컴퓨터 게임에 대입하면 몰입대상이 될 수 있는 컴퓨터 게임유형의 구축이 가능할 것이다.

우선 이런 활동들을 지칭할 공통의 이름을 정해 보자. 이미 앞에서 종종 이런 종류의 활동을 자기 목적적 활동이라고 부르곤 했다. 이는 몰입은 도전할 만하나 쉽지는 않은 활동을 할 때 얻는 내적 보상이며, 자기 목적형 활동의 재미를 느끼는 상태로 표현할 수 있기 때문이다. 이런 의미에서 청소년들이 몰입하는 활동의 특징을 '자기 목적성'이 라고 개념화해 두고, 자기 목적성이 높은 활동을 '자기 목적형 활동'으로, 자기 목적성이 높은 컴퓨터 게임을 '자기 목적형 컴퓨터 게임'이라 고 정의하자. 따라서 이제 물음은 '자기 목적성은 무엇인가?'로 또 '자기 목적형 활동의 특징은 무엇인가?'로 간명하게 던져질 수 있다.

먼저 미국과 우리나라 청소년들에게 공통되는 자기 목적형 활동을 추려 내어 볼 수 있다. 양국 청소년들은 모두 스포츠나 게임, 그리고 예술활동에서 높은 몰입 경험 비율을 보였다. 따라서 이런 활동을 대 표적인 자기 목적형 활동이라고 부를 수 있을 것이다.*

스포츠나 게임은 미리 결정된 규칙에 따라 어떤 결과를 얻기 위해 하나 이상의 플레이어가 참가하는 인간활동이다(Stahl, 1999, p.2). 스 포츠, 게임 다음으로 높은 몰입 비율을 보여 준 예술활동은 실용적인 목적 없이 감상의 대상으로 만들어진 인공물을 미적으로 체험하는 활동이다(Dickie, 1974, p.18). 이제 이들 활동의 특성을 분석하여 자기 목적형 활동의 일반적인 모형을 구축할 수 있을 것이다. 그리고 이를 컴퓨터 게임에 적용하면 자기 목적형 컴퓨터 게임을 가려내기 위한 선별기준을 구축할 수 있을 것이다.

---

* 물론 스포츠나 게임이 청소년들에게 그렇다는 뜻이다. 프로 스포츠 선수나 전문 게이머들에게는 자기 목적 적 행위가 아니라 보상에 의한 행위일 수도 있다.

자기 목적형 활동의 특징

이제 자연스럽게 문제는 자기 목적적 활동 혹은 능동적 여가에 해당되는 활동들의 특징이 무엇인가 하는 것으로 넘어간다. 이 부분을 정확하게 규명하지 않으면 '몰입은 자기 목적적 활동의 결과다, 자기 목적적 활동은 몰입할 수 있는 활동이다' 같은 식의 순환론에 빠지고 만다.

이 문제를 해결하기 위해 칙센트미하이는 몰입을 경험했다고 하는 사람들을 직접 면접하면서 그들이 하고 있었던 활동들의 공통점이 무엇인지 찾아보려고 했다. 그가 인터뷰한 사람들의 면면을 살펴보면 도버 해협을 헤엄쳐서 건넌 수영선수, 피가 곤두설 정도로 아슬아슬한 명승부를 치른 체스선수, 롤링스톤스의 흥겨운 록 음악에 맞춰 춤을 추는 댄서들, 최고난이도의 암벽을 오르는 등반가, 작품을 제작하고 있는 예술가, 한창 실험에 몰두하는 과학자, 심지어는 수술에 몰두하고 있는 외과의사 등 매우 다양하다. 이 활동들 사이의 공통점을 끈질기게 추적함으로써 자기 목적형 활동의 일반적인 특징을 추려낼 수 있었다. 그 추론 과정을 여기서 일일이 검토하는 것은 시간 낭비니까 그 결과만 정리해 보면 다음과 같다.

1. 자기 목적형 활동은 기술(skill)을 요구하는 도전적 활동이다

몰입대상이 되는 활동들은 모두 거저 할 수 있는 활동들이 아니다. 이 활동들은 모두 어느 정도 몸과 마음의 준비가 되어야 하고, 요구되는 기술들에 숙달되어야만 즐길 수 있는 활동들이다. 즉, 이 활동들을 즐기기 위해서는 진입장벽을 넘어야 한다는 것이다. 진입장벽의 높이는 지나치게 낮거나 높아서는 안 된다. 진입장벽이 너무 낮아 전혀 숙달되지 않은 사람도 손쉽게 할 수 있는 활동은 몰입보다는 느긋함의 대상이 될 가능성이 크다. 반면 진입장벽이 너무 높아서 거의 엄두가 나지 않는다면 걱정이나 불안의 대상이 될 가능성이 크다.

물론 이때 진입장벽의 높이는 사람에 따라 상대적이다. 류현진 같은 선수에게는 18미터 전방에 있는 직경 10센티미터의 표적에 시속 150킬로미터로 공을 던져 맞히는 것이 적절한 진입장벽이 있는 활동으로 보이겠지만, 일반인들에게는 거의 도달 불가능한 목표로 보일 것이다.

진입장벽에는 기술의 숙달만 있는 것이 아니라 규칙의 숙달도 있다. 예를 들면 대부분의 게임은 시작하기 전에 먼저 룰을 익혀야 한다. 그 규칙은 너무 쉬워서 있으나 마나 해서도 안 되며, 너무 복잡해서 게임을 시작하기도 전에 진이 빠질 정도여서도 안 된다.

따라서 어느 정도 노력을 기울여서 익혀야 할 그 나름의 규칙이 있거나, 달성해야 할 그 나름의 목표가 있는 활동, 혹은 어느 정도 숙달된 기술이 요구되는 활동은 자기 목적형 활동, 즉 몰입대상이 될 첫 번째 자격을 갖춘 셈이다. 이는 비단 놀이나 스포츠에만 해당되는 것이 아니다. 예컨대 학문의 경우도 이런 적절한 진입장벽을 갖추고 있다. 어떤 학문 분야를 즐기려면 먼저 그 분야에서 사용되는 전문 용어(technical language)와 방법론에 대해 어느 정도 숙달되어야 한다. 전문 연구자라면 고도로 숙달되어야 하겠지만, 아마추어 혹은 해당 학문의 연구 성과를 즐기려는 사람들 역시 어느 정도의 숙달이 필요한 것이다. 이런 것들에 숙달되지 않아도 아무 상관이 없다면 학문을 한다는 것은 매우 따분한 일로 전락하고 말 것이다. 스포츠의 경우도 마찬가지이다. 만약 기술의 숙달이나 룰의 숙지가 승패에 전혀 영향을 주지 못한다면 스포츠는 세상에서 가장 따분한 노동이 되고 말 것이다.

2. 자기 목적형 활동에서는 깨달음과 행함의 통합이 가능하다

이 두 번째 조건이야말로 몰입의 정의와 가장 직접적으로 연결되는 것이라고 할 수 있다. 앞에서 몰입이란 지각된 기술과 지각된 도전이 균형을 이루고 있을 때 경험할 수 있다고 했다. 즉, 이는 충분히 어렵지만 그렇다고 전혀 불가능하게 여겨지지는 않아야 한다는 것이다. 어떤 활동의 목표를 구체적으로 깨달을 수 있고, 그것을 자신의 능력으로 달성할 수 있다고 느낄 때 비로소 그 활동은 몰입의 대상이 된다. 마음으로 자각은 했으나 그것을 실제 구현할 수 없거나 혹은 그것을 구현하기 위해서 구태여 마음의 깨달음이 필요 없는 활동은 몰입의 대상이 될 수 없다. 긴 시간 동안 공상에 잠겨 있는 사람은 몰입하고 있는 것이 아니라 정신분열증에 빠진 것이며, 아무 생각 없이 할 수 있는 단순한 활동에 장시간 몰입하고 있는 것은 중독된 것이다. 마음으로 충분히 깨달아야 하고, 그 깨달은 결과를 현실에서 구현할 수 있는 활동만이 몰입의 대상이 된다.

3. 자기 목적형 활동에는 즉각적인 피드백이 주어진다

이것은 활동의 능동성과 관련되는 조건이다. 자기 목적적 활동은 행위자가 활동의 주인이 되며 능동적으로 통제하는 활동이다. 그러기 위해서는 행위의 결과가 확인 가능해야 하며, 가능하면 빨리 확인되어야 하고, 이를 통해 다음 과제를 찾을 수 있어야 한다.

하지만 이것을 다만 결과가 빨리 나온다는 의미로 이해하면 안 된다. 중요한 것은 분명하고 확인 가능한 결과와 다음 과제의 도출이다. 이 점을 염두에 두면 단순 노동자에 비해 오히려 더 고되게 장시간을 일하는 전문직들이 자신들의 노동을 고역이 아니라 재미있는 활동으로 여기는 이유를 알 수 있다. 전문직 종사자들은 자신의 노동 결과를 스스로 분명하게 확인할 수 있으며, 그 결과로부터 다음 과제를 끌어낼 수 있다. 만약 배우나 가수에게 관객이 없다면, 또 이것을 녹화나 녹음한다고 할 때 자신들의 연기나 노래를 즉각 들어 보고 수정할 수 없다면 그들의 작업은 얼마나 고달픈 일이 되겠는가? 하지만 스스로 확인해 보고 마음에 안 들면 고쳐서 다시 하는 작업은 아무리 긴 시간을 하더라도 쉽사리 지루해지지 않는다.

반면 단순 노동은 결과와 무관하게 계속 주어진 과제만 반복해야 한다. 단순 노동자는 자신의 작업 결과를 즉각 확인할 수 없다. 계속해서 주어진 작업만 반복하며, 그의 노동이 가해진 대상은 이미 빠르게 다음 라인으로 넘어간 다음이다. 확인은 확인만 담당하는 별도의 노동자의 일이다. 물론 그 노동자 역시 확인만 할 뿐, 개선방향을 모색하거나 하는 것은 경영진의 일로 넘긴다. 따라서 단순 노동자의 하루 8시간 노동은 전문직의 밤샘 작업보다도 더 고역으로 느껴지는 것이다.

4. 자기 목적형 활동에는 집중가능한 구체적인 과업이 주어진다

예술성이 높은 연극이나 영화를 보는 행위 혹은 스포츠 활동과 같은 행위를 그저 그런 TV나 비디오를 보거나 빈둥거리는 등의 활동과 구별하는 특징은 무엇일까? 그것은 몸과 마음을 집중하여 해결해야 하는 구체적인 과업이 주어진다는 것이다. 만약 구체적인 과업이 없다면, 해도 그만 안 해도 그만인 활동이 된다. 이게 바로 빈둥거리는

활동이다.

5. 자기 목적형 활동은 행위자가 자신의 통제력에 대한 믿음이 있는 상태에서 할 수 있어야 한다

앞의 네 가지 조건이 갖추어졌다 하더라도 행위자의 통제력 바깥에 있는 활동은 자기 목적형 활동이라 보기 어렵다. 행위자가 어찌할 수 있는 영역 바깥에 있는 어려운 활동은 두려움이나 불안의 대상이지 결코 몰입의 대상이 아니다. 게다가 같은 활동이라 하더라도 행위자의 자기 통제력의 믿음에 따라 몰입의 대상이 불안의 대상으로 바뀌기도 한다. 부상 경험이 있는 발레리나의 무대 공포증, 낙마 경험이 있는 기수의 기승 공포증, KO당한 복서의 링 공포증 등이 바로 그러한 사례다. 발레나 스포츠는 대단히 높은 차원의 자기 목적형 활동이지만 자신이 그 활동을 감당하지 못할 것이라고 믿는 사람에게는 단지 공포의 대상에 불과한 것이다.

이상의 조건들을 정리하면 결국 자기 목적형 활동은, 1) 어느 정도의 진입장벽이 있고, 2) 행위자의 능력이 숙달한 것과 비례하여 상승하는 난이도를 제공하고, 3) 구체적인 과업과 활동 결과를 즉각 확인할 수 있는 피드백을 제공하며, 4) 행위자가 자신의 활동을 통제할 수 있다고 믿을 수 있는 범위 내에 있는 활동이라는 네 가지 조건을 충족시키는 활동이라고 할 수 있다. 더 요약하면 활동이 가지고 있는 여러 요소들과 행위 주체의 능동성 사이 상호작용이 가능하도록 구조화된 활동이라고 할 수 있다.

▐▌ 자기 목적형 컴퓨터 게임

지금까지 살펴본 자기 목적형 활동의 특징들을 컴퓨터 게임에 적용시키면 자기 목적형 컴퓨터 게임이 어떤 유형의 게임인지 그 특성을 유추할 수 있을 것이다. 그런데 그전에 유의해야 할 점이 있는데, 그것은 컴퓨터 게임이 놀이의 대상이면서 감상의 대상이기도 하다는 것이다. 즉 컴퓨터 게임은 게임이면서 동시에 예술이다.

컴퓨터 게임이 게임이라는 것은 당연하다. 몸을 많이 사용하지는 않으나 규칙을 지키며 경쟁적으로 목표를 달성한다는 점에서 컴퓨터 게임은 스포츠의 여러 종목 혹은 바둑·장기와 같은 게임의 여러 종류와 크게 다르지 않다. 하지만 컴퓨터 게임이 예술의 한 종류라는 생각은 그저 전자오락 정도로 보는 어른들에게 거부감을 불러일으킬 수도 있겠다. 그러나 컴퓨터 게임은 나름의 서사를 가지고 있으며, 그래픽과 음향에 의해 표현되기 때문에 엄연히 종합예술로서의 속성도 가지고 있다. 따라서 자기 목적형 컴퓨터 게임의 특징을 알아보기 위해 자기 목적형 놀이와 자기 목적형 예술의 특징을 모두 고려하여야 한다.

놀이로서 컴퓨터 게임의 자기 목적성

컴퓨터 게임의 일차적인 목적은 놀이인 만큼 좋은 컴퓨터 게임이라면 우선 자기 목적형 놀이가 되어야 한다. 그렇다면 좋은 놀이의 조건은 무엇일까? 인간의 놀이라는 현상을 심층적으로 파고든 선구적 학자들인 호이징하(1955)와 카이와(Caillois, 1967)가 놀이의 본질로 제시한 속성들이 이 조건을 구성하는 데 많은 도움을 준다.

카이와(1967, p.34)는 놀이의 본질을 다음과 같이 제시했다.

1. 자유: 이는 놀이는 강요가 아니라 자의에 의해 참여해야 한다는 것이다.
2. 분리: 이는 놀이란 현실과 분리된 미리 정해진 시공간 안에서만 이루어져야 한다는 의미다.
3. 불확정성: 이는 놀이란 결과가 미리 결정되어 있지 않아야 한다는 것이다.
4. 비생산성: 이는 놀이란 어떤 이윤동기로부터 자유롭고 이윤을 목적으로 하지 않아야 한다는 것이다.
5. 규칙성: 이는 놀이란 무작위적이지 않고 일정한 규칙을 따라야 한다는 것이다.
6. 허구성: 이는 놀이는 현실이 아니라야 한다는 뜻이다.

이에 앞서 호이징하(1955, pp.17-24)는 놀이의 특징을 자발성, 연기(delay)와 중지의 자유, 제한된 시공간, 승리에의 욕망과 그럼에도 불구하고 지켜지는 규칙 등에서 찾았다.

이게 대체 무슨 뜻일까? 이들의 이론을 풀어서 말하면 다음과 같다. 플레이어는 그것이 놀이임을 알고, 그 규칙을 알며, 알고 있는 한 재미있게 논다. 놀이의 시공간은 일시적이고 제한되었지만 그 내부는 현실 세계로부터 독립된 독자적 세계이며 그 안에서만 절대적으로 통용되는 규칙과 질서를 가지고 있다. 플레이어는 스스로 선택한 한계 내에서 최상의 선택을 위한 지적인 긴장을 즐긴다. 플레이어는 이

기고 싶은 욕망에도 불구하고 규칙을 따라야 하기 때문에 지능, 용기, 끈기, 공정성, 억제력 등 정신력을 동원해야 한다. 한마디로 플레이어는 놀이와 상호작용하며, 놀이가 주는 제약을 자발적이고 능동적으로 받아들인다. 이러한 조건이 잘 지켜진 놀이가 좋은 놀이이며, 그렇지 않은 놀이는 호이징하의 표현에 따르면 타락한 놀이다.

그런데 이들이 제시한 좋은 놀이의 조건은 앞에서 정리했던 자기 목적적 활동의 조건들과 서로 분류만 조금씩 다를 뿐, 사실상 같은 이야기를 하고 있다. 따라서 이 두 기준을 어렵지 않게 융합하여 자기 목적형 놀이(게임)의 기준을 구성할 수 있다.

먼저 자기 목적형 활동의 조건들 중 진입장벽의 조건을 놀이에 적용해 보자. 놀이에서의 진입장벽은 어떤 놀이든 그것을 하기 위해서는 반드시 익혀야 하는 기본기와 반드시 알아야 하는 규칙으로 나타난다. 따라서 자기 목적형 놀이는 일정한 수준의 기본기와 규칙을 요구할 것이다. 이는 놀이가 현실과 분리되어야 한다는 조건과 긴밀히 연결된다. 기본기와 규칙은 놀이의 세계가 현실과 분리되는 관문의 역할을 할 것이다. 아무런 기본기나 규칙을 요구하지 않는 놀이는 현실의 연장선상이 되어 전혀 흥미의 대상이 되지 못할 것이다.

일단 진입장벽을 통과했다면 그다음에는 더 많은 숙달 기회가 제공되어야 한다. 이것은 숙달과 함께 상승하는 난이도라는 조건이 된다. 어떤 게임이 자기 목적형 활동이 되려면 플레이어가 숙달함에 따라 규칙은 점점 더 복잡해지고, 주어지는 과업이나 다투어야 할 경쟁자는 점점 더 강해져야 할 것이다.

즉각적이고 구체적인 피드백이라는 조건은 게임에서 득점이나 실점, 승패 등에 대한 정보를 통해 제공될 것이다. 방금 한 플레이의 결과가 쉽게 확인되지 않는 게임은 플레이어의 흥미를 크게 감소시킬 것이다.

행위자의 통제가능성에 대한 믿음이라는 조건은 아무리 난이도가 높아지더라도 승리의 가능성을 쉽게 박탈하지 않는 것으로 나타난다. 즉, 카이와가 말한 승패의 불확정성이다. 역전의 희망을 주지 않는 게임은 별 재미를 주지 못할 것이다.*

이러한 자발적 긴장의 상태야말로 우리가 몰입이라 부르는 경험을 하기에 가장 좋은 상태다. 그리고 이 몰입이야말로 호이징하나 카이와가 찾던 고급 재미와 직결되는 상태다. 한마디로 스스로 선택한 제약과 난관을 돌파하기 위해 집중력을 발휘하는 순간이 재미있는 놀이의 순간이다. 이렇게 자기 목적형 활동의 조건과 좋은 놀이의 조건은 거의 중첩된다. 즉, 놀이, 게임이 제 역할을 다 하려면 이는 자기 목적형 활동이 되어야 한다.

진입장벽의 조건은 컴퓨터 게임에서는 각종 유닛들의 조작법, 마우스나 조이스틱을 이용한 공격과 방어기술, 그리고 기본적인 게임의 룰과 유닛이나 각종 게임 설정 등 형태로 나타날 것이다. 이는 컴퓨터 게임을 구입하거나 접속하면 제일 먼저 받아 보게 되는 매뉴얼, 튜토리얼 등에 상세히 소개되어 있다. 조작법도 모르고 기본적인 룰도 모르는 상태에서 키보드를 무차별적으로 난타하더라도 승리할 수 있다면 이런 컴퓨터 게임은 자기 목적형이 되기 어려울 것이다. 어느 정도 공부를 하고 연습을 해야 익숙하게 할 수 있는 컴퓨터 게임만이

---

* 바로 이 점이 가위바위보의 가벼운 변형인 묵찌빠가 놀이로 기능하게 만든 원인이다. 가위바위보는 손을 내는 순간 모든 역전의 가능성이 사라지지만 묵찌빠는 계속해서 승리의 가능성이 남아 있다. 만약 가위바위보를 삼세판으로 한다면 이때는 심리전을 통한 역전이 가능하여 자기 목적형 놀이로 기능할 것이다.

몰입이라는 과실을 맺을 수 있다.

두 번째 조건인 상승하는 난이도는 플레이어가 숙달됨에 따라 과제가 더 복잡하고 어려워지는 형태로 나타날 것이다. 단순하게는 판이 거듭될수록 점점 더 강한 상대와 겨루도록 디자인된 게임이 여기 해당되며, 복잡하게는 상대의 대사 한 줄 한 줄을 꼼꼼히 읽어 가면서 단서를 얻어 가며 과제를 해결해야 하는 RPG 종류가 여기에 해당될 것이다. 물론 과제나 판이 복잡하고 어려워진다 하더라도 지나치게 빠르게 난이도가 상승하여 플레이어의 통제권 밖으로 벗어나서는 안 될 것이다. 가장 적절한 수준은 몇 번의 실패를 거친 뒤에야 성공할 수 있도록 구성된 난이도다.

세 번째 조건인 구체적인 과제의 경우는 플레이어에게 구체적인 경쟁상대나 공격대상 혹은 승리 목표를 제공해야 한다는 것으로 나타날 것이다. 확인 가능한 피드백의 조건은 플레이어가 자신의 기술이나 전략이 거둔 효과를 즉각 확인할 수 있어야 한다는 것으로 나타날 것이다. 사실 컴퓨터 게임은 빠른 정보처리 능력을 갖추었기 때문에 다른 종류의 놀이들이나 게임들보다 이런 조건에서는 보다 유리하다.

하지만 어떤 컴퓨터 게임이 이러한 모든 자기 목적형 놀이로서의 조건들을 갖추고 있는지 확인하는 일은 보통 일이 아니며, 사실상 불가능에 가까운 일이다. 최근에 시판되는 컴퓨터 게임은 첫판부터 시작해서 마지막 엔딩까지 이르는 데 수백 시간의 플레이를 요구하기 일쑤다. 그런데 기성세대의 경우는 수백 시간을 플레이해서 엔딩을 보기는커녕 가장 쉬운 첫판을 돌파하는 것도 어려운 경우가 많다. 영화나 만화는 쭉 읽어 나가면 되지만, 컴퓨터 게임은 직접 플레이를 해서 경기를 해야 한다는 점이 문제인 것이다.

그럼에도 불구하고 컴퓨터 게임을 평가할 수 있는 다른 방법이 있다. 컴퓨터 게임은 크게 데이터 파일, 구동 파일, 그리고 룰 파일로 구성되어 있다. 데이터 파일은 게임에서 구현되는 각종 그래픽과 음향 등이 압축되어 있으며, 구동 파일은 실제 게임을 실행시키는 데 동원되는 파일이며, 룰 파일은 그 게임의 규칙과 진행상의 알고리듬 등을 저장해 놓은 파일이다. 파일 이름이 룰 파일이라고 지어져 있지는 않으며, 상당수의 룰 파일들은 감춰져 있거나 압축되어 있지만 이들을 통칭하여 룰(Rule)* 파일이라고 부르자.

하나의 컴퓨터 게임은 수백 수천 개의 파일로 구성되지만 그것의 자기 목적성을 결정짓는 것은 바로 몇 개의 파일들로 저장된 룰인 것이다. † 따라서 룰 파일을 분석하면 놀이로서 자기 목적성이 높은 컴퓨터 게임을 충분히 가려낼 수 있다.‡ 간단히 말하면 룰이 좋은 컴퓨터 게임은 자기 목적형이다.

다음으로 예술 측면에서 자기 목적형 활동의 조건을 살펴보자. 컴퓨터 게임은 단지 놀이가 아니라 엄연히 예술작품의 한 종류이며, 적어도 예술적 요소를 포함하고 있다는 것은 부정할 수 없기 때문이다. 이때 예술은 평가적 의미로 사용된 것이 아니다. 즉, 그 수준이 높든 낮든 간에 분류상 예술로 분류될 요소가 있다는 의미다. 그것이 모차

---

* 이는 단순한 경기 규칙이라는 의미 이상을 가지고 있기 때문에 번역하지 않고 그냥 룰로 표기한다.

† 윈도우즈 환경의 컴퓨터 게임 룰 파일은 대체로 *.ini라는 이름을 가지고 있으며 워드프로세서나 텍스트 편집기로 열어 볼 수 있다. 프로그래밍 언어에 익숙하다면 쉽게 읽어 보거나 수정할 수 있다.

‡ 이는 컴퓨터 게임에만 해당하는 것이 아니라 모든 스포츠 등의 다른 게임에 해당되기도 한다. 룰이 잘 정의된 게임이 재미있는 게임이다. 예를 들면 포볼(Base on balls)이라는 규칙이 없다면 야구는 투수가 경기장 전체에 걸쳐 무작위로 던지는 공을 쫓아다니며 때려야 하는, 사실상 공격이 성립되지 않는 재미없는 놀이가 되고 말 것이다.

르트 오페라와 립싱크 아이돌 가수 노래 중 어디에 가까운가 하는 것은 별도의 문제이다.

컴퓨터 게임은 그래픽과 음악으로 구성되어 있으며 일정한 내러티브를 가지고 있다. 그 수준이야 높게 보든 낮게 보든 간에 컴퓨터 게임이 감상의 대상, 즉 미적 대상이 되고 있음은 결코 부정할 수 없다. 따라서 자기 목적형 컴퓨터 게임을 가려내기 위해서는 예술로서의 속성도 고려해야 한다. 경우에 따라서 룰은 매우 엉성하지만 그 예술적 가치 때문에 높이 평가받아야 하는 컴퓨터 게임도 있을 수 있기 때문이다.

놀이로서의 측면을 살피기 위해 인류학을 참고했듯이 예술적 측면을 살피기 위해서는 미학을 참고해야 한다. 널리 알려져 있다시피 우리말로는 미학이라고 하지만 그 어원은 미에 대한 학문이 아니라 감성에 대한 학문(Aesthetics)이다. 그럼에도 불구하고 자신들의 연구대상을 감성과 연결하는 미학자들은 그리 많지 않다.

대부분의 미학자들은 미적 경험, 미적 상태는 희로애락과 같은 어떤 특정한 감정으로 환원될 수 없다고 주장한다. 오히려 그들은 미적 대상의 감상은 감성적 과정이 아니라 일종의 인식과정이라고 주장한다. 수잔 랭거는 미적 체험이라는 것은 어떤 느낌이나 감정을 가지는 것이 아니라 그 느낌과 감정에 대해 알아 나가는 것이라고 하였다. 결국 미적 체험이라는 것 역시 느끼는 행위가 아니라 인식하는 행위라는 의미가 되는데, 그렇다면 대체 미적 체험은 학문을 연구하는 행위와 뭐가 다른가?

이 까다로운 질문에 대해 20세기 미학을 대표하는 베네디토 크로체(Croce, 1901)는 지성에 의한 논리적 인식인가, 상상력에 의한 직관적 인식인가에 따라 학문적 인식과 미적 인식을 구별할 수 있다고 명쾌하게 대답했다. 상상력에 의한 직관적 인식이란 인식하는 주체가 자신의 상상력 속에 보유하고 있거나 표상하는 이미지와 실재하는 것에 대한 지각을 서로 상호작용시키면서 인식하는 것이다. 설명이 너무 복잡해졌는데 간단히 말하면 어떤 예술작품을 감상할 때 우리는 단지 수동적으로 감상하는 것이 아니라 머릿속에서 이미 어떤 작품에 대한 표상을 만들어 내고 있다는 것이다. 그리고 우리가 표상해 낸 작품과 실제 작품을 비교하면서 미적 체험이 이루어진다는 것이다. 노래를 들을 때 우리는 이미 머릿속에 나름의 작곡을 하고 있고, 등산을 할 때 우리는 머릿속에 어떤 풍경을 이미 그리고 있다. 그런데 우리 머릿속의 이미지와 실제 인식대상은 다를 수밖에 없기 때문에 이를 조정해 가면서 인식하는 것이다. 20세기의 또 다른 대표적인 미학자인 죄르지 루카치((Lukacs, 1971)는 이를 추론 학습과 대비하여 취미 학습이라고 개념화했다.

취미 학습은 감상자가 얼마나 많은 이미지와 생각을 머릿속에 생성해 낼 수 있느냐에 따라, 즉 감상자의 상상력에 따라 그 범위와 수준이 결정된다. 즉, 감상자는 자신이 표현할 수 있는 만큼 직관할 수 있다. 상상력이 없는 사람, 머릿속에서 이미지를 만들어 내지 못하는 사람은 취미 학습을 통해 아무것도 인식할 수 없다. 따라서 예술작품을 감상한다는 것은 자기 혼자 주관적인 감정을 발산하는 것도 아니며, 반대로 수동적으로 예술작품의 어떤 속성에 이끌리는 것도 아니다. 예술작품의 감상은 감상자가 표현하고자 하는 이미지와 예술가가 구현한 이미지 간의 상호작용이다. 르네상스 미술 연구가인 뵐플린 (Wölfflin, 1904)은 이를 "미술 작품의 예술적 의도의 본질적인 부분은 정서적인 감정 추적을 넘어 형식적 관찰을 하는 감상자에게 모습을 드러낸다."라고 말했다. 이때 형식적 관찰이라고 하는 것은 흔히 말하는 형식주의적이라는 의미가 아니다. 오히려 '이 음악은 참 슬퍼', '이 음악은 참 좋아' 수준의 감상이 아니라 그 음악의 요소들이 어떤 식으로 표현되고 발전되는지를 비판적이고 능동적으로 추적하는 것을 말한다.

이렇게까지 말하면 예술 감상이나 미적 체험을 하기 위해서는 선천적으로 상상력이 뛰어나고 예술에 대해 많은 것을 이미 배워서 알고 있어야 한다는, 따라서 보통 사람들은 예술 감상이나 미적 체험을 할 수 없다는 선입견만 높아질지 모르겠다. 하지만 이때 요구되는 상상력이나 예술적인 지식은 그렇게 엄청난 것이 아니다. 크로체는 사실상 거의 모든 감상자들은 이런 형식적인 관찰을 할 수 있는 사유의 소재(image)를 충분히 가지고 있다고 말했다. 이 소재들은 선천적인 것도 아니지만 그렇다고 해서 억지로 배워야 하는 것도 아니다. 이 소재들은 같은 문화권 사람들 사이에서는 보편적인 문화 코드로서 존재한다. 어떤 문화권에서 생활하고 성장한 사람들은 자기도 모르는 사이에 어떤 종류의 미적 이미지들을 내면화하게 된다. 이것을 미학 용어로 양식(style)이라고 부른다. 그리고 통상 같은 문화권에서 생활하고 성장한 사람들은 이 미적 양식을 상당 부분 공유하고 있다. 이를 일반화된 미적 양식이라고 한다. 이렇게 한 문화권 안에서 일반화된 미적 양식은 통상 그 분야 고유의 상징체계로 구성되어 있다. 우리가 언어를 배우지 못하면 의사소통하지 못하듯이, 미적 양식 고유의 상징체계를 익히지 못하면 온전한 미적 체험을 할 수 없다. 하지만 이 상징체계는 우리가 언어를 생활 속에서 자연스럽게 익히듯이,

생활하고 성장하는 과정 속에서 자연스럽게 익히게 된다.

흔히 클래식 음악은 아는 만큼 들린다고 말한다. 이때 그 아는 만큼에 해당되는 것이 바로 클래식 음악의 고유한 상징체계와 양식이다.* 그런데 클래식 음악을 잘 듣기 위해 일부러 클래식 음악을 따로 공부하고, 음악 통론에 나오는 각종 음악 형식들과 화성법을 익히는 것은 조금은 어리석인 짓이다. 클래식 음악이 삶의 한 부분이 되면서 익숙해지면 그 미적 양식은 조금씩 삼투해 들어오는 법이다.

대부분의 예술가는 어떤 특정한 문화권의 감상자를 염두에 두고 작품을 만든다. 따라서 그들은 감상자들이 어느 정도 익숙할 것이라고 전제되는 보편적이고 일반화된 양식과 미적 요소들을 활용한다. 하지만 익숙하고 일반적인 양식만 제시한다면 작가의 개성은 전혀 드러나지 않고 편안하지만 지루한 작품이 되고 말 것이다. 따라서 예술가는 이를 활용하는 동시에 변형하거나 발전시킨다. 만약 예술가의 변형이나 발전이 감상자의 보편적인 양식을 너무 벗어나면 이해할 수 없는 작품이 되고 말 것이며, 지나치게 소극적이면 흥미를 끌지 못할 것이다.

반면 감상자는 자신의 지식과 상상력의 한계 내에서 예술작품을 해석한다. 만약 예술작품이 감상자의 지식과 상상력의 한계를 뛰어넘지만, 그럼에도 불구하고 능동적인 노력을 통해 이해가 가능하다면 감상자는 놀라움과 함께 감동을 느끼게 된다. 이때가 바로 감상자가 그 작품에 몰입하는 순간이다.

---

* 음악 기법에 익숙하지 않은 초심자는 '피가로의 결혼'을 곱고 흥거운 음악으로 즐긴다. 숙달된 감상자는 6명의 등장인물이 제각기 다른 성부와 리듬으로 노래함에도 불구하고 조화를 이루는 대위법을 즐길 수 있다. 더 숙달된 감상자는 각각의 성악가들의 창법과 곡 해석까지도 추가로 즐길 수 있다.

따라서 예술작품을 감상한다는 것은 창조자와 감상자 사이에서 이루어지는 일종의 지적(intellectual) 게임에 가깝다. 이때 예술가가 제공하는 것이 보편적인 양식과 너무 멀다면 감상자가 이를 예술이 아닌 것으로 받아들일 가능성이 있다. 그러나 보편적인 양식과 완전히 일치한다면 매우 따분하고 상투적인 작품으로 받아들일 것이다. 예술가와 감상자는 이 사이의 경계에서 미묘한 상호작용을 한다(Kivy, 1990).

이렇게 미학을 검토해 본 결과 예술적 체험에서도 역시 몰입의 중요한 요소였던 지각된 도전과 지각된 기술 사이의 긴장이 나타나고 있음을 확인할 수 있다. 감상자가 보유한 양식과 자원에 비해 지나치게 난해한 작품은 오히려 불안감을 줄 것이며, 그 반대로 감상자가 보유한 양식과 자원에서 벗어나지 못하는 작품은 지루함의 대상이 될 것이다. 그러나 그 사이에서 적절한 상호작용의 계기를 제공하는 작품은 몰입의 대상이 된다. 이때 불안과 몰입의 경계에 걸친 작품은 난해한 걸작으로 불리는 것이며, 몰입과 지루함 사이에 걸치는 작품은 적어도 재미있다 혹은 괜찮다고 평가를 받을 것이다. 어쨌든 걸작이나 재미있는 예술작품들은 이러한 몰입의 계기를 풍부히 제공하는 작품이다. 즉, 그것을 감상하는 것이 자기 목적형 활동이 되게 하는 작품들인 것이다.*

그렇다면 이제 예술로서의 컴퓨터 게임에서 소위 작품성, 즉 컴퓨터 게임을 걸작이나 재미있는 작품으로 만드는 예술성은 어떻게 나타날지 살펴보자. 컴퓨터 게임 역시 나름의 고유한 상징체계와 양식

---

* 물론 이것만이 위대한 예술작품을 평가하는 기준이라는 것은 아니다. 예술가의 깊은 내면적 성찰, 세계에 대한 통찰 등도 매우 중요한 기준이 되겠지만 이는 당초 설정한 연구의 한계 밖에 있다.

을 가지고 있다. 또한 컴퓨터 게임 고유의 이런 양식과 자원에 익숙할수록 사용자는 더 많은 느낌을 얻을 수 있다. 이 부분에서 컴퓨터 게임에는 분명 게임을 넘어서는 예술적인 요소를 지니고 있다. 예컨대 <플레인스케이프>라는 게임은 게임 자체로는 비교적 난이도가 낮은 편이지만, 독특한 줄거리와 개성 있는 화면 구성으로 높은 평가를 받았다. 또 30년 전에 나왔던 <듄2>라는 게임은 그 게임성뿐 아니라 고전SF소설인 『듄』의 분위기를 완벽하게 재현했다는 찬사를 듣기도 했다.

특히 RPG게임의 경우 이런 예술적 요소는 더욱 강해지는데, '판타지'라고 불리는 문학 장르에 익숙한 사람에게는 <발더스게이트>, <네버윈터 나이트> 같은 컴퓨터 게임은 웅장한 서사시로 보이지만, 판타지의 양식에 익숙하지 않은 사람에게는 그저 그런 싸움박질이나 하는 좀 복잡한 전자오락에 불과할 것이다. '스페이스 오페라'라는 장르에 익숙한 플레이어에게 <스타크래프트>, <듄2> 같은 게임은 서사예술이 되겠지만, 그렇지 않은 사람의 눈에는 단지 대량학살극으로만 보일 것이다.

이제 컴퓨터 게임이 예술적인 특성을 가지고 있음은 충분히 확인되었다. 그렇다면 하나의 예술작품이 자기 목적형이 되기 위한 조건이 컴퓨터 게임에서는 어떻게 나타나는지 살펴볼 차례다. 먼저 어떤 예술 감상활동이 자기 목적형이 되기 위한 조건들을 수립해 보자.

진입장벽의 조건은 해당 장르의 기본적인 공식과 상징체계를 알아야 한다는 것으로 나타난다. 상승하는 난이도는 그 작품과 장르를 알아 나가면 알아 나갈수록 더욱 오묘하고 복잡해지는 구조와 내용으로 나타날 것이다. 그럼에도 불구하고 그 작품은 감상자의 통제범위

밖에 있지 않을 것이다. 또 감상자는 머릿속에서 작품과 끊임없이 상호작용하면서 작품의 다음 진행에 대한 자신의 상상력을 통해 능동적으로 참여하며 실제 작품의 진행과 자신의 상상력을 비교함으로써 피드백을 받는다.

이제 이것을 컴퓨터 게임에 적용해 보자. 먼저 컴퓨터 게임 장르의 공식과 전통은 일종의 관문 역할을 한다. 컴퓨터 게임을 서사예술로서 즐기려면 먼저 이런 것들을 어느 정도 익혀야 한다. 자기 목적형 컴퓨터 게임은 플레이어에게 서사의 기반이 되는 상징체계·내러티브의 능동적 이해를 요구한다. 자기 목적형 컴퓨터 게임은 플레이어가 능동적인 위치에서 내러티브와 상호작용하고 의미 있는 선택을 할 수 있게 한다. 자기 목적형 컴퓨터 게임은 플레이어의 선택이 전체 내러티브에 어떻게 영향을 주었는지 확인할 수 있도록 한다. 자기 목적형 컴퓨터 게임은 플레이어에게 익숙해진 기존 게임의 내러티브 구조를 답습하지 않으면서도 플레이어의 이해범위를 벗어나지는 않는다. 자기 목적형 컴퓨터 게임은 플레이어가 익숙해지는 정도와 비례하여 점점 복잡하고 해석의 여지가 많은 서사를 제공한다.

이제 어떤 컴퓨터 게임이 자기 목적형이 되는가 하는 질문의 답을 놀이, 게임의 측면에서, 그리고 서사예술의 측면에서 모두 구할 수 있다.

자기 목적형 컴퓨터 게임은 놀이, 게임 측면에서 다음의 조건들을 충족한다.

첫째, 미리 숙달될 것을 요구하는 진입장벽이 있다.

둘째, 플레이어의 숙달과 비례하여 상승하는 난이도를 제공한다.

셋째, 그 난이도가 플레이어의 통제범위 내에 있도록 구성되어 있다.

넷째, 분명한 과제를 제시하고 그 결과를 즉각 확인할 수 있다.

자기 목적형 컴퓨터 게임은 서사예술물의 측면에서는 다음과 같은 조건들을 충족한다.

첫째, 장르의 공식이라는 진입장벽이 있다.

둘째, 내러티브가 진행될수록 기존 장르의 공식으로는 쉽게 상상하기 어려운 더 복잡한 서사가 제공된다.

셋째, 그럼에도 불구하고 내러티브는 플레이어의 상상력의 통제범위를 벗어나지 않는다.

넷째, 플레이어가 내러티브에 영향을 줄 수 있는 구체적인 계기를 제공하며 그 결과를 바로 확인할 수 있다.

그런데 문제는 이 두 측면 중 어느 한쪽으로만 탁월한 컴퓨터 게임이 있을 수 있다는 것이다. 즉, 예술적 측면에서는 너무 단순하지만 게임성이 높은 경우나 게임으로서는 단순하지만 예술적인 표현이 탁월한 컴퓨터 게임이 있을 수 있다.

이때 그것을 자기 목적형이라고 평가할 수 있는지는 해당 게임의 장르를 검토해야 결정할 수 있을 것이다. 게임에도 그것이 목표로 하는 바가 무엇인가에 따라 다양한 장르가 있다. 그 장르에 따라 게임성이 더 중요하기도 혹은 예술성이 더 중요하기도 하다. 이는 마치 발레와 기계체조는 모두 신체운동의 요소와 예술적 표현의 요소가 요구되지만 발레는 예술 쪽에, 기계체조는 신체운동 쪽에 더 중점을 두는 것과 같다.

물론 이 두 측면을 모두 갖춘 컴퓨터 게임도 있을 수 있다. 이런 컴퓨터 게임은 걸작 게임이라고 불러 주어도 무방할 것이다. 두 측면 모두 미흡한 컴퓨터 게임은 게임성의 측면에서나 예술성의 측면에서나 전혀 흥미를 끌 만하지 않은 게임으로 봐야 할 것이다. 즉, 여가활동으로 별 가치 없는 재미없는 게임이다. 재미없는 게임에 아무리 교육적으로 유익한 내용이 담겨 있다 하더라도 그 효과가 발휘되기는 어려울 것이다. 문제는 어느 모로 보나 재미없는 게임이라야 마땅한데, 시장에서 퇴출되기는커녕 많은 사용자를 붙들고 있는 경우가 종종 나타난다는 것이다. 바로 이런 경우가 게임 중독증에 해당될 것이다. 즉, 게임 중독은 그렇게 매달릴 객관적인 이유가 없음에도 불구하고 그 게임에 과도하게 몰두, 집착하는 경우일 것이다. 마약이나 각종 향정신성약품에 중독된 사람은 맛있어서 먹는 것이 아니다.

이를 분명히 하기 위해서는 중독증에 대해 살펴보고, 중독증의 요소가 컴퓨터 게임에 어떻게 나타날 수 있는지 살펴봐야 할 것이다.

● 삼국지

일본의 게임 제작사인 고에이(KOEI)는 고집스럽게 역사를 소재로 하는 전략게임을 개발하는 회사다. 이 중 상업적으로 성공한 작품은 벌써 10번째 시리즈까지 발매된 삼국지 시리즈와 4번째 시리즈가 발명된 대항해 시대 시리즈다. 그중에서도 삼국지 시리즈는 이 회사의 간판이며 역사 전략게임의 대명사처럼 불리고 있다.

게임 팬들 사이에서 농담처럼 도는 이야기가 삼국지 시리즈는 홀수 시리즈가 짝수 시리즈보다 작품성이 뛰어나다는 것이다. 그런데 실제로 삼국지 3, 5, 7, 9 시리즈가 2, 4 , 6, 8, 10 시리즈보다 높은 평가를 받았다. 세월이 갈수록 발전하기 마련인 기술적인 측면을 제외하고 게임성과 예술성만을 놓고 본다면 그중 가장 훌륭한 작품은 다섯 번째 시리즈이다.

광활한 중국대륙을 한눈에 내려다보다

플레이어는 중국 대륙을 조감도처럼 내려다보는 장쾌한 화면에서 게임을 플레이하게 된다. 플레이어는 삼국지에 등장하는 여러 제후들 중 하나를 선택하고, 중국의 여러 지역 중 한 고을을 선택해서 세력근거지로 삼는다. 게임은 크게 두 장면으로 구성되는데 내정과 전쟁이다. 내정을 통해 플레이어는 자신의 영토를 잘 개발하여 세수를 증대하고 군대를 훈련하고 다른 세력들과 적절한 외교 관리를 한다. 이웃 제후들과 전쟁을 하게 되면 화면이 바뀌면서 전장으로 옮겨 간다. 턴 방식으로 이루어지는 전투에서 플레이어는 적절한 전략을 수립하여 적군을 물리쳐야 한다. 이 전투장면은 마치 장기를 연상시키는데, 우선 턴 방식으로 이루어지고 부대의 특성에 따라 이동거리와 영역이 서로 다르기 때문이다. 따라서 기민한 대응보다는 깊고 긴 생각과 수읽기가 이 게임에서 승리할 수 있는 원천이 된다.

애초에 장기가 고대 중국 전쟁에서 비롯되었음을 감안한다면 이 게임은 장기가 정보화시대에 맞게 진화된 것이라 할 수 있을 것이다. 다만 일본에서 개발한 게임인 만큼 일본 장기의 영향을 받아서 장수들이 쉽게 배신하곤 해서 우리나라 플레이어들을 화나게 만들지만 이런 부분은 문화의 차이로 이해할 필요가 있다.

제5장

컴퓨터 게임의 역습:
컴퓨터 게임 중독증

컴퓨터 게임 중독증은 컴퓨터 게임의 병리적 영향 혹은 사이버 역기능이라고 불리는 각종 병리현상들 중 가장 그 근거가 분명하고 심각한 것에 속한다. 그런데 어떤 종류의 컴퓨터 게임이 중독증을 유발할 가능성이 높은지에 대해서는 아직 명확하게 밝혀지지 않았다. 단지 컴퓨터 게임을 많이 해서 중독된다는 주장은 설득력이 높지 않고, 새로운 문화 장르에 대한 불공정하고 편파적인 대우임은 이미 충분히 설명했다. 또 컴퓨터 게임의 폭력성이나 선정성이 중독증의 주요 원인일 것이라는 견해 역시 설득력이 떨어짐은 이미 살펴본 바와 같다. 그렇다면 이런 것들을 제외하면 컴퓨터 게임의 어떤 속성이 중독증을 야기하는 원인인지 규명해야 한다.

이를 위해서는 두 가지 작업이 필요하다. 먼저 중독증과 중독대상의 일반적인 특징부터 살펴볼 필요가 있을 것이다. 다음으로는 컴퓨터 게임의 고유한 속성들 중 어떤 부분이 어떻게 될 때 중독대상으로 전락하는지 밝혀야 한다.

❙❙ 중독증의 의미와 종류

중독증이란 말은 너무도 광범위하게 사용되어서 그 병리적인 의미가 매우 모호하게 되어 버렸다. 먼저 중독증의 의미를 분명히 할 필요가 있다. 이 부분이 명확하지 않으면 단지 다른 사람보다 특정 대상을 더 많이 사용할 뿐인 사람이나 애호가에 속하는 사람들을 엉뚱하게 중독증 환자로 몰아세울 수 있기 때문이다.

국제적으로 통용되는 정신장애진단표준(DSM-IV)에 따르면 우리가 통상 중독증이라고 부르는 병리현상은 '의존성 행동장애'로 분류되어 있다. 이것은 어떤 특정 대상에 대해 강박적으로 의존함으로써 야기되는 각종 장애를 뜻하는 것으로 크게 어떤 특정한 행위에 강박적으로 의존하는 행위중독과 특정한 물질에 강박적으로 의존하는 약물중독으로 나누어져 있다. 컴퓨터 게임 중독의 경우는 행위중독에 해당된다고 할 수 있겠지만 아직 이 진단표준에는 포함되어 있지 않기 때문에 다른 행위중독들인 도박중독, 섹스중독, 알코올중독 등에 준하여 판단하게 되어 있다.

중독증, 즉 의존성 행동장애의 정확한 정의는 심신에 심각한 피해가 일어남에도 불구하고 해당 행위나 물질을 계속 수행하거나 흡입하는 상태다. 이는 크게 의존성, 조절능력상실, 금단현상, 내성강화라는 구체적인 지표로 확인할 수 있다.

1. 의존성: 특정 물질, 관계 또는 행동에 지나치게 몰두하며, 그 물질, 관계 또는 행동으로부터 차단될 경우 초조해하거나 불안해한다.
2. 조절능력 상실: 1) 특정 물질, 관계 또는 행동을 자신의 의지로

조절하지 못한다. 이는 강박적으로 그 물질, 관계 또는 행동에 집착하게 만들며, 강력한 외부 제재가 없으면 끝없이 이를 반복하려는 성향을 보여 준다. 2) 특히 신체적·정신적·사회적으로 명백히 부정적인 결과들이 나타나고, 그것을 인지하고 있음에도 불구하고 그 행위의 수행이나 물질의 흡입을 중단하거나 줄이지 못한다.

3. 내성 강화: 동일한 만족을 위해 투입되어야 하는 그 행위나 물질의 양이 계속해서 증가한다.

4. 금단 현상: 특정 물질, 관계 또는 행동과 차단되었을 경우 여러 가지 다양한 부정적이고 고통스러운 피드백을 경험한다.

(신영철, 2001; 김교헌, 2002; Shogren & Welch, 1999)

이 지표들 중 가장 핵심적인 것은 조절능력 상실이다. 의존, 강화는 조절능력 상실로 이어지며, 금단현상 역시 조절능력이 상실되었음을 보여 주는 한 지표다. 이는 문자 그대로 행위자가 중독대상의 노예가 되어 스스로를 통제하지 못하는 상태를 의미한다. 따라서 컴퓨터 게임 중독증은 컴퓨터 게임에 강박적으로 몰두하며 의존하게 됨으로써 조절능력을 상실하게 되는 현상이라고 정의할 수 있다.

그렇다면 사람들은 왜 중독되는 것일까? 즉 왜 피해를 입는다는 것을 알면서도 어떤 물질이나 행위를 끊지 못하는 것일까? 중독증의 원인에 대해서는 정신병리학과 이상심리학의 여러 학파들만큼이나 많은 이론들이 나와 있다. 하지만 이들은 크게 그 원인을 기질적인 것, 심리적인 것, 그리고 특정 대상의 중독 유발 속성 등으로 나누어 보고 있다는 점에서 공통점을 가지고 있다. 이 중 어느 쪽을 중요시하느냐에 따라 다양한 이론적인 스펙트럼이 펼쳐지지만, 실은 이 셋이 모두 중독증의 원인으로 작용한다고 보는 것이 옳다. 마약과 양약은 분명히 구별된다. 따라서 중독대상의 어떤 중독적 특성은 분명히 존재한다. 하지만 아무나 마약이 앞에 있다고 해서 마약을 주입하지는 않는다. 마약을 주입하게 만드는 행위자 자신의 어떤 원인이 있는 것이다. 이 모든 것들이 서로 상호작용을 해야 중독증이 발병한다.

기질적인 원인을 주장하는 이론은 중독증은 두뇌 및 중추신경계라는 신체조직의 질병이라고 주장한다. 한마디로 뇌의 병이다. 주로 도파민 등과 관련되는 신경물질 수용계에 질환이 발생하면 쾌락중추가 왜곡되면서 엉뚱한 대상에서 쾌락을 느끼게 된다. 또 이런 쾌락중추가 신경전달물질에 제대로 반응하지 못하면 쾌락의 충족신호가 제대로 전달되지 않아 끊임없이 쾌락대상에 집착하게 된다. 이 경우에는 심리학적인 치료는 불가능하며 다만 생화학적 치료만이 가능할 뿐이다.

중독대상이 가지고 있는 특성에서 원인을 찾는 이론은 어떤 물질이나 행위가 중독을 유발하는 특성을 가지고 있다고 본다. 한마디로 멀쩡한 사람도 마약을 투입하면 중독자가 되며, 일단 노름 맛을 보면 빠져들 수밖에 없다는 것이다.

심리적인 원인을 찾는 경우에는 중독증을 뇌라는 장기의 병이 아니라 마음의 병으로 간주한다. 여기서 마음이라 함은 다만 두뇌와 신경계 작용의 부산물 이상의 것이며, 가족관계, 친교관계, 스트레스 등 환경과 상호작용한 결과이며 또한 원인이기도 하다. 따라서 중독증의 원인 역시 이 상호작용 속에서 찾아야 하며, 치료 역시 상담 등을 통해 이 상호작용의 맥락을 파악한 후에야 가능하다. 비유가 적절할지 모르겠지만 심리학적 관점에서는 뇌의 하드웨어적 손상으로 설명되지 않는 마음이라는 소프트웨어의 이상이 발생했다고 보는 것이다.

그렇다면 마음이라는 프로그램은 어떻게 하다가 손상되거나 이상이 발생했을까? 가장 보편적인 설명은 잘못되고 왜곡된 보상과 잘못되고 왜곡된 동기화 과정 때문이다. 이런 왜곡은 소프트웨어로 치면 일종의 악성코드가 침투한 것일 수도 있고, 애초에 인간의 마음이란 소프트웨어가 가지고 있는 버그 때문일 수도 있다.

인간의 마음은 어떤 보상에 대해 반응하도록 되어 있다. 긍정적인 보상에 대해서는 정적으로 동기화되고, 부정적인 보상에 대해서는 부적으로 동기화된다. 이때 보상으로 작용하는 것은 금전이나 명예 같은 것이 아니다. 모든 보상들은 최종적으로는 마음에서 통용되어야만 보상으로 기능하기 때문에 궁극적으로는 쾌락과 고통이라는 공통의 화폐단위로 환산되게 된다. 물론 나는 여기서 쾌락의 증가와 고통의 경감을 추구하는 행위 자체를 힐난하는 청교도질을 하려는 것은 아니다. 그러나 이러한 것들을 얻기 위해 필요한 수고와 노력을 마다하고 단지 보상만을 강박적으로 추구하게 될 경우, 그리하여 마침내 그 보상을 주는 손쉬운 대상에게 지배당하게 되는 경우가 바로 중독증임을 말하려고 하는 것이다.

그런데 이 세 원인들 중 기질적인 원인은 의학의 대상이기 때문에 이 책에서 다룰 수 있는 범위를 크게 벗어난다. 기질적인 원인으로 인한 중독증은 상담이나 교육으로 해결할 수 없으며, 전문의의 진단에 의한 약물치료가 가장 적절한 처방이 될 것이다. 사실 중독증의 과반수가 대뇌 쾌락중추의 이상으로 인한 것이기 때문에 인간의 의지로 해결할 수 있는 것이 아니라고 한다.

그렇다면 우리가 취급할 수 있는 중독증은 특정한 중독대상의 특성에 의한 중독, 그리고 심리적인 원인으로 인한 중독증이다. 전자의 경우는 해당 중독대상과의 접촉을 차단함으로써, 후자의 경우는 왜곡된 동기화 과정을 교정함으로써 중독증을 치유할 수 있다. 그런데 실제로 중독대상의 특성에서 비롯된 중독증과 심리적인 원인에서 비롯된 중독증은 쉽사리 구별되지 않는다.

　그 외에 중독증을 중독대상의 성질에 따라 물질중독과 행위중독으로 분류하기도 한다. 물질중독은 약물이나 알코올 중독처럼 어떤 물질에 중독된 것이고, 행위중독은 방화벽, 도벽, 노름벽처럼 어떤 행위에 중독된 것이다. 그러나 엄밀히 말하면 중독증의 원인은 모두 물질적이다. 왜냐하면 어떤 행위중독증은 물질에 탐닉하지 않기 때문에 순수하게 심리적인 원인으로 중독되었다고 보이겠지만, 실제로는 그 행위의 결과 인체가 스스로 분비하는 내분비 물질에 중독된 것이기 때문이다. 즉, 이른바 물질중독은 인체 외부의 물질에 중독된 것이고, 행위중독은 인체 내부의 물질에 중독된 것이다.

　인체 외부에서 투입되는 물질이 남용되면 위험하듯이 인체 내부에서 분비되는 물질도 남용되면 위험하다. 말하자면 인체가 스스로 마약을 생산하는 셈이다. 행위중독증은 비싼 돈 들여가며 마약을 사서 주입하는 것이 아니라 인체가 마약을 스스로 분비하는 상태를 인위적으로 조장하는 것이다. 컴퓨터 게임 중독증 역시 이 행위중독증에 속하기 때문에 이 과정에 대해서는 좀 더 자세한 설명이 필요하다.

　무엇보다 먼저 심리적인 중독의 원인인 보상의 표준 형태인 쾌락의 증가, 고통의 경감 등도 궁극적으로는 심리적 현상이 아니라 화학적 현상임을 염두에 두어야 한다. 우리는 즐겁거나 괴롭다고 느끼지만, 결국 그것은 우리 대뇌에 어떤 특정한 종류의 신경전달물질이나 감정 호르몬이 늘어나거나 줄어들었다는 뜻이다.

쾌락과 고통은 대뇌 변연계에서 작용하는 50여 가지 각종 감정 호르몬의 작용으로 발생한다. 이 호르몬들의 어떤 배합이 어떤 감정을 불러일으키는지는 아직 완전히 밝혀지지는 않았지만, 과학자들은 꽤 많은 감정의 근원을 호르몬의 작용으로 훌륭하게 설명하고 있다. 이때 특정 심리 상태를 증폭시킬 경우 각성이라고 하며 경감시킬 경우 진정이라고 한다. 따라서 중독과 관련지어서 이 용어들을 사용한다면 쾌락을 증폭시키는 것이 각성, 그리고 고통을 경감시키는 것이 진정이다.

이 과정에 주로 관련된 감정 호르몬은 아드레날린(adrenalin), 엔도르핀(endorphin), 도파민(dopamine) 등이다. 이 중 도파민은 행복감과 관련이 깊은 호르몬으로 알려져 있지만, 그 외 수많은 감정, 이를테면 연애 감정 등에도 관여하는데 대체로 어떤 긍정적인 감정의 최종적인 상태와 관련된다. 부신에서 분비되는 아드레날린은 엄밀히 말하면 호르몬이라기보다는 신경전달물질이지만 호르몬과 마찬가지로 감정에 작용하는데 주로 인간을 흥분, 각성시키는 작용을 한다. 흔히 말하는 짜릿한 느낌이 바로 아드레날린의 작용이다. 따라서 아드레날린은 쾌락을 증폭시키는 기능을 할 수 있다. 엔도르핀은 체내에서 분비되는 일종의 진통제, 진정제로 체내에서 만들어지는 모르핀이라는 뜻을 가지고 있다.

따라서 어떤 사람이 특정한 유형의 행위에 중독되었다면, 실제로는 그 행위 자체가 아니라 그 행위의 결과 신체 내부에서 분비되는 신경호르몬 등의 화학물질에 중독된 것이다. 예를 들어 어떤 모험적 활동에 중독되었다고 한다면 이는 모험적 활동이 아드레날린의 분비를 유도하며, 이 아드레날린이 분비된 상태를 즐기는 것이기 때문에 사실은 아드레날린 중독인 셈이다.

따라서 여러 종류의 행위중독들을 그 행위가 분비를 유도하는 신경 호르몬이 무엇인가에 따라 몇 가지 종류로 분류할 수 있다. 이 중 가장 빈번한 것은 짜릿한 긴장감과 그 긴장감의 해소와 함께 폭포 같은 쾌락을 선사하는 아드레날린이나 고통을 경감시키고 느긋한 기쁨을 주는 엔도르핀이다.

아드레날린은 기존의 즐거움을 더욱 증폭시킨다는 의미에서 적극적 강화(+Synergy) 물질, 엔도르핀은 기존의 고통을 경감시킨다는 의미에서 소극적 강화(−Synergy) 물질이라고도 불린다. 대부분의 여러 행위중독증들은 주로 이 두 종류 물질에 강박적이고 맹목적으로 강화되어 있는 상태다. 따라서 아드레날린을 분비하게 하는 행위에 중독된 경우를 적극적 강화 중독증으로, 엔도르핀을 분비하게 하는 행위에 중독된 경우를 소극적 강화 중독증으로 개념화하면 대부분의 행위중독증을 효과적으로 분류할 수 있다.

적극적 강화 중독은 아드레날린이 제공하는 흥분, 각성의 보상에 강박적으로 집착함으로써 비롯된다. 그런데 원래 아드레날린은 쾌락을 주기 위한 물질이 아니라 위험에 대처하기 위한 호르몬으로, 심박수나 호흡을 증가시키며 인간의 신체와 정신을 정상상태보다 높게 만들어 일종의 초능력상태로 만든다. 정상상태에서 이런 각성·흥분상태로 급격하게 상승하는 느낌이 이른바 짜릿함이라고 표현되는 느낌이며, 이 짜릿함은 평소에 느끼지 못했던 매우 높은 행복감을 제공하는 경우가 많다.

이렇게 아드레날린은 호전성, 용기, 자극, 각성을 주는 호르몬이기 때문에* 적극적 강화 중독증의 중독대상은 주로 흥분제나 각성제 유

---

* 심박수가 100회 이상 상승하는 상황이 되면 아드레날린이 분비된다. 아드레날린은 행위자를 전투에 대비하는 상태로 만들게 되며, 용기, 자신감 등 적극적이고 흥분된 심리 상태를 만들어 괴력을 발휘하게 한다.

의 약물이거나 짜릿함과 아찔함을 주는 모험적인 행위들이다. 그 외 갈수록 강화되는 무모한 행위, 방화벽, 관음증, 도박, 싸움, 폭주, 도벽 등이 여기에 해당된다.

그런데 적극적 강화물질이나 행위에 접한다고 해서 무조건 중독증에 걸리는 것은 아니다. 적극적 강화 중독에 걸리기 쉬운 심리 상태가 따로 있는데, 주로 권태, 우울, 욕구불만 혹은 낮은 자존감과 같은 심리 상태에 있는 사람들이 적극적 강화 중독에 잘 걸린다고 한다.

이러한 심리 상태는 변화가 거의 없는 사회 환경, 지나치게 밀착된 가족 등으로 인해 개인의 영역이 거의 확보되지 못할 때 나타난다. 이런 상태에서 인간은 자신의 대단함을 느꼈던 순간을 그리워하며, 그런 순간을 다시 찾고 싶어 한다. 이때 이러한 아드레날린 상태를 인위적으로 조장할 수 있는 물질이나 행위가 있다면 그는 여기에 중독될 것이다. 물론 이런 적극적 강화 중독이 심리적인 원인으로만 유발되는 것은 아니다.

예를 들면 근대 자본주의 사회에 만연한 경쟁과 모험의 상품화가 적극적 강화 중독을 유발한다는 사회학적인 주장도 가능하다. 실제로 자본주의는 더 많은 인간 노동을 추출해 내기 위해 열정을 예찬하며 은연중에 아드레날린을 찬미한다는 문화비판가들의 주장도 있다. 다른 한편으로는 반복적이고 지루한 노동으로 인해 소외감을 느끼는 노동 계급들은 짜릿한 경험을 동경하기 때문에 이를 노리고 아드레날린을 유발하는 경험이 상품화되어 이들을 유혹하고 있다는 주장도 가능하다. 실제로 각종 롤러코스터나 자극적인 블록버스터 영화 같은 상품들은 위험하지는 않으면서 위험한 것 같은 느낌만을 제공함으로써 위험은 제거한 상태에서 아드레날린만 분비하게 만든다. 이런 식으로 아드레날린을 분비하는 경험이 돈만 주면 손쉽게 구입할 수 있는 상품이 된 것이다.

그런데 인간의 신경계를 이루는 뉴런은 비슷한 강도의 자극이 계속 반복되면 더 이상 그 자극을 전달하지 않는다. 이를 자극 역치현상이라고 한다. 따라서 이전에는 짜릿함을 느끼게 했던 경험이나 행위도 계속 반복되면 그냥 무덤덤한 대상으로 전락되고 만다. 즉, 그 정도 자극으로는 아드레날린이 분비되지 않는 것이며, 또 설사 분비된다 하더라도 그 정도의 아드레날린으로는 짜릿한 기쁨이 느껴지지 않는 것이다. 오늘날처럼 곳곳이 자극으로 넘쳐나는 사회에서는 전반적으로 이런 아드레날린 내성이 강화되는 현상이 일어나기 쉬우며, 사람들로 하여금 더 짜릿한 경험을 갈구하도록 하는 경향이 나타난다(Hart, 1990, pp.51-62).

문제는 인체가 아드레날린을 무한정 제공할 수 없다는 것이다. 아드레날린은 부신에서 분비되는데, 여기에서 생산할 수 있는 아드레날린의 양에는 한계가 있다. 그 긴장된 고조감은 인간이 비상사태에 대처하기 위해 발달시켜 온 메커니즘이지 일상적인 오락처럼 즐기라고 만들어진 것이 아니다. 게다가 아드레날린은 다만 짜릿함을 주는 것 외에도 여러 다양한 기능을 하는 호르몬이다. 그런데 이렇게 인위적으로 강화된 적극적 강화 행동이 반복되면 부신은 자연상태에서보다 훨씬 더 빨리 아드레날린을 소진하게 되며, 이때부터 금단현상과 더불어 각종 신체적인 이상이 나타나기 시작한다. 아무리 자극적인 경험과 행위를 해도 더 이상 아드레날린이 분비되지 않기 때문에 짜릿한 즐거움 대신 초조감, 불안, 공포, 성격이상, 불면증, 우울증 등 부정적인 느낌이 유발되며, 심한 경우는 사망에 이르기까지 한다.

한편 소극적 강화 중독은 적극적 강화 중독과 반대로 획득보다는 회피 욕구에서 비롯된다. 이 회피의 대상에는 신체적인 고통은 물론 스트레스, 불안, 고립감과 같은 정신적인 고통도 포함된다. 즉, 소극적 강화 중독을 일으키는 충동은 고통의 회피, 진정, 위로에의 욕구다.

원래 인간은 다른 사람과의 관계를 통해 이러한 욕구를 해소해 왔다. 기쁨을 나누면 배가 되고 고통을 나누면 반이 된다는 속담은 괜히 나온 것이 아니다. 굳이 아리스토텔레스나 키케로를 들먹이지 않더라도 인간은 '사회적 동물'이며, 다른 사람과의 연대감은 고통의 경감에 매우 중요하다.

그런데 근대 사회는 이를 어렵게 만들었다. 사람들이 편안함을 느낄 수 있었던 전통적인 유대관계나 가치는 자본과 시장의 물결 앞에 한낱 상품으로 전락하거나 불합리한 것으로 단죄되어 사라졌다. 사회는 전반적으로 피도 눈물도 없는 실적 경쟁의 전쟁터로 바뀌어 갔으며, 이 속에서 미해결 과제의 누적, 조직 내 높은 기대수준 등 스트레스의 원인들이 범람했다. 그러나 이미 가족과 전통적 공동체가 무너졌기 때문에 연대를 통해 고통을 나누고 위로를 받을 기회는 거의 사라지고 말았다(Giddens, 1991).

이렇게 고통과 욕구불만이 증가함에도 불구하고 인간적 연대가 점점 해체되어 가는 현대인이 위로받고자 하는 충동, 진정과 안심을 얻고자 하는 충동, 누군가 혹은 무엇인가에 의지하고 싶은 충동을 매우 강하게 느끼는 것은 당연하다. 따라서 현대화가 진행되면 진행될수록 진정제·진통제 계열의 약물, 장시간 반복되는 행위, 수집, 맞추기, 인간관계에의 집착, 장거리 달리기, 종교행위, 쇼핑 등 안전감과 위로를 얻게 만드는 행위들을 대상으로 하는 소극적 강화 중독의 가능성은 더욱 높아진다(Hart, 1990).

이러한 행위들은 엔도르핀을 분비하여 마치 모르핀 주사를 맞거나 아편을 피운 것 같은 진정감과 안락감을 제공한다. 만약 진정과 위로를 얻을 다른 수단이 없는 상태에서 적극적 노력 없이 손쉽게 고통의 경감, 진정, 위로를 얻는 방법에 맛을 들인다면, 그는 그 방법에 강박적으로 집착하며, 결국 중독되고 말 것이다.

문제는 엔도르핀의 지속 시간이 매우 짧은데다가 실제 고통의 원인을 제거해 주지도 않는다는 것이다. 다만 고통으로부터의 짧은 회피만 제공할 뿐이다. 따라서 엔도르핀의 효과가 소진되고 나면 원래의 고통이나 스트레스는 그대로 다시 나타난다. 사실은 동일한 고통과 스트레스는 엔도르핀 효과를 보기 이전보다 오히려 더 괴롭게 느껴지기 때문에 결과는 더 나쁘다. 이는 진통제나 마취제의 약효가 떨어지려고 하는 순간의 고통을 겪어 본 사람이라면 누구나 수긍할 수 있는 현상이다. 이렇게 잠시 유예되었던 고통이 증폭되어 나타나는 것이 바로 각종 소극적 강화 중독증의 금단현상이다. 적극적 강화 중독의 금단현상이 허전함과 불안함이라면 소극적 강화 중독의 금단현상은 주로 이전보다 더 증폭되고 복잡해진 고통이다. 이럴 때 소극적 강화 중독자는 금단, 즉 증폭된 괴로움으로부터 다시 회피하기 위해, 과거 위로와 진정의 경험을 제공했던 바로 그 물질이나 행위에 더욱더 깊이 탐닉하게 된다.

이런 이유 때문에 소극적 강화 중독은 적극적 강화 중독에 비해 치료가능성이 훨씬 낮다. 적극적 강화 중독은 내성의 증가로 인해 더 큰 흥분과 자극을 찾아 나서기 때문에 중독대상이 고정되지 않고 다른 물질이나 다른 행위로 쉽사리 전이되는 반면 안정감과 위안이 목적인 소극적 강화 중독은 특정한 물질이나 행위에 대해 병적으로 집착하는 형태로 발전하기 때문이다. 중독자 중에는 그 물질이나 행위를 자신의 정체성과 결합시키는 사람들도 적지 않게 있다고 한다 (Hart, 1990, pp.90-101).

지금까지 살펴본 중독증의 두 유형을 통해 우리는 중독증의 일반적인 메커니즘을 그려 볼 수 있게 되었다. 우선 중독대상은 그것이 행위가 되었든 약물이 되었든 결국 최종적으로는 아드레날린이나 엔도르핀 같은 신체 내부의 화학물질이다. 하지만 모든 사람은 신체에 아드레날린이나 엔도르핀을 가지고 있고, 물론 모든 사람이 중독증에 걸린 것은 아니다.

따라서 아드레날린, 엔도르핀 자체가 중독을 일으키는 원인이라고 할 수는 없다. 오히려 아드레날린이나 엔도르핀에 강박적으로 의존하게 만드는 그런 욕구가 중독의 1차적인 원인이다.* 이러한 욕구를 '중독 욕구'라고 부르도록 하자. 중독 욕구는 저절로 일어나는 것이 아니라 어떤 사람이 처해 있는 심리적·사회적·환경적 요인에 의해 발생한다. 만약 그가 지루하고, 따분하고, 무기력한 상태에 처해 있다면 아드레날린을 추구하는 적극적 강화 중독의 욕구를 가지게 될 것이다. 그가 만약 높은 스트레스와 고통, 그리고 이를 해소할 수 있는 인간관계의 결여에 시달리고 있다면 진정과 위로를 제공하는 소극적 강화 중독의 욕구를 가지게 될 것이다. 이렇게 중독 욕구를 가지고 있는 상태에서 거기에 걸맞은 중독대상을 마주치게 되면 마치 중독의 방아쇠가 당겨지는 것 같은 결과가 나타나는 것이다.

---

* 물론 선천적으로 쾌락중추가 잘못되어 있는 경우도 있겠으나 그것은 여기서 다룰 수 있는 분야가 아니다.

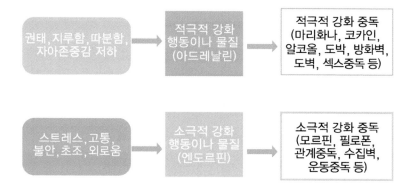

중독증의 종류에 따른 중독대상의 특징

    지금까지 중독증을 적극적 강화 중독과 소극적 강화 중독으로 구별하였고 그 특징을 살펴보았다. 이제 중독증을 두 유형으로 분류했기 때문에 중독대상 역시 두 유형으로 분류할 수 있다. 그런데 이 책의 주제인 컴퓨터 게임 중독증은 물질이 아니라 행위에 중독되는 것이다. 행위중독이란 결과적으로는 아드레날린이나 엔도르핀이라는 체내 물질에 중독되는 것이지만, 이 물질을 격발시키는 원인이 어떤 특정한 행위에 있는 중독증이다. 따라서 여러 중독대상들 중 물질이 아니라 행위의 특징들을 살펴보고 적극적 강화 중독의 대상이 되는 행위와 소극적 강화 중독의 대상이 되는 행위를 분류해 보도록 하자.

    모든 학문은 어떤 의미에서 건전한 상식과의 투쟁의 결과다. 진실은 겉보기와 다른 경우가 많기 때문이다. 예컨대 겉보기 운동으로는 지구가 고정되어 있고 태양이 움직이지만, 과학자들은 일상의 상식과 정반대되는 지동설을 주장했다. 이 행위중독증에 대한 연구도 마찬가지로 겉보기를 통해 드러나는 상식적인 견해와 충돌할 준비가 되어 있어야 한다. 특히 겉보기로는 몰입 행위나 중독 행위는 모두 어떤 대상에 장시간 집중한다는 공통점을 가지고 있어 쉽사리 구별되지 않기 때문에 더욱 그렇다. 즉, 멀쩡해 보이는 행위가 중독대상일 수 있으며, 매우 위험하고 불건전해 보이는 행위는 전혀 그렇지 않을 수 있는 것이다.

방화벽 · 관음증 · 도박 · 싸움 · 폭주 · 도벽 · X 스포츠 · 히말라야 등반 등은 모두 적극적 강화가 있는 행위들이다. 쇼핑벽 · 수집벽 · 애정중독 · 종교중독 · 마라톤 · 바둑 · 참선 등은 모두 소극적 강화가 있는 행위이다. 그런데 이 중에는 중독대상도 있고 몰입대상도 있다. 그러나 미하엘 쉬마허*를 적극적 강화 중독자로 석촌호수를 달리는 마라톤 동호인들을 소극적 강화 중독자라고 부르기는 어렵다. 그렇다면 도대체 이 행위들에서 어떻게 중독대상과 몰입대상을 구별할 수 있을까? 싸움은 바람직하지 않으니까 중독대상이고 등반은 바람직한 대상이니까 중독대상이 아니라는 식의 도덕적 구분을 허용할 수 있을까?

칙센트미하이가 제안한 기쁨을 얻기 위한 행위자의 능동성과 적극성의 기준이 여기에 대한 답이 될 수 있다. 칙센트미하이는 겉보기에는 거의 같은 상태로 보이는 몰입과 중독을 행위자의 능동성을 통해 구별하였다. 따라서 행위자의 능동적인 활동을 유발하는 대상은 몰입대상일 것이며, 반대로 행위자를 수동적인 상태로 만들면서도 계속해서 자신에게 묶어 두는 성질을 가진 대상은 중독대상일 것이다. 즉, 행위자에게 능동적인 노력을 요구하는 대상은 몰입대상이며, 행위자에게 게으른 쾌락과 휴식을 일방적으로 제공하는 것은 중독대상이다.

---

* 세계 최고의 F1 레이서.

이는 앞에서 설명했던 자기 목적형 행위의 조건들 중 진입장벽의 조건과 관련된다. 모든 자기 목적형 행위는 몰입을 경험하기에 앞서 먼저 배우고 익혀야 할 진입장벽이 있다. 따라서 행위자들이 자기 목적형 행위를 하려면 먼저 이 진입장벽을 돌파할 에너지는 미리 가지고 있어야 한다. 이것을 시동에너지라고 한다.

세상에 공짜는 없는 법이다. 몰입을 경험하고 싶다면 그리하여 긍정적이고 생산적인 즐거움과 재미를 느끼고 싶다면 먼저 노력을 해야 한다. 그런데 행위자가 너무 지쳐 있거나 매우 높은 스트레스 상태에 있는 경우가 문제다. 이 경우에는 도전할 만한 시동에너지가 없기 때문에 몰입대상이 될 만한 재미있는 놀이나 아름다운 예술에 흥미를 느끼지 못한다. 그들은 그럼에도 불구하고 심리적인 보상은 간절히 바란다. 즉, 지치고 고통스럽기 때문에 심리적 보상은 절실하지만 그것을 얻기 위해 투자할 여력은 없는 상태가 되는 것이다.

이 틈을 수동적 여가가 파고든다. 수동적 여가는 능동적인 노력을 통해 진입장벽을 돌파할 필요가 없는 여가활동이다. 예컨대 친구들과 시시덕거리면서 수다를 떤다거나 아무런 부담이 없는 책이나 만화 혹은 잡지 등을 읽거나 별생각 없이 볼 수 있는 TV 드라마나 오락 프로그램을 시청하는 것 같은 활동들이 여기에 속한다. 숙달된 기능이나 집중력은 필요 없고 별다른 진입장벽도 없다.

당연히 이런 수동적 여가에서 몰입을 느끼기란 거의 불가능하다. 그럼에도 불구하고 청소년뿐 아니라 어른들까지 이러한 수동적 여가에 많은 시간을 쏟아붓고 있는 것이 현실이다. 그들 역시 이런 활동이 특별한 재미가 없다는 것은 알고 있다. 하지만 이런 활동들은 어쨌든 골치 아픈 상황을 모면하게 해 주며, 당면한 고통이나 스트레스를 잠시나마 잊게 해 주는 회피적인 동기를 매우 손쉽게 충족시킨다. 특히 스트레스 요인, 그중에서도 과업 스트레스가 높은 사람들이 많은 우리나라의 실정에서 또 다른 숙달을 요구하는 자기 목적형 여가 활동은 또 다른 스트레스의 추가로 느껴지기 쉽다.

물론 사람이 매 순간 몰입하며 살 수는 없다. 때로는 피로를 풀어야 하며, 휴식도 해야 한다. 문제는 수동적 여가가 습관이 되고 더 나아가 이런 수동적 여가에 의존하게 되는 경우다. 이렇게 되면 새로운 가능성에 도전하고 문제를 해결하려는 의지가 고갈되어 더욱 수동적인 인간으로 바뀌며 이는 더욱더 많은 수동적 여가를 요구하게 만든다. 이렇게 되면 처음에는 회피 수단이었던 수동적 여가활동이 이제는 목적이 되어 버리는 목적전치 현상이 나타난다. 즉, 중독 과정이 시작되는 것이다.

이러한 사실은 능동적으로 참여하는 스포츠 활동인 볼링에서는 이른바 긍정적 중독(몰입)이, 수동적 관중으로 참여하게 되는 경마에서는 부정적 중독이 더 많이 관찰된다는 스포츠심리학 연구 결과와 일치한다(양명환, 1998; 송정연, 2001). 또 김교현(2002)은 행위자가 의지를 가지고 능동적인 애착을 보이는 행위는 탐미이며 이는 대상에 맹목적으로 의존하는 탐닉과 분명하게 구별된다고 하였다.

따라서 중독대상이 되는 활동은 낮은 시동에너지, 낮은 집중력과 숙달만으로도 큰 보상을 얻을 수 있는 종류의 활동이다. 암벽등반 같은 경우도 물론 긴장감과 스릴을 보상으로 주지만, 그 경지에 이르기 위해서는 먼저 실내 암벽 등에서 지루한 기초훈련을 마쳐야 한다. 또 모차르트의 음악을 듣는 것도 물론 진정과 위안을 줄 수 있지만, 그 전에 음악의 상징체계를 어느 정도 익혀야 한다. 그러나 절도, 방화,

포르노, 인터넷 채팅 등의 행위는 이러한 숙달과 능동적 노력이 필요 없다. 이를 조작적으로 표현하면, 투입된 노력에 비해 아드레날린이나 엔도르핀을 다량으로 분비시키는 종류의 활동이라고 말할 수 있다. 단지 손쉬운 활동이라는 점만으로 중독대상이 되는 것은 아닌 것이다. 손쉬우면서 정서적 보상은 많이 얻을 수 있어야 중독대상이 된다. 따라서 별 노력 없이 짜릿함을 느끼거나 진정과 위안을 얻을 수 있는 활동이 있다면 행위자는 필요할 때마다 그 손쉬운 활동에 뛰어들고 결국 중독되고 말 것이다. 이러한 성격을 가진 활동을 손쉬운 보상에 의해 강화된다는 의미에서 '보상 강화 활동'이라고 정의하여 자기 목적형 활동과 대비시킬 수 있다.

지금까지 논의된 것을 바탕으로 우리는 행위중독증의 일반적인 모형을 다음과 같이 그려 볼 수 있다. 먼저는 심리적·생물학적·사회적인 중독 욕구가 있어야 한다. 다음으로는 이 욕구를 충족시킬 중독대상이 있어야 하는데, 이 대상은 각종 보상 강화 활동들이다. 보상 강화 활동은 요구하는 노력에 비해 제공되는 정서적 보상의 관계가 지나치게 높은 활동이다.

행위중독증의 메커니즘

▌▌ 청소년과 컴퓨터 게임 중독증

지금까지 행위중독증은 어떤 이유로 중독 욕구를 가진 행위자가 보상 강화 활동에 접촉함으로써 발병된다는 것을 확인했다. 그리고 보상 강화 활동이란 쾌락의 증가나 고통의 경감이라는 보상을 거기에 합당한 노력이라는 대가 없이 제공해 주는 활동이라는 것도 확인했다. 세상에 공짜는 없듯이 중독증은 값싼 만족이 치러야 하는 뼈아픈 비용인 것이다. 그렇다면 이제 범위를 좁혀 이 책의 관심사인 컴퓨터 게임 중독증으로 옮겨 가 보자.

앞에서 제시한 중독증의 일반 모형의 순서에 따라 먼저 우리나라 청소년들이 가진 일반적인 중독 욕구가 무엇인지 파악해야 한다. 우리나라 청소년들이 주로 욕망하는 것이 답답하고 따분한 일상의 탈출인가, 스트레스 상태를 달래 줄 위안거리인가에 따라 중독증의 양상은 크게 달라질 것이다. 즉, 적극적 강화 중독 욕구를 가지고 있는지 아니면 소극적 강화 중독의 욕구를 가지고 있는지 알아야 하는 것이다.

먼저 컴퓨터 게임 중독이라는 것 자체가 존재하지 않았던 시절부터 살펴보자. 1997년 이전에는 주로 청소년의 약물 오남용을 가장 심각한 중독 사례로 쳤다. 다음은 『2001청소년 백서』, 『2009청소년 백서』에서 15세, 16세 마약류 사범 수를 연간 비교한 결과다. 15, 16세 마약 사범의 수는 보는 바와 같이 1998년을 계기로 전체 마약 사범이 증가함에도 불구하고 현저히 감소하고 있다. 그리하여 2007년 이후에는 청소년 마약 사범은 적어도 기록상으로는 거의 사라지다시피 했다.

전체 마약류 사범과 청소년 마약류 사범 비교

	1996	1997	1998	1999	2000	2004	2007	2008
전체	6,189	6,947	8,350	10,589	10,304	7,572	10,483	9,705
15세	600	416	206	161	118	0	1	6
16세	1,518	1,322	685	414	362	0	1	0

*자료: 『2001/2009 청소년 백서』

이러한 결과는 과연 어디에서 비롯된 것일까? 청소년에 대한 약물 오남용 지도가 놀라운 성공을 거둔 것일까? 물론 검찰, 경찰, 교육청 등에서는 그렇게 믿고 싶을 것이다. 하지만 아무리 지도가 성공적이었다고 해도 불과 3~4년 만에 완전히 소멸할 정도의 엄청난 성공을 거둔다는 것은 거의 납득하기 어렵다.

그런데 이 표를 자세히 살펴보면 1998년을 계기로 마약 사범의 수가 급격히 줄어들었다가 2000년대 이후 거의 소멸했음을 확인할 수 있다. 그렇다면 1998년에서 2004년 사이에 청소년과 관련하여 중대한 변화가 있었다는 뜻이다. 그 시기는 바로 인터넷과 PC방이 보편화된 이른바 정보고속도로 건설의 시기였다. 이 시기에 청소년 마약사범이 거의 소멸된 것은 우연이라기에는 너무 공교롭다. 이 결과를 청소년 지도가 성공했다고 자화자찬하는 것보다는 어쩌면 청소년들이 PC방과 인터넷에서 각종 마약류보다 더 쉽게 구하고 쉽게 용인되는 새로운 중독대상을 찾은 것은 아닐까 의심하는 것이 양심적인 교육자의 태도일 것이다. 즉, 청소년들의 중독 욕구는 감소하지 않았으나 중독 대상이 바뀐 것이다.

그렇다면 우리나라 청소년들이 특별히 가지기 쉬운 중독 욕구는 무엇일까? 우선 생물학적 원인은, 이 책에서 해결할 수 있는 범위를 벗어나는데다, 우리나라 청소년이 다른 나라 청소년과 특별하게 다르다고 가정할 이유가 없기 때문에 변수에서 제외하자. 그렇다면 심리적인 원인과 사회적인 원인에서 우리나라 청소년에게 우려되는 중독 욕구를 찾아야 할 것이다.

그런데 청소년들의 심리에 가장 큰 영향을 주는 변인이 가족과 학업이라는 것에는 별 이견이 없을 것이다. 따라서 우리나라 청소년들이 어떤 중독 욕구를 가지고 있는가 알기 위해 먼저 이 두 영역에서 어떤 사태가 발생했는가를 파악해야 할 것이다.

먼저 가족을 살펴보자. 청소년들의 심리 상태에 영향을 주는 가족 관련 변인들에는 가족의 경제적 상태, 부모의 사회적 지위와 교육 수준 등 여러 가지가 있겠지만, 이 중 가장 직접적인 영향을 주는 것은 가족 구성원 간의 상호작용, 특히 이 중 부모와 자녀 간의 상호작용이다. 가족 간의 상호작용이 잘못되었을 경우 민감한 청소년의 심리 상태는 크게 손상되며, 그 보상으로 어떤 중독대상에 의존할 가능성이 크기 때문이다. 호킨스(Hawkins, 1987, pp.37-42)는 상호작용이 잘못된 가족을 크게 분리된 가족과 밀착된 가족으로 분류하였다.

분리된 가족은 청소년이 가족들과 상호작용을 거의 하지 못하는 가족이다. 청소년은 홀로 방치되어 있거나 오히려 학대를 받아 하지 않는 것만 못한 상호작용을 경험한다. 이런 가족에게서는 정서적 안정을 거의 기대하기 어렵다. 이런 가족은 부모와 자녀 간의 대화가 거의 없고 거리감이 있다. 또 부모는 자녀를 신뢰하지 않으며 격려보다는 질책이나 처벌을 우선하고, 주로 부정적 대화패턴으로 자녀를 대한다. 그러나 청소년은 정서적 안정과 위안이 필요하다. 특히 청소년기는 인정받고자 하는 욕구가 가장 강한 시기이기 때문에 가족으로부터 이러한 욕구를 충족시키지 못한 청소년은 가족이 아닌 다른 대상에서 정서적 안정과 위안을 찾고자 한다. 따라서 분리된 가족에서 생활하는 청소년은 소극적 강화 중독에 빠져들 가능성이 크다.

반면 밀착된 가족은 개인의 경계가 거의 없을 정도의 가족 구성원 간 상호작용의 밀도가 높은 가족을 말한다. 이런 가족에서 구성원들은 빈번하게 상호작용할 뿐 아니라 서로에게 긍정적인 피드백을 제공한다. 따라서 이런 가족에서 생활하는 청소년은 정서적 유대감이나 위로, 인정 등의 부족으로 인한 고통을 받지는 않는다. 그러나 얼른 보면 '홈 스위트 홈'으로 보일 법한 이런 가족 역시 청소년에게는 바람직하지 않다. 청소년기는 의존적인 아동기에서 벗어나면서 독립에 대한 욕구가 강해지는 시기다. 그러나 밀착된 가족에서는 청소년이 자신만의 고유한 영역을 갖기가 어렵다. 이런 가족에서 청소년은 끊임없이 부모로부터 독립할 수 있는 영역, 짜릿한 모험 같은 것을 갈구하게 된다. 이런 청소년은 적극적 강화 중독 욕구를 갖고 있을 가능성이 크다.

청소년이 가족 다음으로 혹은 가족보다 더 많은 시간을 보내는 학교에서 겪는 문제로는 여러 가지를 제시할 수 있겠지만, 그중 가장 심각한 것은 주로 학업 성취도에 대한 부담감으로 인한 스트레스다. 학교에서 요구하는 성취 과제와 청소년이 스스로 생각하는 자신의 능력 사이의 괴리감이 커질수록 스트레스는 높아지고 자아 존중감은 낮아지며, 자신이 곤궁에 빠졌다고 느끼게 된다. 학교에서 실패할 가능성에 대한 두려움, 자신감의 결여 등도 마찬가지의 결과를 가져온다. 이러한 것들은 소극적 강화 중독 욕구를 일으킨다(이경숙과 김정호, 2000, pp.42-59).

이상의 논의를 바탕으로 청소년들이 가지고 있을 중독적 욕구가 무엇인지 판단할 수 있다. 밀착된 가정에서 생활하고 학교에서 권태와 따분함을 느끼는 청소년에게 적극적 강화를 손쉽게 보상해 주는 행위나 물질, 즉 짜릿함과 흥분을 보상으로 주는 대상이 제공된다면 적극적 강화 중독에 걸릴 가능성이 클 것이다. 반대로 분리된 가족에서 생활하고 학교에서 학업 스트레스를 느끼고 있는 청소년은 소극적 강화가 일어나는 행위나 물질에 중독될 가능성이 클 것이다. 한마디로 요약하면 권태롭고 따분한 청소년은 적극적 강화 욕구를, 고통스럽고 외로운 청소년은 소극적 강화 욕구를 가질 것이다.

그런데 우리나라 청소년들의 중독 욕구는 적극적인 경우보다는 소극적일 가능성이 크다. 우리나라 청소년들의 처지가 권태와 따분함을 느낄 수 있는 처지로 보이지는 않기 때문이다. 권태는커녕 오히려 여가시간이 부족한 상황이다(구정화, 1997; 정영숙과 엄나래, 2002).

청소년 백서 2009년판에 따르면 아래의 그림과 같이 우리나라 청소년들은 다른 나라 청소년들에 비해 월등히 많은 시간을 학습에 쏟아부어야 한다. 우리나라 청소년들의 하루 학습시간은 학교와 사교육을 포함해서 영국의 두 배, 일본의 1.5배에 이르는 등 세계 최고 수준을 달리고 있다. 반면 학습 효율은 그다지 높지 않다.

그 옆에 나와 있는 그림은 주요 나라들의 사교육 시간 대비 수학점수를 비교한 것이다. 우리나라 청소년들은 다른 나라에 비해 월등하게 많은 사교육을 받는 것으로 나타났지만 투자한 시간에 비하면 그 성과는 그리 크지 않다는 것을 알 수 있다. 이는 이미 수확체감의 법칙에 의해 한계효용이 제로가 된 상황인데도 계속해서 학습시간을 늘려 나가고 있기 때문이다.

이 그래프에서는 기울기가 가파를수록 학습효율이 높다. 우리나라 청소년들의 학습 효율은 미국과 더불어 가장 낮은 편에 속한다. 미국 청소년들은 학습 효율이 낮은데다가 학습시간도 적기 때문에 점수가 매우 저조하다. 반면 우리나라 청소년들은 학습효율은 낮지만 워낙 학습시간이 많아서 점수가 높다. 이 그래프의 좌상단의 핀란드와 비교해 보라. 가장 적은 시간을 공부하지만 우리나라보다 성취도는 오히려 높다. 또 일본을 보라. 일본 역시 우리보다 훨씬 적은 시간을 공부하지만 성취도는 아주 조금 낮을 뿐이다. 이렇게 낮은 학습 효율로 학습시간만 늘려서 성취도를 높인다면 당연히 학생들은 매우 높은 학업 스트레스에 시달리게 된다.

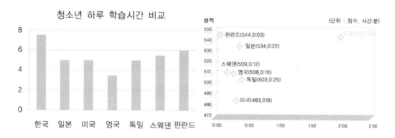

여러 나라 청소년의 학습시간과 학습효율

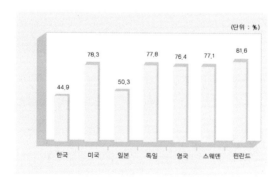

여러 나라 청소년의 삶의 만족도

그 결과는 청소년들의 정신 건강에 그대로 반영된다. 가장 아래 그 래프는 주요 나라 청소년들의 삶에 대한 만족도를 비교한 것이다. 우리나라 청소년들의 만족도는 미국, 독일, 핀란드 등의 절반 남짓하며 심지어는 일본보다도 10%가량 낮은 것으로 나타났다.

결국 우리나라 청소년들은 과중한 학업에 시달리면서 억지로 성적을 높이고 있으며, 그 과정에서 높은 스트레스와 함께 삶에 대해 불만으로 가득 차 있는 것으로 보인다. 이런 상황에서 중독 욕구가 일어나지 않으면 이상할 정도다.

그렇다면 우리나라 청소년들의 중독 욕구는 어떤 종류의 것일까? 우리나라 청소년들이 따분함을 느끼면서 더 큰 흥분과 자극을 갈구하는 적극적 강화 중독에 대한 욕구를 가지고 있다고 보기는 어려울 것이다. 지금 우리 청소년들에게 필요한 것은 자극과 흥분이 아니라 위안과 진정, 그리고 연대와 자존감인 것이다. 따라서 우리나라 청소년들이 가지고 있을 중독 욕구는 소극적 강화 중독일 가능성이 더 클 것이다.

이는 컴퓨터 게임 중독증이 등장하기 이전 청소년들의 주된 중독 대상이었던 각종 약물 중독에 대한 연구를 통해서도 확인할 수 있다. 약물 중독의 대상, 즉 흔히 부르는 마약도 역시 적극적 강화 중독의 대상과 소극적 강화 중독의 대상이 구별된다. 한마디로 모든 마약류는 각성제와 진정제로 대별할 수 있다.

그런데 1990년대까지 우리나라 청소년들이 주로 사용한 마약류는 본드·감기약·부탄 가스 등 진정·진통제류에 집중되었다(이윤로, 1997). 이는 성인들도 마찬가지였다. 성인 마약 사범들을 보면 암페타민(히로뽕) 유의 진정·진통제류가 주를 이루고 있다. 반면 미국의 경우는 코카인과 같은 각성제류가 주를 이루고 있어 이와 선명한 대비를 이룬다. 우리나라의 중독 욕구는 소극적 중독일 것이다.

우리나라 청소년들은 높은 스트레스에 시달리고 있으며, 가족 상호작용도 그다지 밀착되어 있지 못할 것으로 보인다. 학업 성취에 대한 압력이 높기 때문에 부모와 긍정적인 상호작용을 할 기회가 줄어들며, 무엇보다 사교육 시간이 매우 많기 때문에 가족 상호작용 자체가 거의 없다시피 한 경우가 많다. 부모 역시 과중한 사교육비를 마련하기 위해 노동시간을 늘려야 한다. 청소년에게나 부모에게나 집은 다만 잠자는 곳이다. 그리고 어쩌다 이루어지는 대화라고 해 봐야 공부에 대한 채근이나 미흡한 학업 성취도에 대한 불만 정도일 것이다.

따라서 우리나라 청소년들의 처지가 적극적 강화 중독 욕구를 일으킬 가능성은 거의 없다고 봐야 할 것이다. 우리나라 청소년들은 과도한 학업 부담, 가족 해체, 가족 간의 대화 부족 혹은 부모의 부정적인 대화패턴 등으로 고통을 겪고 있다. 그들이 찾는 것은 위로와 진정이지 파괴와 일탈이 아니며, 고통스러운 현실에서 벗어나거나 잊을 수 있는 기회이지 공격본능을 분출할 대상이 아닐 것이다. 따라서 이들이 빠져들 가능성이 높은 중독대상은 모험이나 흥분보다는 노력 없이 손쉽게 진정과 위안을 얻을 수 있는 그런 물질이나 행위가 될 가능성이 크다.

이렇게 심리적으로 사회적으로 중독 욕구를 유발하는 요인들이 충분한 상태에서 해당 욕구를 충족시키는 중독대상과 손쉽게 접촉할 수 있다면 중독증은 매우 손쉽게 발병한다. 우리나라 청소년들이 소극적 강화 중독의 욕구를 가질 가능성이 큰 것은 어제오늘의 일이 아니다. 다만 과거에는 법으로 금지되어 있고, 중독 여부가 손쉽게 발각

되는 각종 진정제 · 환각제류 외에는 적절한 중독대상이 없었기 때문에 그 숫자가 많지 않았을 뿐이다.

그러나 오늘날에는 로그인만 하면 언제든지 마주칠 수 있는 '합법적인' 중독대상인 컴퓨터 게임이 도처에 널려 있다. 더구나 이들 게임들은 선정성 · 폭력성의 기준으로 심의를 받지, 중독가능성을 기준으로 심의를 받지 않는다. 그리고 앞에서 확인했듯이 선정성 · 폭력성은 중독과 별 상관이 없다. 따라서 중독성 게임들은 별 탈 없이 심의를 통과할 가능성이 크다.

그렇다면 주로 청소년들이 빠져드는 컴퓨터 게임 중독증은 이들의 중독 욕구를 충족시키는 대상, 즉 소극적 강화 중독 대상일 가능성이 크다. 과거 진통제 · 진정제에 중독되어 거리를 배회하던 청소년들이 이제는 PC방 혹은 부모가 잠든 시간 집 안의 컴퓨터 앞에 앉아 있는 것이다. 그리고 육안으로 금세 중독자임을 확인할 수 있는 각종 약물 중독자와 달리 겉으로는 멀쩡한 아이로 보이는 것이다. 더군다나 소극적 강화 중독 대상이 되는 게임들은 자극이 강하지 않고 느슨한 경우가 많기 때문에 폭력성 · 선정성의 척도로는 아무리 걸러 봐야 걸러지지 않으며, 어른들 눈에 심지어 건전한 게임으로 혹은 무해한 게임으로 보이기까지 한다.

중독성 게임을 가려내기가 이렇게 어렵다면 아예 모든 컴퓨터 게임을 금지하거나 제한해야 옳을까? 일부 보수적인 종교단체에서는 그렇게 해야 한다고 주장한다. 하지만 그것은 옳은 해법이 아니다. 컴퓨터 게임 때문에 청소년들이 중독된 것이 아니다. 이미 이들은 어떤 중독대상이든 접촉하면 중독될 상태였던 예비 환자들이었다. 컴퓨터 게임을 제한한다면 이들은 또 다른 소극적 강화 중독 대상을 찾아갈 것이다. 그리고 여타의 비행이나 약물중독 등에 비해 그나마 컴퓨터 게임 중독은 좀 더 나은 편에 속한다. 따라서 근본적인 해법은 게임을 차단하는 것이 아니라 중독 욕구를 줄이는 데 있다.

행위중독 이론의 대가인 영(1998, pp.37-55)은 사이버 중독증을 유발하는 심리적·사회적 원인으로 연대감의 상실, 인정받고자 하는 욕구, 자아 존중감의 부족 등을 꼽았다. 그리고 컴퓨터 게임 중독증을 치료하는 최선의 방안으로 오프라인에서의 공동체 복구, 즉 연대감의 회복을 제시하였다. 김교현과 태관식(2001)은 컴퓨터 게임 중독증에 걸린 청소년들의 치료에 깊은 수준의 자기노출이 효과적임을 보고하였다. 거꾸로 말하면 청소년들의 자기노출 부족이 컴퓨터 게임 중독증의 원인이 되었다는 의미가 된다. 이 역시 의사소통의 부재가 컴퓨터 게임 중독증의 한 원인임을 말하고 있다. 정경아와 한규석(2001)은 게임 중독집단이 비중독집단에 비해 지난 6개월간의 스트레스 경험이나 고독감이 높고, 부모 자식 간의 신뢰감·자아 효능감·학교 만족도가 낮았음을 제시하였다.

이외에도 컴퓨터 게임 중독, 각종 사이버 중독에 대한 연구들은 대부분 컴퓨터 게임 중독증 환자들이 이미 심리·사회적 변인들, 즉 중독 트리거의 영향을 받아 그 대상이 무엇이든 간에 중독증을 일으킬 만한 상황에 처해 있었다고 지적하고 있다. 그리고 그 공통된 원인으로 스트레스와 억압으로 인한 심적 고통의 증가, 그것을 완화시켜 줄 수 있는 사회적 연대의 상실을 제시하고 있다. 이는 외롭고 고통스러운 청소년들이 위로의 대상을 찾고 상호관계의 대상을 찾는 과정에서 컴퓨터 게임 중독이라는 병리현상이 발생했음을 보여 준다.

그런데 왜 유독 컴퓨터 게임 중독증으로 최근의 청소년 중독증, 심지어는 성인의 중독증까지 집중되고 있을까? 이는 컴퓨터 게임이 그 매체의 속성상 적극적 강화 중독보다는 소극적 강화 중독 대상이 되기 더 쉽기 때문이다.

컴퓨터 게임은 적극적 강화 중독 매체로서는 다른 매체나 행위들에 비해 특별히 높은 경쟁력을 가지지 못한다. 적극적 강화 중독의 대상이 되기 위해서는 왜곡된 위기감과 긴장감을 주는 상황과 자극이 계속 강화되며 제공되어야 한다.

그런데 만약 주어진 게임을 완주했을 경우, 컴퓨터 게임은 사실상 적극적 강화 중독 대상으로서의 가치를 상실한다. 아무리 자극적이고 짜릿한 게임도 익숙해지면 그런 경험을 제공해 주지 못하기 때문이다. 그런데 컴퓨터 게임은 어디까지나 프로그램이기 때문에 개발자가 새 버전이나 업데이트를 개발하기 전까지는 더 이상의 강화가 불가능하다. 반면 모험, 범죄, 도박, 섹스, 각종 X스포츠들은 행위자가 언제든지 자신의 행위를 강화할 수 있다. 즉, 더 짜릿한 컴퓨터 게임이 개발되기를 기다리는 쪽보다는 또 다른 가게에서 물건을 훔치는 쪽이 혹은 도박판에서 판돈을 올리는 쪽이 빠르다는 것이다. 컴퓨터 게임은 흥분과 짜릿함을 주는 대상으로서 이들의 경쟁자가 되지 못한다.

반면 심리적 의존대상의 확보를 갈구하고 진정과 위안을 추구하는 소극적 강화 중독의 경우는 이와 다르다. 이 영역에서 컴퓨터 게임은 다른 어떤 중독대상보다도 강한 경쟁력을 가진다. 초현실적이고 환상적인 가상 세계를 구사할 수 있는 컴퓨터 게임의 디지털 멀티미디어 기능은 고통스러운 현실에서 회피하고자 하는 욕구를 잘 충족시켜 줄 수 있다. 지속적이고 반복적인 마우스 클릭이나 키보드 조작은 진정제와 안정제 역할을 할 수 있다. 컴퓨터의 완벽한 저장과 불러오기

기능은 자신의 수집품을 안전하게 보관하고 필요하면 언제든지 한 번에 모두 감상하며 도취할 수 있게 한다. 이러한 특성들은 각종 수집벽형 중독을 위한 최적의 조건이 된다.

국내 컴퓨터 게임 판매 차트나 온라인 게임 접속 순위를 살펴보아도 상위권을 차지하는 게임들은 박진감 있는 파괴형보다 느슨하게 진행되는 수집형 게임이 많았다. 따라서 중독매체로 남용될 가능성이 큰 컴퓨터 게임은 어른들 눈에 금방 띄는 자극적이고 폭력적인 게임이 아니라 의외로 조용하고 차분한 게임일 가능성이 크다. 그런데 폭력적이거나 선정적이지 않은 게임은 대부분 '청소년 이용가' 등급을 받고 있다. 강력한 중독대상이 될지 모르는 게임이 무방비로 청소년들에게 공급될 수 있는 것이다. 폭력성을 기준으로 청소년에 유해한 컴퓨터 게임을 가려내려는 시도는 중독증에 관한 한 자칫 '허수아비 후려치기'가 될 가능성이 큰 것이다.

▮▮ 중독 위험이 큰 컴퓨터 게임: 보상 강화형 컴퓨터 게임

지금까지 중독증이 고통의 경감이나 쾌락의 증가라는 보상을 수고 없이 획득하려는 왜곡된 동기화의 결과이며, 보상 강화 활동을 그 대상으로 삼고 있음을 확인하였다. 또 우리나라 청소년들이 높은 유병률을 보이는 컴퓨터 게임 중독증은 고통의 경감을 목적으로 하는 소극적 강화 중독에 가까움을 확인하였다. 이제 이를 바탕으로 중독성이 강한 컴퓨터 게임의 일반적인 특징을 유추할 수 있다.

모든 행위중독의 대상이 자기 목적형이 아니라 보상 강화적인 특성을 가지고 있는 것과 마찬가지로 중독적인 컴퓨터 게임 역시 보상 강화 활동의 특징을 가지고 있을 것이다. 물론 자기 목적형 활동의 특징을 가진 컴퓨터 게임이 중독대상이 될 가능성도 전혀 배제할 수는 없다. 그러나 중독 욕구를 지닌 사람들은 과정을 생략하고 쾌락이나 고통의 경감이라는 보상만 요구할 것이기 때문에 진입장벽이 있고 여러 가지 노력을 요구하는 자기 목적형 컴퓨터 게임은 중독 욕구자에게 외면당할 가능성이 크다. 중독 욕구자는 자기 목적형 컴퓨터 게임이 가지고 있기 마련인 복잡한 내러티브나 높은 난이도라는 진입장벽을 돌파할 시동에너지를 가지고 있지 않기 때문에 이런 게임을 도리어 새로운 스트레스로 받아들일 것이다.

따라서 보상 강화 활동의 특징을 가지고 있는 컴퓨터 게임을 '보상 강화형 컴퓨터 게임'이라고 정의하여 중독증의 주요 대상으로 간주하자. 보상 강화형 컴퓨터 게임의 특징은 난이도가 낮고 특별한 기능의 숙달을 요구하지 않으며 줄거리가 단순해 생각이나 선택이 필요 없지만 정서적·물질적 보상은 큰 것이다.

이러한 보상 강화형 컴퓨터 게임 중 수집·대화·위안·진정 등 소극적 강화 중독 욕구를 충족시키는 보상을 손쉽게 제공하는 컴퓨터 게임이 바로 우리나라 청소년의 중독적 욕구에 잘 들어맞는 대상이 될 것이다. 즉, 학부모나 교육자들이 청소년으로부터 차단시키거나 사용상의 엄격한 지도를 가해야 하는 컴퓨터 게임도 바로 이러한 소극적 보상 강화형 컴퓨터 게임인 것이다.

그런데 컴퓨터 게임은 놀이이면서 예술이다. 따라서 보상 강화형 컴퓨터 게임 선별을 위한 기준 역시 이 두 측면에서 모두 살펴보아야 할 것이다.

먼저 놀이 측면에서 살펴보자. 놀이는 다음과 같은 경우 외적 보상에 의존하게 된다.

1. 놀이의 경계가 무너져 현실 세계로 삼투해 버리는 경우: 놀이가 현실 세계를 지배하고자 하거나 그 반대의 경우 놀이는 파괴된다. 현실 세계가 놀이의 외적 보상이 되어 버렸기 때문이다.* 이렇게 되면 놀이는 더 이상 자기 목적형 활동으로 기능하지 않는다.

2. 자발적인 긴장의 재미를 포기하고 승리를 향한 강박관념에 플레이어가 사로잡힐 경우: 이 경우 놀이 자체의 재미가 아니라 전적이나 승률이 외적 보상으로 작용하면서 놀이는 보상 강화 활동이 된다.

3. 놀이가 더 이상 모의로 여겨지지 않을 때: 이 경우 플레이어는 자신이 연기하고 있는 분장된 타자를 자신과 동일시하게 된다. 따라서 놀이 속에서의 가상의 보상에 만족하지 않고 실제의 보상을 받고

---

* 따라서 아이템의 현금거래가 이루어지거나 전화나 휴대폰을 통해 각종 아이템이나 캐시를 구입할 수 있는 온라인 게임은 이미 놀이로 기능하지 않는다.

자 하는 욕구를 느낀다.

이 세 가지 경우 모두 플레이어가 현실과 구별되는 제한된 시공간과 규칙하에 있기를 거부한 경우이다. 그 결과 플레이어는 제한된 선택이 주는 긴장감을 즐기기 위해 필요한 억제력을 잃어버린다(Caillois, 1967, pp.79-86).

억제력을 상실한 플레이어는 규칙의 제약 속에 최대한의 능동적 자유를 누리는 재미를 얻지 못한다. 이러한 놀이의 파괴는 결국 현실의 이해관계가 놀이의 세계에 침투함으로써 이루어진다. 물론 놀이의 룰이 그것을 방지할 정도로 튼튼해야 하겠지만 현실의 이해관계는 룰의 허점을 파고든다. 놀이가 이윤이나 기타 외적 보상을 추구하는 수단이 될 때 놀이는 더 이상 놀이가 아니다. 또 현실의 불만, 현실에서 이루지 못한 꿈 등을 놀이에 투사할 경우에도 놀이는 더 이상 놀이가 아니다. 파괴된 놀이의 룰은 플레이어가 원하는 만큼의 자유를 제공하고 반대로 규칙이 주는 제약은 최소화할 것이다.

다음은 예술의 측면이다. 놀이와 마찬가지로 예술도 타락할 수 있으며, 자기 목적형 활동에서 보상 강화 활동으로 전락할 수 있다. 예술에서 보상은 주로 감정과 관련된다. 크나이프(Kneif, 1998, pp.121-126)는 예술이 특정 감정의 촉발만을 목적으로 하거나 이윤동기의 영향을 받아 단조로운 장식을 위한 상품이 될 때 오염되며, 결국 통속예술(Trivialkunst)이나 키취(Kitschkunst)*가 된다고 하였다.

여기서 유의할 것은 예술의 타락은 작품 그 자체의 속성이 아니라

---

* 통속예술과 저급예술이 적절한 표현이라고는 생각하지 않는다. 다만 원문의 정확한 의미를 담을 우리말을 찾을 수 없어서 사용하고 있을 뿐이다. 이때 통속은 Trivial이지 Popular가 아님을 다시 한 번 강조한다.

작품을 어떻게 사용하느냐와 관련된다는 것이다. 고전의 반열에 오른 작품들조차 위와 같은 목적으로 사용되면 통속예술이 된다. ARS전화 대기시간에 들려오는 비발디나 모차르트의 음악이 그 예다. 이 경우 이 음악들은 통속적 목적에 맞게 주 멜로디 부분과 간단한 베이스 반주의 형태로 변형된다. 통속적 목적에 복잡한 양식적·형식적 기법은 방해가 되기 때문이다. 대위법적으로 작곡한 통속음악은 상상하기도 어렵다.

심지어 아주 복잡하고 난해하다고 알려진 말러나 브루크너의 교향곡조차 오늘날에는 일종의 보상 강화 활동으로 제공된다. 2000년대 들어 말러리아라고까지 불릴 정도로 퍼지기 시작한 말러 열풍에는 우울, 비감, 비극적 정서 상태 속에서 쾌감을 느끼려고 하는 소극적 강화 중독의 트리거가 발견되고 있기 때문이다. 이 경우 말러, 브루크너의 음악은 통속예술로 전락한 것이다. 다만 가격이 비싸고 고급스러워 보이는 통속예술이다.

반면 겉보기에는 통속예술로 보이는 작품이 도리어 고급 예술일 수도 있다. 예를 들면 해마다 여름을 장식하는 공포영화의 경우가 그것이다. 같은 공포영화라 하더라도 장르의 공식과 양식을 주무르며 관객의 상상력과 공포감을 놓고 지적인 게임을 벌이는 <스크림>과 같은 영화는 고급 예술로 보지 않을 이유가 없다. 반면 관객들의 공포감과 게임을 벌이는 것이 아니라 실제로 공포감을 직접적인 보상으로 제공하는* 수많은 <어번 리전드> 유의 영화는 전형적인 통속예술이다. 또 얼른 듣기에는 감상적인 정조라는 점에서 비슷하게 들

---

* 공포라는 감정은 두려운 상황보다 두려워하는 사람들을 볼 때 훨씬 강하게 촉발된다는 심리학 연구 결과가 있고 <블레어위치> 같은 영화는 어떤 공포스러운 장면과 상황도 제시하지 않은 채 시종일관 공포에 떠는 배우들의 얼굴만 보여 준다.

리는 쇼팽과 감상적인(sentimental) 악구가 계속 반복되는 조지 윈스턴의 피아노곡도 결코 동질적이지 않다. 그 결정적인 차이는 감상이 아니라 반음계를 능수능란하게 다루는 쇼팽의 화성기법이다. 그러나 통속적인 예술은 이런 복잡한 기법을 회피한다.

예술의 또 다른 오염은 모방이다. 예술의 양식이나 기법은 작품 소재에 내재된 것이 아니며, 예술가가 임의로 만들어 낸 것도 아니다. 양식과 기법은 사회적으로 문화적으로 형성된다. 하지만 예술가들은 자신의 소재를 보다 훌륭히 표현하기 위해 이러한 양식과 기법에 달통할 뿐 아니라 이들을 진보시키거나 새로이 조합한다. 그러나 단지 이윤만을 목적으로 창작하는 사람들은 사회적으로 가장 쉽게 수용되는 양식이나 기법을 답습하고 재생산한다(Adorno, 1970). 진지한 예술은 감상자의 창조욕구, 이미지를 자극하지만 통속적 예술은 감상자들이 이미 익숙한 것들, 감상자들이 요구하는 것들만 반복적이고 맹목적으로 제시한다(Zolberg, 1990, p.211).

지금까지 중독대상으로 전락할 가능성이 큰 활동이 놀이의 영역과 예술의 영역에서 어떻게 나타날 수 있는지 살펴보았다. 그런데 이 두 경우 모두 한마디로 행위자가 욕구하는 것을 쉽게 준다는 공통점을 가지고 있음을 확인할 수 있다. 이는 모두 몰입에 요구되는 자기 목적형 활동의 조건과 맞지 않다.

놀이에 몰입할 때 플레이어는, 룰의 제약 속에서 최대한의 자유를 누리고자 하는 능동적 노력 자체를 보상으로 여긴다. 예술에 몰입할 때 감상자는 자신이 알고 있고 예상하고 있는 여러 미적 이미지들과 예술가가 제공하는 미적 이미지들 사이의 팽팽한 긴장감을 즐기며 이 자체를 보상으로 여긴다. 그러나 오염된 놀이의 플레이어와 오염된 예술의 감상자에게는 활동 외부로부터 보상이 주어지며, 보상 획득의 과정은 생략되거나 최소화된다(Csikzsentmihalyi, 2000).

지금까지 논의된 것을 바탕으로 중독성이 강할 것으로 예상되는 보상 강화 컴퓨터 게임의 일반적 특징을 정리할 수 있다. 보상 강화형 컴퓨터 게임은, 자기 목적성에 해당하는, 점증하는 난이도나 복잡함 같은 노력을 요구하는 요소들은 부족하거나 전무하면서 특정한 중독적 욕구(주로 소극적 강화)를 충족시키는 보상은 손쉽게 제공하는 특성을 가질 것이다.

이는 놀이 측면에서는 플레이어와 게임의 룰이 상호작용하지 않으면서 보상만 많이 주는 형태로 나타날 것이다. 또 예술 측면에서는 이미 익숙해져 별다른 지적 탐색을 할 필요 없는 내러티브를 통해 진정·위안·대리만족 같은 정서적 보상을 증폭시키는 형태로 나타날 것이다.

따라서 이런 종류의 컴퓨터 게임이 스릴·아찔함과 같은 아드레날린성 강화를 보상으로 과도하게 제공하거나, 수집·대화·캐릭터 육성과 같은 엔도르핀성 강화를 과도하게 제공한다면 높은 중독성을 가졌다고 보아야 할 것이다.

● 발더스게이트(Baldur's Gate)

장대한 서사시와 모험을 컴퓨터로 즐기다:
발더스게이트 시리즈

많은 사람들은 어릴 때 읽었던 환상적인 이야기들을 체험하고 싶어 한다. 요정 여왕의 구애를 받고, 사악한 마왕의 저주와 싸우고, 괴물들과, 무시무시한 드래곤과, 아름다운 정령들이 있는 세계에서 고대 전설 속의 용감한 기사 혹은 신비로운 마법사가 되어 환상적인 모험의 주인공이 되고 싶은 것이다. 1990년대 이후 가상현실을 구현할 수 있는 컴퓨터 게임의 세계에서 이런 일이 가능할 것이라는 기대가 부풀어 올랐다.

그러나 실제로 이러한 중세적인 모험 서사시를 컴퓨터 게임으로 옮긴다는 것은 그리 쉬운 일이 아니다. 우선 어색하지 않을 정도로 환상의 세계를 표현할 수 있는 그래픽과 사운드가 구현되어야 한다. 이 그래픽과 사운드는 기나긴 대서사시의 모든 장면들을 포괄해야 한다. 또 수백 페이지에 달하는 대사들이 만들어져야 하며, 플레이어가 만나게 되는 수많은 모험 상황들이 설정되어야 한다. 따라서 게임의 용량은 엄청나게 많아지고, 이 대용량의 게임이 컴퓨터에 가하는 부하도 엄청나다. 문제는 어떻게 이러한 것들을 표현하면서도 용량을 최소화할 수 있는가 하는 것이다.

이 어려운 문제를 성공적으로 해소한 게임이 바로 <발더스게이트> 시리즈다. 2000년에 시디 다섯 장이라는 당시로서는 놀랄 정도의 대용량 게임으로 발표된 이 시리즈에서 플레이어들은 책과 상상을 통해서만 보았던 중세 모험담, 영웅 서사시의 주인공이 되어 실감나게 모험할 수 있다.

줄거리도 장대하여 게임이라기보다는 한 편의 장대한 영화를 연상시킨다.

플레이어는 악의 화신인 살육의 신이 이 세상에 남긴 혈육의 역할을 맡는다. 살육의 신이 남긴 혈육인 만큼 뛰어난 능력과 함께 어두운 저주를 가진 주인공은 자신의 운명의 굴레를 벗기 위해 기나긴 여정을 시작한다. 이 여정에서 주인공은 충직한 친구들을 만나서 파티를 구성하며, 위험과 보람을 함께 나누게 된다. 여정에서 마주치는 모험을 해결하는 과정에서 액션게임, 퍼즐게임, RPG의 모든 요소들이 총동원되는 이 게임은 컴퓨터 게임의 종합예술, 오페라라 할 만하다.

<발더스게이트>, <발더스게이트: 소드 코스트의 전설>, <발더스게이트: 앰의 그림자>, <발더스게이트: 바알의 왕좌> 네 편으로 이루어진 이 시리즈를 모두 모으면 시디 11장에 이른다.

제6장

컴퓨터 게임 유형별 체크

지금까지 몰입 · 중독 활동의 특징들을 바탕으로 자기 목적형 · 보상 강화형 컴퓨터 게임의 속성을 이론적으로 유추하였다. 이제 이를 룰과 내러티브에 적용하여 자기 목적형 · 보상 강화형 컴퓨터 게임의 유형화를 시도하고자 한다. 구성된 유형은 몰입 · 중독 컴퓨터 게임 선별을 위한 분석틀로 사용될 것이다.

❙❙ 자기 목적형 컴퓨터 게임의 룰과 내러티브

먼저 자기 목적형 컴퓨터 게임을 선별할 수 있는 기준을 마련해 보도록 하자. 앞에서 살펴본 바와 같이 컴퓨터 게임은 놀이이자 예술이다. 따라서 자기 목적형 컴퓨터 게임의 기준 역시 놀이로서의 특성과 예술로서의 특성 두 측면에서 살펴보아야 할 것이다. 이 중 놀이로서의 특성은 룰을 분석함으로써 확인할 수 있고, 예술로서의 특성은 컴퓨터 게임이 기본적으로 서사예술의 형식을 가지고 있다는 점에서 내러티브 구조를 분석함으로써 확인할 수 있을 것이다. 즉, 규칙과 줄거리가 중요한 것이다.

자기 목적형 컴퓨터 게임의 룰

컴퓨터 게임의 자기 목적성을 놀이의 측면에서의 다시 정리해 보자. 그것은 진입장벽, 숙달 정도에 따라 더 복잡해지고 어려워지는 과제나 판의 지속적 제공, 어려우나 숙달 정도로부터 크게 벗어나지 않아 몇 번 실패한 뒤 성공할 수 있는 수준의 난이도 디자인(level design), 구체적인 경쟁상대나 승리 목표 제공, 그리고 기술이나 전략의 효과를 즉각 확인할 수 있는 피드백의 제공 등이다.

이 중 진입장벽, 구체적 목표와 즉각적인 피드백의 제공 등은 겉으로 쉽게 드러나기 때문에 누구든지 어느 정도 플레이해 보거나, 플레이하는 것을 보면 분석이 어렵지 않다. 그러나 숙달 정도에 따라 어려워지는 과제, 숙달 정도보다 조금 높으나 크게 벗어나지 않는 적절한 과제 등 난이도와 관련한 기준들은 애매하다. 도대체 어느 정도가 적절하게 높아지는 난이도이며 과제라는 것인가? 컴퓨터 게임의 난이도를 판정할 수 있는 기준은 또 무엇인가? 이런 문제들이 즉각 따라붙는다. 따라서 컴퓨터 게임의 난이도가 룰에 어떻게 구현될 수 있는지 밝혀야 이 기준들이 활용 가능할 것이다.

이를 위해 컴퓨터 게임 제작자들이 난이도 디자인을 어떻게 구성하는지 살펴보도록 하자. 게임 제작 지침서들에서 공통으로 지적하고 있는 잘 짜인 컴퓨터 게임의 난이도 원칙들은 다음과 같다.

첫째, 적절한 난이도를 가진 게임은 승률이 비결정적이면서도 확률적으로는 안정된 룰을 가져야 한다. 다시 말해 모든 플레이어가 승리와 패배의 확률을 동등하게 가져야 하지만 누가 이길지는 항상 불확정적이라야 한다는 것이다. 여기서 주의해야 할 것은 승패 확률의 동등함을 승패 빈도의 동등함으로 오해해서는 안 된다는 것이다. 다만 이길 가능성은 항상 동등하게 가지고 있어야 한다는 것이다. 누구나 승리할 가능성을 반반 가지고 있지만, 이는 어디까지나 '상대방보다 실력이 우월하거나 더 좋은 전략을 구사한다면'이라는 조건을 달고 있는 것이다(Rollings & Morris, 2000, p.96).*

둘째, 승리할 수 있는 전략이 의미 있을 정도의 복수로 주어져야 한다. 모든 게임은 플레이어가 승리를 위해 전략을 수립하고 이를 실행하는 과정이다. 플레이어는 승리하기 위해 여러 가능한 전략들 중 어느 것인가를 선택해야 한다. 만약 전략을 선택하지 않고서 승리를 바란다면 게임이 아니라 일종의 운수소관이 된다. 이때 이 전략의 선택이 얼마나 의미 있게 이루어지는가에 따라 게임의 난이도가 달라진다.

엉성한 룰과 정교한 룰 비교

	Game A	Game B	Game C
유닛 간의 관계	전사	전사는 기사나 궁사에게 이기거나 짐	전사는 생산비용이 적게 들고 공격력이 강하지만 방어력이 약함
	기사는 전사를 이김	기사는 전사나 궁사에게 이기거나 짐	기사는 공격력과 방어력이 모두 강하지만 생산비용이 큼
	궁사는 기사를 이김	궁사는 기사나 전사에게 이기거나 짐	궁사는 공격 범위가 넓고 공격력이 강하지만 근접전에 약하고 생산비용은 전사보다 비쌈

*자료: Rollings & Morris(2000, p.61).

---

* 골프의 핸디캡, 바둑이나 장기의 접고 두기 등도 놀이에서 승률의 확률적 동등성이 얼마나 중요한지 보여주는 좋은 예다.

앞의 표에 나오는 세 종류의 가상 게임의 룰을 비교해 보도록 하자. 먼저 Game A를 보자. 이 게임에서는 의미 있는 선택이 하나밖에 없다. 그것은 궁사를 생산하는 것이다. 어차피 전사나 기사는 궁사에게 지기 때문에 플레이어들은 서로 누가 더 많은 궁사를 확보하느냐로 경합할 것이다. 이렇게 될 경우 게임의 흥미는 뚝 떨어지며, 게이머들의 조크 인 '클릭 노가다'로 전락한다. 이 게임이 단지 노가다로 전락하는 까닭은 승리 전략이 궁사 많이 확보하기 단 하나뿐이기 때문이다.

Game B는 이와 반대다. 이 게임에서는 승리 조건이 모두 우연에 맡겨져 있다. 따라서 플레이어는 어떤 의미 있는 선택도 할 필요가 없다. 승리 조건이 우연이기 때문에 전략도 무작위다. 이렇게 될 경우 게임의 승패는 통제범위 밖에 있게 될 것이다. 따라서 전략이 하나뿐인 Game A와 반대되는 이유로 Game B의 플레이어는 전략을 위한 아무런 고민도 하지 않을 것이다.

그러나 Game C의 경우는 이들과 다르다. 플레이어는 고심 끝에 의미 있는 선택을 해야 한다. 각 유닛은 저마다의 장점과 단점이 분명하기 때문이다. 단지 성능만을 생각해서 기사를 많이 생산하려고 했다가는 미처 충분한 수의 기사들을 확보하기도 전에 저렴하게 생산된 전사의 인해전술에 녹아 버릴 것이다. 혹은 전사들만 저렴하게 대량으로 생산해서 공격했다가 상대의 궁사들에게 걸려서 적진에 도달하기도 전에 궤멸될 수도 있다. 그러나 궁사로만 승부를 걸었다가는 이동속도가 빠른 기사들이 순식간에 접근해서 도륙할 가능성이 있다. 따라서 플레이어는 상대방이 어떤 유닛을 주로 생산하는가를 정찰해야 한다. 또 단일 부대가 아니라 세 유닛을 고루 섞어 서로의 장단점을 보완해 가며 상황에 따라 전투에 임해야 한다. 승리할 수 있는 전략은 상황에 따라 달라지며, 플레이어는 여러 상황들을 신중하게 고려하여 전략을 선택해야 한다. 그야말로 게임이 되는 것이다.

셋째, 난이도 상승은 플레이어의 노력에 대한 보상으로 주어져야 한다. 이는 난이도의 상승이 플레이어가 투자한 시간, 숙달 정도가 어느 정도 누적되었을 때 이루어져야 한다는 것을 의미한다. 플레이어가 아무리 많은 시간을 투자하더라도 계속해서 같은 수준의 게임만 해야 한다면, 그 게임은 지루하기 한량없는 게임이 되고 말 것이다. 이런 게임에는 몰입하기 어렵다. 반대로 플레이어가 투자한 시간에 비해 턱없이 높은 난이도의 게임을 강요받는다면 이는 몰입의 대상이 아니라 고역의 대상이 되며, 플레이어는 결국 게임을 포기하고 말 것이다.

그러나 플레이어가 투자한 시간, 노력한 정도에 꼭 맞게 난이도가 기계적으로 상승하는 것도 그다지 바람직하지 않다. 이런 게임은 게임이라기보다 오히려 훈련으로 여겨질 것이다. 열심히 하는 만큼 딱 그 정도 비례적으로 성취할 수 있는 놀이에 무슨 재미가 있겠는가? 재미있는 놀이는 70% 정도의 숙련과 30% 정도의 행운이 승리를 결정짓는 수준으로 난이도가 상승해야 한다. 실제로 폭넓게 보급된 놀이들은 이런 속성들을 가지고 있다. 골프 같은 경기에서도 라운딩 파트너가 자신보다 못하거나 너무 잘하는 경우 보다는 10~30% 정도 더 잘할 때 가장 높은 몰입을 경험한다고 한다(신승남, 2001).

또, 점차 상승하는 난이도는 단순히 반응 속도의 증가가 아니라 선택 조건과 대상의 구조적인 복잡성으로 제시되어야 한다. 게임이 진행될수록 점점 키보드나 조이스틱을 빨리 움직여야 하는 것만으로 난이도 상승을 제공한다면 이건 무의미한 게임이 되어 버린다. 대부분의 재미있는 놀이들은 초보자일 때보다 숙련자가 되었을 때 더 많은 선택 조건을 가지며 이러한 조건들이 점점 더 조직화되어 간다 (Rollings & Morris, 2000, pp.97-98).

넷째, 룰은 명시되지도 은폐되지도 않아야 한다. 룰이 제시되는 방식 자체가 이미 난이도의 구성요소인 것이다. 만약, 룰이 너무 명시적으로 제시될 경우 플레이어는 게임을 학습으로 느끼게 되며 흥미를 잃게 된다. 자기 목적형 놀이는 룰이 갈수록 복잡해진다는 점을 상기하자. 그런데 이 복잡한 룰이 게임을 시작하기도 전에 미리 제시된다면 게임을 하기 위해서는 공부를 해야 한다는 것처럼 여겨져서 아마 플레이어는 게임을 시작하지 않을 것이다. 반면 게임의 룰이 지나치게 은폐될 경우 플레이어는 뭐가 어떻게 된 건지 이해할 수 없으며, 따라서 자신의 플레이 결과를 납득하지 못하게 되며 게임을 적대시하게 된다. 게임의 룰은 진행상 반드시 알아야 하는 것만 미리 제시되고 나머지는 플레이어가 게임을 해 나가면서 발견해 나가게 해야 한다(Rolling & Morris, 2000, p.97).

지금까지 제시한 승률, 전략, 난이도 상승 방식, 룰 제시 방식 등의 조건을 충족시키는 컴퓨터 게임은 자기 목적형 활동에 적합한 난이도를 가졌다고 볼 수 있다. 그리고 여기에 더하여 진입장벽, 구체적 과업, 즉각적인 피드백의 조건까지 충족시키는 룰이 자기 목적형 컴퓨터 게임의 룰이 된다. 이러한 룰을 가진 컴퓨터 게임은 자기 목적형인 놀이가 될 수 있다.

그런데 이상의 조건들을 한마디로 룰의 제약과 플레이어의 자유 간의 균형이라고 요약할 수 있다. 또 이를 할 수 있는 것과 해야 하는 것 사이의 균형이라고 표현할 수도 있다. 칙센트미하이가 말했듯이

할 수 있는 것과 해야 하는 것이 균형을 이룰 때 인간은 몰입을 경험한다. 컴퓨터 게임 디자이너들은 이 때문에 균형을 맞추는 데 많은 공을 들인다. 그리고 이미 발매된 게임이라도 밸런스에 문제가 있다는 플레이어들의 불만이 제기되면 바로 패치 파일을 개발하여 공급한다.

따라서 자기 목적형 컴퓨터 게임을 선별하기 위해서는 그 게임의 룰이 얼마나 균형 있게 디자인되었는지 분석해야 한다. 물론 이를 위한 가장 좋은 방법은 직접 해당 게임을 플레이해 보는 것이지만, 반드시 그럴 필요는 없다. 대부분의 컴퓨터 게임은 룰을 상세히 설명한 안내책자(manual)를 내려받을 수 있도록 하고 있다. 또 프로그래밍 함수로 기록된 룰 파일*을 게임 시스템 폴더 내에 포함하고 있다. 따라서 컴퓨터 게임의 매뉴얼 책과 룰 파일을 앞에서 제시한 기준에 따라 분석하면 놀이 측면에서 자기 목적형인지 평가할 수 있다.

자기 목적형 컴퓨터 게임의 내러티브

컴퓨터 게임은 예술로서 감상하고 놀이로서 노는 독특한 매체이다. 컴퓨터 게임의 예술적 요소는 매우 복합적이다. 컴퓨터 게임은 음악과 음향을 담고 있으며, 화려한 그래픽을 보유하고 있다. 그러나 컴퓨터 게임의 예술적 요소 중 가장 비중이 큰 것은 내러티브다. 따라서 룰뿐 아니라 내러티브 역시 중요한 선별기준이 된다.

---

* 윈도용 게임의 경우 대부분 *.ini이라는 이름을 가지고 있다. 최근의 게임들은 시디키 유출 등의 문제를 방지하기 위해 룰 파일을 포함하여 게임의 모든 파일을 한두 개의 파일로 압축하기도 한다. 이 경우에는 룰 파일을 열어 볼 수 없다. 그러나 압축된 룰 파일을 추출할 수 있는 소프트웨어는 인터넷에서 쉽게 구할 수 있다. 추출에 성공하면 룰 파일은 혼글로도 불러 볼 수 있다.

이미 앞에서 컴퓨터 게임의 자기 목적형 내러티브는 상징체계 · 세계관 등의 진입장벽, 서사 참여와 상호 작용, 의미 있는 선택 제공, 선택이 전체 내러티브에 준 영향에 대한 피드백 제공, 장르의 공식을 답습하지 않으면서도 플레이어의 이해 범위를 벗어나지 않는 참신함, 익숙해지는 정도에 따라 복잡해지는 스토리 등의 특징을 가지고 있을 것이라고 하였다. 그렇다면 이와 같은 조건들이 컴퓨터 게임에 구체적으로 어떻게 구현될 수 있는지 알아보자.

컴퓨터 게임의 룰에 대한 연구에 비해 내러티브에 대한 연구는 상대적으로 빈약하다. 이는 컴퓨터 게임을 게임으로만 간주했던 경향이 강했기 때문이다. 그럼에도 불구하고 몇몇 선구적인 연구들이 있었다. 컴퓨터 게임의 내러티브에 대한 기준은 컴퓨터 게임을 포함한다고 할 수 있는 양 방향 서사물에 대한 머레이(Murray, 1997)의 선구적인 연구, 컴퓨터 게임에 인류학적 접근을 시도한 피아스(Pias, 2002)의 연구, 탁월한 게임 디자이너인 롤링스와 모리스(Rollings & Morris, 2001)의 '게임 아키텍트 이론'*, 그리고 컴퓨터 게임에 대한 텍스트적 접근을 시도한 박동숙과 전경란(2001)의 연구 등이 그것이다. 이 연구들이 지적하고 있는 재미있고 자기 목적적이라고 할 수 있는 서사물의 특징을 바탕으로 재미있는 컴퓨터 게임의 내러티브 측면의 조건들을 다음과 같이 종합해 볼 수 있다.

첫째, 플레이어가 다양한 방법으로 서사에 참여할 수 있으며, 자신이 참여한 결과를 확인할 수 있도록 보장해야 한다. 이것을 게임 디

---

* 컴퓨터 게임 개발자는 다양한 호칭으로 불린다. 게임 프로그래머는 컴퓨터 게임을 공산품으로 간주할 때 사용할 만하다. 이와 반대되는 입장에서 게임 아티스트라는 말도 사용된다. 그러나 최근에는 기술과 예술의 결합이라는 의미에서 게임 디자이너, 게임 아키텍트라는 말이 가장 많이 사용된다.

자이너들은 흔히 자유도가 높다고 말한다. 이는 자기 목적형 활동의 여러 조건들 중 피드백 조건에 조응한다. 그런데 기존의 서사예술의 피드백은 감상자만을 변화시켰지만, 컴퓨터 게임의 피드백은 게임의 서사도 변화시킬 수 있다. 이런 점에서 컴퓨터 게임은 전형적인 양방향 서사이며 다른 서사예술보다 높은 자유도를 가질 수 있다.

예컨대 피터 팬을 전통적인 연극으로 공연할 경우를 보자. 피터 팬이 팅커 벨을 살리기 위해 관객에게 박수를 요구하는 장면이 있다고 하자. 그런데 만약 관객들이 박수를 거부한다면 어떻게 될까? 연극은 더 이상의 내러티브를 진행시키지 못하거나(팅커 벨이 살아나지 못하므로), 아니면 어색하게(박수를 안 쳐도 줄거리상 팅커 벨이 살아나니까) 진행될 것이다.

그러나 플레이어가 피터 팬 역할을 맡아 진행하는 컴퓨터 게임이라면 팅커 벨을 되살리지 않고 혼자서 나머지 서사를 진행할 수 있다. 또 경우에 따라서는 팅커 벨을 쫓아버리고 전혀 새로운 서사를 진행할 수도 있다. 이는 서사로서의 즐거움에 스토리를 구성해 나가는 신(God)적인 즐거움을 결합시키는 것이다(Murray, 1997, p.147; 박동숙과 전경란, 2001).

둘째, 직선적 진행보다는 스토리 웹(Web)이 보다 높은 자기 목적성과 자유도를 지닌다. 서사예술의 내러티브는 그 자유도에 따라 직선－트리－웹으로 발전한다. 직선형 서사는 1장, 2장, 3장 하는 식으로 순차적으로 진행되는 내러티브를 가진다. 감상자는 이 진행에 전혀 영향을 줄 수 없다. 트리형 플롯은 감상자에게 중간에 선택지를 주고 그 선택에 따라 갈라지는 내러티브 구조를 가진다. 감상자는 선택지가 주어지는 순간 내러티브에 영향을 줄 수 있지만 이후 스토리를 선택하는 수준 이상의 영향을 끼칠 수는 없다. 스토리 웹은 내러티브를 이루는 이야기들이 순차적으로 제시되는 것이 아니라 도처에 흩어져 자유로이 재구성될 수 있는 구조를 말한다. 감상자가 100명이면 스토리도 100개가 나올 정도로 감상자의 자유도가 넓다. 게다가 최근의 MMORPG(Massive Multiplayer Online Role Playing Game) 유의 게임들은 다른 플레이어의 선택이 내가 하는 게임을 변경시키고, 내 선택은 다른 플레이어에게 영향을 준다. 이렇게 되면 플레이어는 감상자가 아니라 공동 창작자가 된다.

물론 모든 컴퓨터 게임이 이런 스토리 웹을 가지는 것은 아니다. 그러나 게임 개발자가 정성을 들이면 들일수록 서사는 플롯 트리, 더 나아가 스토리 웹으로 확산된다(Murray, 1997, pp.61−65). 컴퓨터 게임은 다른 어떤 매체보다도 스토리 웹을 완벽하게 구현할 수 있는 매체이다. 그래서 컴퓨터 게임의 내러티브가 서사물의 진화 과정에서 최종단계라는 주장도 있다(Pias, 2002, pp.124−189). 이는 문학사를 살펴보면 확인할 수 있다.

고대 서사예술의 경우는 내러티브의 종착지가 이미 결정되어 있다. 이 종착지는 독자(혹은 관객)가 이미 알고 있는 것이다. 독자는 이미 예상하고 있는 결과에 작품 속 주인공이 어떻게 대처하는지 초조하게 바라본다(Lukasc, 1916, pp.1−17). 그러나 서사예술이 발전할수록 내러티브에서 이미 결정된 부분은 점점 줄어든다. 윌리엄 조이스나 버지니아 울프와 같은 현대 작가들은 의표를 찌르는 내러티브를 제공하며 독자의 지성과의 게임을 제안한다. 그리고 컴퓨터 게임에 이르러 이러한 내러티브의 진화는 작품과 감상자의 완전한 상호작용에 이르게 된 것이다.*

잘 구성된 컴퓨터 게임의 내러티브는 그 구성요소들을 게임 도처에 흩어 놓는다. 플레이어는 이 요소들을 차례로 찾아가며 스토리를 진행해야 한다. 플레이어는 때때로 게임 디자이너가 전혀 예상하지 못했던 방식으로 스토리를 진행할 수 있다. 그럼에도 불구하고 게임의 내러티브가 중단되어서는 안 된다. 다시 피터 팬을 예로 들면 플레이어가 팅커 벨 정도가 아니라 아예 웬디를 버리고 후크 선장 편이 되어도 게임은 계속 진행될 수 있어야 한다는 것이다. 이때 낮은 수준의 내러티브 디자인을 가진 게임은 진행이 중단되고 게임이 막혀 버리기 쉽다.

이렇게 플레이어들에게 높은 자유도를 주고, 그럼에도 그 변수들을 감당할 수 있을 정도로 인공지능이 잘 설계된 컴퓨터 게임은 플레이어들의 개성에 따라 완전히 다른 종류의 서사물로 바뀔 것이다. 심지어 게임 개발자가 상상조차 하지 못한 방향으로 이야기가 바뀔 수도 있다. 이것이 양 방향 서사물로서 컴퓨터 게임이 가진 장점이다. 즉, 게임 개발자는 기본 얼개와 요소들만 제공한다. 그리고 나머지 내용들은 플레이어가 작성하는 것이다. 따라서 이런 스토리 웹 구조를 가진 컴퓨터 게임에서 플레이어는 내러티브를 진행하면 할수록 자신이 진행한 스토리의 전후 맥락에 대해 더욱더 많이 생각해야 한다 (Murray, 1997; Rollings & Morris, 2000; Pias, 2002).

셋째, 스토리 구성을 위해 플레이어가 심사숙고할 때 필요한 모든 정보를 게임상에서 제공하여야 한다. 이는 게임 플레이 창을 닫지 않고서도 진행에 필요한 모든 정보를 게임 세계 속에서 얻을 수 있도록

---

* 이러한 진화과정은 소포클레스의 운명비극, 셰익스피어의 성격비극, 그리고 20세기의 부조리극의 특징을 나열해 보면 금방 확인할 수 있다.

해야 한다는 것이다. 선택의 갈래마다 필요한 자료를 모으기 위해 참고문헌을 뒤져야 하는 컴퓨터 게임은 상상하기도 어렵다. 그런데 이것은 컴퓨터 게임이 컴퓨터상에서 이루어진다는 장점을 최대한 살린 것이기도 하다.

컴퓨터의 가장 중요한 기능은 정보의 저장과 처리이다. 따라서 컴퓨터 게임은 서사와 세계관의 배경 지식, 내러티브의 전후맥락, 플레이어가 진행시켜 온 지금까지의 스토리 등을 백과사전과 같은 형식으로 얼마든지 제공할 수 있으며 또 그럴 수 있어야 한다. 플레이어는 그 외에도 복잡한 규칙, 게임이 시작되기 전후의 줄거리, 등장인물들에 대한 설명, 각종 사물들과 게임이 벌어지고 있는 지역들에 대한 지식ㆍ정보를 하이퍼―텍스트 도움말을 통해 획득할 수 있다(Rollings & Morris, 2000, p.81). 이러한 추론이 완벽하게 구사된 게임으로 게임 디자이너나 평론가들은 〈 시드마이어의 문명 〉 시리즈를 주로 예로 든다. 이 게임에서 플레이어는 게임의 룰뿐 아니라 게임에서 사용하고 있는 각종 지리적ㆍ역사적 지식을 간편한 마우스 조작만으로 학습할 수 있다.

넷째, 다양한 결말이 준비되어 있어야 한다. 컴퓨터 게임 내러티브의 결말은 게임 제작자가 의도한 것과 게임 플레이어가 만들어 낸 것의 종합이다. 잘 만들어진 내러티브를 가진 컴퓨터 게임은 플레이어의 의도가 다양한 만큼 다양한 결말을 마련해 두고 있다. 기본 스토리에, 플레이어의 아이디어, 경험담, 모험담 등이 보태어진 내러티브가 구성되고 여기에 따라 다양하게 달라지는 결말을 제시할 수 있는 것이다. 특히 최적경험은 몰입한 순간이 아니라 몰입의 결과물을 확인하고 반성하는 순간 일어난다는 점에서(Csikzsentmihalyi, 1997, p.44), 플레이어의 그동안 노력이 잘 반영된 결말은 매우 중요하다.

다섯째, 튼튼한 기본 스토리를 가지고 있어야 한다. 이는 앞의 네 조건들과 모순되는 것처럼 들리기 쉽다. 그러나 양 방향 서사물이라는 것이 플레이어에게 무한한 자유를 부여한다는 의미는 아니다. 플레이어는 자기 자신이 아니라 컴퓨터 게임 속에 자신이 조종하는 어느 캐릭터를 통해 진입한다. 이를 신의 화신이라는 의미의 아바타라고 부르기도 한다. 이때 컴퓨터 게임 제작자는 플레이어가 조종하거나 동일시하게 될 캐릭터를 무적으로 만들어도 안 되며 무력한 방관자로 만들어도 안 된다.

플레이어는 아무 이야기도 없는 세계 속에서 멋대로 이야기를 만드는 것이 아니라, 제작자가 제시한 세계관과 선행 스토리의 제약 속에서 나머지 여백에 자신의 이야기를 쓴다. 이미 이전에 어느 정도 진행되었고, 또 게임이 끝난 다음에도 계속 진행될 가상 세계의 서사 속에 참여하는 것이다. 따라서 플레이어가 채우게 될 스토리의 전후 맥락이 세계관 설정과 함께 충실한 도입 스토리로 제시되어야만 한다.

지금까지 자기 목적형 컴퓨터 게임의 내러티브 조건들을 살펴보았다. 이 조건들의 공통점을 살펴보면 룰의 경우와 마찬가지로 플레이어의 능동성과 제약 사이의 균형임을 알 수 있다. 플레이어가 능동적으로 참여할 수 있으나 전후 맥락의 제약을 받는 내러티브를 제공할 때 컴퓨터 게임은 자기 목적형인 서사예술로 기능하는 것이다. 이런 종류의 컴퓨터 게임을 즐기는 플레이어는 게임 디자이너가 제시한 세계와 서사를 바탕으로 능동적인 창조를 한다. 물론 능동적 창조는 매우 깊은 수준의 몰입을 경험할 수 있는 활동이다(Csikzsentmihalyi, 1996, pp.107−114). 반면 예측대로 뻔한 줄거리가 진행되거나 플레이어의 작용과는 전혀 무관하게 줄거리가 진행되어 참여를 완전히 차단하는 컴퓨터 게임은 몰입을 제공하기 어려운 게임이다.

지금까지 살펴본 룰의 기준과 내러티브의 기준을 모두 종합하면 다음의 그림에서 점선과 실선 사이의 어느 지점이 자기 목적형 컴퓨터 게임의 자리라고 표현할 수 있다.

자기 목적형 게임의 플레이어와 게임 관계

이 그래프상의 X축은 게임을 플레이한 시간이고 Y축은 플레이어의 숙달 정도, 내러티브 이해 정도이다. 실선은 게임을 계속할수록 향상되는 플레이어의 능력이며 점선은 계속 진행될수록 어려워지는 룰, 복잡해지는 내러티브다. 점선이 실선보다 지나치게 위에 위치하거나 더 큰 기울기를 가지게 되면 플레이어는 게임을 포기할 것이다. 또 반대로 실선 아래에 위치하거나 더 작은 기울기를 가지게 되면 플레이어는 흥미를 잃어버리거나 아니면 다른 보상을 획득하기 위한 수단으로 게임을 활용할 것이다.

▎▎ 보상 강화형 컴퓨터 게임의 룰과 내러티브

　몰입대상이 되는 자기 목적적 컴퓨터 게임의 룰과 내러티브의 특징을 살펴보았다. 그렇다면 다음은 중독대상이 되는 보상 강화 컴퓨터 게임의 룰과 내러티브 속성을 살펴볼 차례다.

　앞에서 중독증은 특정한 정서적·물질적 보상을 획득 과정의 수고 없이 손쉽게 얻으려는 왜곡된 동기화의 결과임을 확인하였다. 따라서 중독대상이 되는 행위는 보상을 얻기 위한 과정은 최대한 짧아야 하며 거기에 큰 의미가 주어져서는 곤란하다. 중요한 것은 그 결과 얻게 되는 쾌락의 양이 아니라 $\frac{\triangle 쾌락}{\triangle 노력}$ 의 양인 것이다. 마약 중독자들이 코카인 가루를 흡입하거나 암페타민 용액을 주사하는 짓에 빠져들게 된 것은, 그것이 가장 즐거운 행위이기 때문이 아니라 보상을 얻기 위한 가장 빠르고 손쉬운 행위이기 때문이다. 즉, 값싼 쾌락인 것이다. 사실 확인해 보지는 않았지만 코카인 가루를 흡입해서 얻는 쾌락이 오랜 조사 끝에 수집한 자료가 자신의 가설을 입증하는 것으로 보일 때 학자들이 느끼는 쾌락과는 비교되지 않을 것이다.

　이는 컴퓨터 게임에도 마찬가지로 적용될 수 있다. 이때 컴퓨터 게임 중독증 환자가 얻는 보상은 플레이어에게 가치 있다고 여겨지는 것들 중 컴퓨터 게임이 제공할 수 있는 것들이 된다. 여기에는 여러 차례의 대전을 통해 누적한 전적이나 획득한 랭킹, 또 그동안 게임상에서 수집한 각종 아이템, 성장시킨 캐릭터의 레벨이나 능력치 등이 포함될 것이다. 물론 프로 게이머나 아이템 현금 거래가 일어나는 온라인 게임 플레이어에게는 돈이나 명예도 중요한 보상이 될 것이다.

룰과 내러티브가 자기 목적형으로 디자인되어 있는 컴퓨터 게임은 재미라는 보상으로도 충분히 플레이어를 컴퓨터 앞에 붙들어 놓을 수 있기 때문에 이러한 별도의 보상이 필요하지 않다. 물론 자기 목적형 컴퓨터 게임이 재미 외의 보상을 전혀 주지 않는다는 것은 아니다. 몰입해서 플레이하다 보면 많은 아이템, 높은 캐릭터 레벨, 화려한 전적 심지어 막대한 상금수입 등 보상을 얻을 수도 있다. 그러나 중요한 것은 보상 그 자체가 아니라, 그것이 얻어지기 위한 과정이다. 이러한 보상들이 단지 게임 플레이의 부수적인 결과이며 목적이 아니라면, 또 이러한 보상들을 얻기 위해 충분한 수련과 지략을 투자하여야 한다면, 보상이 있다고 해서 자기 목적성이 훼손되었다고 보기는 어렵다.

그러나 어떤 컴퓨터 게임의 물질적 · 정서적 보상이 재미의 부수적 결과가 아니라 가장 중요한 일차적 목적이 된다면 사정이 다르다. 만약 이러한 컴퓨터 게임의 난이도가 그다지 높지 않고 구조가 단순하다면 행위중독의 대상이 되는 보상 강화 활동과 유사해지기 때문이다.

이러한 게임에 장시간 몰두하고 있는 플레이어는 재미있어서 몰입하고 있는 것이 아니라 단지 보상을 얻고자 집착하고 있을 뿐이다. 앞에서 살펴보았듯이 이러한 수동적 보상 강화 활동은 중독의 첫 과정이다. 따라서 게임 외적 보상이 주어지는 방식을 컴퓨터 게임의 룰과 내러티브 분석을 통해 살펴보면 중독성이 강한 보상 강화형 컴퓨터 게임의 유형을 구성할 수 있다.

그러나 보상 강화형 컴퓨터 게임을 플레이한다고 해서 반드시 중독증에 걸리는 것은 아니다. 중독의 여부는 그 게임이 청소년의 중독적 욕구에 해당되는 보상을 얼마나 잘 주느냐에 달려 있다. 스트레스나 고통에 시달리는 청소년은 진정과 위안이라는 보상을 욕구할 것이다. 반면 권태나 답답함을 느끼는 청소년은 긴장감과 파괴의 쾌감이라는 보상을 욕구할 것이다. 이런 보상들을 상황에 따라 손쉽게 줄 수 있는 게임이 중독대상이 된다. 물론 이때 이런 보상을 획득하기 위해 전략이나 기능의 숙달 등이 많이 요구되어서는 안 된다. 보상은 약간의 노력만으로도 얻을 수 있어야 한다.

우리나라 청소년의 중독 욕구는 학업 스트레스에서 주로 비롯될 것이다. 높은 학업 스트레스에 시달리는 청소년은 가상 세계 속에서 이를 해소할 수 있는 보상을 갈구할 것이다. 이때 캐릭터가 손쉽게 승급하여 빨리 강해지며 어렵잖게 영웅 행세를 할 수 있는 컴퓨터 게임이 있다면 이런 게임은 큰 흡인력을 가질 것이다. 따라서 게임 플레이나 줄거리 진행상 그리 필요하지 않은 지나치게 잦은 캐릭터 승급*, 값진 아이템의 잦고 손쉬운 수집, 과장되게 표현되는 타격감†등이 나타나는 컴퓨터 게임을 왜곡된 성취감을 보상으로 주는 중독적 게임으로 의심할 수 있다.

전적과 승률도 중요한 보상이 될 수 있다. 승부의 질을 포함하여 랭킹을 매기는 전략게임과 단순한 승수만으로 랭킹을 매기는 전략게임은 승률이 주는 보상 효과가 다르다. 전자는 플레이어가 강한 상대를 선택해 어려운 승부를 걸도록 요구한다. 그러나 후자는 약한 상대를 골라 손쉬운 승수를 올리도록 유도한다. 어려운 승부는 자체로 즐

---

* 난이도가 높은 게임인 'N'에서는 게임 엔딩을 볼 때까지 주인공이 10레벨에 도달하기도 어렵다. 그런데 이보다 난이도가 떨어지는 게임인 'D2'에서는 무려 100단계로 승급한다. 승급의 기쁨을 길게 잡아 20시간인 플레잉 타임(연구자는 125분 만에 클리어했다) 동안 100번이나 제공하는 것이다.
† 온라인 게임 'TTR'에서는 지나가던 들개 한 마리를 잡는 순간에도 웬만한 게임에서 드래곤과 전투하는 정도의 현란한 타격음과 불꽃이 난무한다.

거움을 주는 자기 목적형 보상이다. 그러나 손쉬운 승리는 전적표나 랭킹표에서 자신의 높은 승률을 확인할 때 비로소 보상이 되는 외적 보상이다.

그러나 이런 것들만으로 특정 컴퓨터 게임을 중독 위험이 있는 게임으로 예단하는 것은 곤란하다. 이는 어디까지나 룰과 내러티브와의 상대적인 위치 속에서 평가되어야 한다. 설령 보상 강화형 게임으로 여겨질 정도로 아이템 수집이 많이 이루어진다 하더라도, 그 게임이 단서들을 수집해서 사건을 추리해야 하는 탐정 게임이나 서바이벌 게임이라면 이를 보상게임이라고 분류하기는 어려울 것이다. 문제는 보상 그 자체가 아니라 보상이 주어지는 방식인 것이다.

● 플레인스케이프: 토먼트(Plane Scape: Torment)

이 게임은 발더스게이트 시리즈를 개발한 바이오웨어 스튜디오의 또 다른 걸작이다. 이 작품 역시 발더스게이트 시리즈와 마찬가지로 호흡이 장대한 서사를 가지고 있으며, 플레이어는 게임 속 단서들을 맞춰 가며, 또 주어진 퀘스트들을 완수해 가며 이 서사를 완성해 나간다.

그런데 이 게임은 대단히 독특한 개성으로 높은 평가를 받았는데, 그것은 바로 획기적인 주인공 때문이다. 대개의 RPG는 영웅 전설을 기반으로 한다. 플레이어는 영웅적인 캐릭터를 선택해서 모험을 하게 된다. 그런데 주인공이 영웅과는 거리가 먼

컴퓨터 게임으로 풀어 보는 철학적 고민: 플레인스케이프: 토먼트

살아 움직이는 시체라면? 이 독특한 게임에서 플레이어는 아름답고 멋스러움과는 거리가 먼 살아 있는 시체, 그것도 이름이 '이름 없는 자'인 이 시체 역을 맡아서 게임을 진행한다. 이 시체는 죽었다, 부활했다를 반복하는 일종의 불사신이다. 문제는 부활하면 죽기 전에 있었던 일을 모두 잊어버린다는 것이다. 그래서 '이름 없는 자'는 살아생전에 자기 몸에 문신으로 기록을 남긴다. 플레이어는 이제 이 기록들을 바탕으로 '이름 없는 자'가 수없이 죽었다, 살아났다를 반복하면서 어떤 삶을 살았으며, 이 가혹한 굴레를 벗어나기 위해 무엇을 해야 하는지 추리해 나가야 한다.

플레이어는 컴퓨터 게임에서 좀처럼 만나기 어려운 철학적인 문제에 직면하게 된다. 수십 번을 죽었다, 살아났다를 반복했고, 그때마다 선인도 되고 악인도 되면서 다양한 삶을 살았다면, 과연 이 사람의 정체성은 무엇인가?

또 주인공은 이전 삶에서 저지른 과오 때문에 고통받고 있는 사람들을 만나게 되는데, 과연 거기에 대해 책임을 져야 하는가? 게다가 이 작품은 컴퓨터 게임의 본령인 흥미진진함과 박진감도 잃지 않는다. 전투는 긴박하며 그래픽은 화려하다. 마침내 플레이어는 다음과 같은 질문을 받게 된다. "무엇이 인간의 본성을 바꾸는가? 고통? 후회? 사랑? 욕망? ⋯." 컴퓨터 게임을 하면서 이런 질문을 받게 되리라 상상했을 플레이어는 많지 않을 것이다.

제7장

자기 목적형 컴퓨터 게임과 보상
강화형 컴퓨터 게임

지금까지 몰입대상이 되는 자기 목적형 컴퓨터 게임과 중독 위험이 있는 보상 강화형 컴퓨터 게임의 룰과 내러티브의 특징들을 살펴보았다. 이제 우리는 컴퓨터 게임들을 이 두 유형의 게임으로 유형화할 수 있게 되었다. 다음의 표는 자기 목적적 컴퓨터 게임과 보상 강화 컴퓨터 게임의 특징들을 룰과 내러티브 차원에서 정리해 놓은 것이다.

자기 목적형 · 보상 강화형 컴퓨터 게임유형 모델(이념형)

		자기 목적형 게임	보상 강화형 게임
특징	룰	플레이어의 노력에 상응하여 난이도가 상승하고 선택할 수 있는 전략이 다양하며 어떤 조건이나 유닛을 선택하든 항상 승률이 일정하게 유지된다.	전략은 단순하고 어떤 경우든 승리하는 필승 상황이 주어지거나 균형이 맞지 않는 경우가 나타난다. 상대적인 난이도는 게임이 진행될수록 쉬워져서 플레이어를 느긋하게 만든다.
	내러티브	납득할 수 있는 세계관을 제시하고 그 속에서 내러티브와 상호작용할 수 있는 기회를 제공한다. 내러티브는 직선형이 아니라 스토리 웹을 지향하며 다양한 결말과 스토리를 제공한다.	세계관은 일상적이며 내러티브는 플레이어의 예측이나 장르의 공식을 벗어나지 않는 뻔한 구성을 보인다. 스토리 웹보다는 단순한 선형구조를 지향한다.
	보상	어느 정도의 보상은 주어지지만 게임 플레이나 내러티브와의 연관 속에서만 주어지며 보조적인 역할을 한다. 또 그것을 획득하기가 쉽지 않다.	보상은 플레이어가 원하는 그러나 현실에서 얻기 어려웠던 것들을 대리만족하는 형태로 주어진다. 또 보상을 얻기 위해 투입해야 하는 노고가 보상에 비해 훨씬 적다. 보상은 게임 플레이나 내러티브와 무관하게 보상을 위해서 주어진다.
예상되는 효과		몰입	중독

그러나 이 표는 실제 존재하는 게임들을 분류한 결과물이 아니라 분류를 하기 위한 기준으로 삼기 위한 일종의 유형 모델이다. 이 모델상의 자기 목적형 컴퓨터 게임은 몰입대상이 되며 최적경험을 증가시키는 게임의 전범을 보여 주는 것이다. 반면 보상 강화형 컴퓨터 게임 역시 청소년을 중독 상태로 몰고 갈 위험이 있는 게임의 전범을 제시한 것이다. 따라서 이 모델은 몰입과 중독이라는 특정 활동의 대상이 되는 컴퓨터 게임유형을 관련 이론에 의거하여 구성한 일종의 이념형(Idealtypus)이다.

실제 유통되는 컴퓨터 게임들 중 순수한 자기 목적형 컴퓨터 게임이나 보상 강화형 컴퓨터 게임은 거의 없을 것이다. 오히려 대부분의 컴퓨터 게임들은 자기 목적형 속성과 보상 강화적 속성을 조금씩 공유하고 있을 것이다. 두 속성을 모두 높게 가진 게임도 있을 수 있고, 두 속성 모두 거의 가지지 않은 게임도 있을 수 있다.

그럼에도 불구하고 이론적 연역을 통해 이러한 이념형적 모델을 구성한 이유는 컴퓨터 게임 선별을 위한 분석상의 필요 때문이다. 그러므로 이 모델을 이용한 분석의 목적은 현실의 컴퓨터 게임들 중 이 두 유형에 가까운 게임들을 선별해 내고자 하는 것이지, 모든 컴퓨터 게임을 이 둘 중 하나로 분류하는 것은 아님을 다시 한 번 강조한다.

그러나 이것만으로 충분한 것은 아니다. 구체적 컴퓨터 게임 하나하나를 평가하기 위해서는 그 게임이 속해 있는 장르를 고려할 필요가 있기 때문이다.

음악이나 스포츠의 예를 들면 모차르트의『돈 지오바니』가 튼튼한 내러티브를 가지고 있기 때문에 그의『40번 교향곡』보다 훌륭한 작품이라고 평가하거나, 지능이 더 많이 요구되기 때문에 컬링이 스피드 스케이팅보다 뛰어난 동계 스포츠 종목이라고 평가한다면 이는 매우 부당한 평가가 될 것이다. 마찬가지로 컴퓨터 게임의 분류도 장르를 고려하여 이런 부당한 평가를 방지해야 할 것이다.

스포츠에 여러 종목이 있는 것처럼 컴퓨터 게임에도 여러 장르가 있다. 그리고 컴퓨터 게임 장르도 예술 분야의 장르와 마찬가지로 평가적으로 사용되지 않는다. 다음의 표는 현재 보편적으로 사용하는 컴퓨터 게임 장르론이다.*

---

* 장르론은 종종 평가적 분류 모형으로 사용되기도 하였다. 베르크만(2001)이 슈팅·아케이드 게임보다 어드벤처 게임이 우월하다고 했던 것이 그 예이다.

현재 통용되는 컴퓨터 게임 장르

장르	특징	대표게임
액션	속도감·박진감을 주며 플레이어의 기기 조작능력에 의존함	철권, 버추얼 파이터, 모탈 컴뱃, 페르시아의 왕자
스포츠	실제 스포츠 경기를 전자화함	피파2002, NBA라이브, 나스카레이싱
전략	상대방의 영토를 점령하거나 근거지를 파괴하면 이기는 게임	스타크래프트, 레드얼럿2, 에이지 오브 엠파이어
퍼즐	도형의 조각을 맞추거나 수수께끼를 푸는 게임	테트리스, 퀴즈퀴즈, 일곱 번째 손님
시뮬레이션	모의실험에 가까울 정도로 잘 구현된 가상 상황에서 국가나 기업 도시 등을 경영하는 게임	심시티, 심즈, 문명3, 보아 인 더 월드, 롤러코스터, 대항해 시대 등
어드벤처	전자소설이라고도 불리며 주어진 상황에서 미스터리를 해결해 가며 줄거리를 차례차례 풀어 나가는 게임	원숭이 섬의 비밀, 키란디아의 전설, 앨리스, 해리포터
롤플레잉	플레이어가 주인공의 역할을 맡아서 진행되는 디지털 서사. 어드벤처와 거의 흡사하나 주인공이 성장하고 변화함	디아블로, 녹스, 발더스게이트, 파이널 판타지, 네버 윈터 나이트, 리니지 등
슈팅	액션의 한 종류이지만 발사키와 이동키, 무기 교체키 외에는 사용하지 않는 파괴형 게임	언리얼, 퀘이크, 하프라이프, 카운터 스트라이크, 레니게이드
아케이드	간단하고 단순한 조작의 게임 통칭	갤러그, 너구리, 보글보글

이 장르론은 형성 과정이나 근거는 불분명하다. 그러나 대부분의 게임 유통사와 비평가들이 이를 사용하며, 컴퓨터 게임 관련 연구들에도 이 장르론을 사용한다. 이 장르론은 컴퓨터 게임을 액션·스포츠·퍼즐·전략·시뮬레이션·슈팅·어드벤처·아케이드·롤플레잉 게임으로 분류한다. 최근 액션 롤플레잉 게임, 전략 롤플레잉 게임 같은 새로운 장르의 게임들도 출시되고 있고, 전략게임을 턴 방식 전략게임과 실시간 전략게임(RTS: Real Time Strategy)으로 나누기도 하지만 아직 독자적인 장르로 인정받지는 못하고 있다.

그러나 이 장르론은 분석적이라기보다 관례적이라는 비판을 받기도 한다. 1990년대까지만 해도 이 장르론에는 단순한 순발력을 겨루는 아케이드 게임, 서사를 즐기는 어드벤처 게임, 어떤 주인공의 역할을 맡아 그 캐릭터를 육성하는 롤플레잉 게임, 인공지능을 이용한 시뮬레이션 게임 네 가지만 포함되었다. 그런데 새로운 게임이 등장할 때마다 게임 판매사나 평론가에 의해 장르가 분화되기 시작했다.* 새로운 장르를 개척했다고 광고하면 제품이 보다 참신해 보이기 때문에 판매사들이 이를 즐겨 사용했던 것이다. 그 결과 컴퓨터 게임의 장르는 점점 복잡해지는 과정을 겪게 되었다. 그런데 지나치게 복잡해진 장르론은 분석 도구로서의 기능이 약해져서 오히려 그 기능을 잃어버리게 된다. 오컴의 면도날이 필요한 것이다.

오컴의 면도날을 가차 없이 휘두른 롤링스와 모리스(2000, pp.20-39)는 기존의 컴퓨터 게임 장르론을 이론적 바탕이 없는 게임 포장 상자에 인쇄된 문구에 지나지 않는다고 강하게 비판하였다. 그들은 겉으로 드러난 게임의 형태가 아니라 게임 연출 방식에 따라 분류할 것을 제안하였다. 이에 따라 그들은 컴퓨터 게임을 다음과 같이 분류했다.

Rollings & Morris의 컴퓨터 게임 장르

영역 확장형	추론형	수집형	경주 · 살상형
전략을 겨루어 승패를 가리는 게임	퍼즐을 맞추거나 미스터리를 해결하며 진행하는 어드벤처 게임	많은 아이템을 수집하거나 능력치 경험치를 수집하는 게임	많은 수의 적을 살상하거나 더 빨리 목표에 도달하는 게임. 점차 난이도와 위험도가 높아짐

---

* Westwood Studio는 1992년 〈DUNE 2〉라는 게임을 발매하면서 Real Time Strategy 게임이라고 선전하였고 이듬해부터 RTS라는 게임 장르명이 공공연히 사용되었다. Blizzard Studio는 1996년 〈DIABLO〉를 발매하면서 액션 RPG라고 명명하였고 이 역시 오늘날 장르 명으로 사용되고 있다.

이 분류에서 기준이 되는 것은 게임 디자이너가 플레이어에게 기대하는 플레이 방식이다. 여기에 따르면 컴퓨터 게임은 수집형 게임, 영역 확장형 게임, 경주·살상형 게임, 추론형 게임으로 분류된다. 즉, 게임 개발자는 게임을 디자인할 때 플레이어가 이 게임을 플레이하면서 주로 어떤 활동을 할 것인지를 미리 정해 두고서 게임을 제작한다는 것이다. 이 모델은 기존 장르론보다 근거가 뚜렷하며 새로운 종류의 게임이 등장하더라도 분화할 필요 없이 기존의 틀에 포괄해 넣을 수 있다. 그러나 여기에는 롤플레잉 게임이나 어드벤처 게임같이 서사물의 성격을 가진 컴퓨터 게임의 자리가 없다.

독일의 인류학자 피아스(Pias, 2002)는 역사학적·고고학적 근거와 연결되지 않는 컴퓨터 게임 장르는 임의적인 것에 불과하다고 하였다. 그의 주장에 따르면 컴퓨터 게임의 유형은 고대부터 전해 온 놀이들의 구조적 연장선상에, 그리고 컴퓨터가 없는 미개사회 놀이들의 구조적 연장선상에서 보아야 한다. 인간의 놀이에는 일정한 유형이 있고, 컴퓨터 게임은 그 유형이 컴퓨터라는 새로운 매체로 표현된 것에 불과하다는 것이다.*

피아스의 주장은 놀이이론의 고전이라 할 수 있는 카이와(1967, pp.35-70)의 놀이 유형 분류론을 컴퓨터 게임에 적용하고자 하는 것이다. 카이와는 인간의 놀이를 아곤(경쟁), 알레아(운수), 일링크스(현기증), 그리고 미미크리(모의)로 나누었다. 이 네 종류 놀이 특징을 다음 표와 같이 정리해 볼 수 있다.

---

* 이는 컴퓨터 게임이 되었든 축구, 야구, 바둑 혹은 원시적인 제례행위가 되었든 모두 놀이라는 공시태 내에서의 변화라는 전형적인 인류학적 주장이다.

놀이 분류	아곤	일레아	일링크스	미미크리
특징	서로 승부를 겨룸. 기량을 겨루기도 하며, 때로는 실제 싸우기도 함	무작위로 나오는 운수에 따른 승부를 놓고 즐김	급격한 변화, 아슬아슬한 위기감 따위를 즐김	실제와 유사한 것을 만들거나 흉내 내면서 놀이함
예	각종 스포츠, 장기, 바둑	도박, 경마	롤러코스터, X스포츠, 레이싱	각종 공연예술, 모의 놀이

피아스(2002)는 이 중 일레아를 제외한 나머지 세 가지에서 컴퓨터 게임의 장르를 이끌어 내었다.* 플레이어는 컴퓨터를 이용하여 서로의 숙달된 기능 혹은 지략을 겨루며 경쟁한다. 또 플레이어는 컴퓨터 게임을 통해 가공의 세계나 이상적인 세계를 모방하고 창조한다. 물론 플레이어는 컴퓨터 게임을 통해 짜릿하고 현기증 나는 순간을 만끽할 수도 있다. 물론 플레이어는 컴퓨터 게임을 통해 도박을 할 수도 있지만, 카이와와 달리 피아스는 도박 계통을 게임의 한 종류로 인정하지 않은 것으로 보인다.

피아스(2002)는 이렇게 놀이의 세 유형을 컴퓨터 게임에 적용하되 카이와의 용어를 사용하지 않고 기존의 컴퓨터 게임 장르론의 용어를 차용하여 액션게임, 어드벤처 게임, 그리고 전략게임으로 컴퓨터 게임을 분류하였다.† 여기에 따르면 기능의 숙달을 겨루는 게임은 액션게임으로, 어떤 가상의 세계를 구성하고 그 속에서 서사를 진행하는 게임은 어드벤처 게임으로, 지략을 겨루는 방식의 게임은 전략게임으로 분류된다.

---

* 사실 우리나라에서 각종 고스톱 유의 컴퓨터 게임이 널리 성행하는 것을 볼 때 이것을 제외하는 것이 타당한지는 의심스럽지만, 피아스는 도박, 노름 계통을 가치 부여할 만한 게임으로 보지 않았으리라 짐작한다.

† 이는 용어를 빌린 것이다. 기존 장르론의 액션게임, 어드벤처 게임, 전략게임보다는 더 넓고 포괄적인 의미를 담고 있다.

피아스(Pias)의 컴퓨터 게임 장르 분류

	액션게임	어드벤처 게임	전략게임
특징	순발력, 기민함, 순간적인 판단력, 조작 능력 등을 겨루는 게임이다. 누가 가장 숙달되었는가 하는 것이 이 승부의 핵심이다.	내러티브를 가지고 있다. 플레이어는 가상의 경험을 즐기거나 환상적이거나 가상적인 상황을 모방하며 논다.	지략을 겨룬다. 지략을 겨루어 경계를 확장할 수도 있고, 아이템을 획득할 수도 있으며 상대를 파괴할 수도 있다.
고고학적 근거	고대에서부터 오늘날까지 남아 내려오는 격투기, 경주, 육상과 같은 각종 단독 플레이 스포츠.	서사시. 각종 보드게임, 각종 모험놀이, 놀이로서의 공연예술.	장기, 바둑, 체스 등 수천 년의 역사를 가진 전략 놀이들, 중세 기사들의 전쟁, 축구나 야구 같은 팀플레이 종목.
해당 컴퓨터 게임 (구 장르 기준)	스포츠게임, 슈팅게임, 격투게임, 테트리스 유의 시간제한 퍼즐게임, 레이싱게임, 롤플레잉 게임 중 전투 위주 게임.	어드벤처 게임, 롤플레잉 게임 중 서사 위주 게임, 전략게임 중 서사 위주 게임.	전략게임, 시뮬레이션 게임, 스포츠·슈팅·롤플레잉 게임 중 팀플레이 위주 게임.

이 장르론은 간결하면서 기존 게임뿐 아니라 새로 등장하는 게임들을 쉽게 포괄해 낼 수 있다. 물론 어떤 컴퓨터 게임이 기계적으로 이 셋 중 하나에 포함되는 것은 아니다. <발더스게이트>나 <네버윈터 나이츠> 같은 컴퓨터 게임은 이 세 가지 요소를 모두 가지고 있다. 그러나 이 세 특성을 동등한 비율로 보유한 것은 아니고 어드벤처의 성격을 보다 많이 가지고 있기 때문에 분류가 가능하다.

이 책에서는 여러 가지 점들을 고려하여 피아스의 컴퓨터 게임 장르론을 참고기준으로 채택하였다. 이렇게 장르를 고려하게 되면 전략게임을 내러티브가 단순하다고 자기 목적형이 아니라고 평가하거나 어드벤처 게임을 전략이 빈약하다고 자기 목적형이 아니라고 평가하는 부당한 평가를 방지할 수 있다. 평가는 어디까지나 장르라고 하는 거울에 비추어서 이루어져야 한다.

장르를 고려하게 되면 평가기준은 다음과 같이 구체화된다.

어드벤처 게임은 환상의 혹은 가상의 세계를 표현하고 그 속에서 내러티브를 진행시키는 것을 주된 목적으로 한다(Pias, 2002). 따라서 자기 목적형 어드벤처 게임은 제시되는 퀘스트(게임상의 과업)가 플레이어의 숙달 정도와 캐릭터가 강해지는 정도에 따라 어렵고 복잡해져야 한다.* 또 퀘스트 수행 여부에 대해 충분히 성찰하고 나서 선택할 수 있도록 해야 하며, 내러티브가 뒤로 갈수록 복잡하게 발전되어야 한다.

반면 플레이어가 많은 아이템을 수집하거나 승급하여 강한 캐릭터를 조종하게 될수록 퀘스트 수행이 용이해져 영웅놀이로 기능한다면, 이는 보상 강화형 컴퓨터 게임에 가깝게 되는 것이다. 내러티브가 통상적이라† 생각할 필요가 없을 경우도 보상 강화형 컴퓨터 게임에 가깝다. 퀘스트가 플레이어의 성찰에 의해 선택되는 것이 아니라 경험치나 아이템을 얻기 위해 배치되어 있다면 역시 보상 강화형 컴퓨터 게임에 가깝다.

액션게임은 컴퓨터로 수행되는 일종의 스포츠이다. 이 종류의 게임에서는 컴퓨터를 조작하고 주어진 자극에 빨리 반응하는 기능의 숙달이 중요하다. 따라서 승부가 플레이어의 전술과 숙달된 조작능력에 의해 결정될 때 자기 목적형이다. 또 플레이한 시간, 즉 숙달된 정도에 비례해 더 난이도가 높은 미션이 주어지며 플레이어가 자신과 비슷한 혹은 조금 더 강한 상대와 승부하도록 유도하는 장치가 있어야 자기 목적형이라고 할 수 있다. 반면 플레이를 많이 할수록 손쉽게 살상의 쾌감을 얻을 수 있도록 디자인되어 있거나, 약한 상대를 골라 가며 승부하는 것을 차단하지 않을 경우 보상 강화형 컴퓨터 게

---

* 이는 주로 레벨업(승급)과 아이템의 획득을 통해 이루어진다.

† 빛과 어둠의 싸움, 선과 악의 싸움 등 무성의하고 요식적으로 제시된 줄거리를 들 수 있다.

임에 가깝다.

전략게임에서 플레이어는 컴퓨터 인공지능 혹은 다른 플레이어의 수를 읽고 상황에 따른 최선의 전략을 선택한다. 이러한 게임의 원형은 전쟁 그 자체이며 놀이로서는 체스·장기·바둑 유가 될 것이다 (Pias, 2002). 전략게임에서 가장 중요한 것은 전략과 승률이다. 플레이어가 전략적으로 고려하여야 할 변수들을 다양하게 제공하며 진영 간의 밸런스가 잘 이루어져 있다면 자기 목적형이다. 그러나 몇몇 한정된 필승 전략이 뻔하게 있고 특정 진영을 선택했을 때 승률이 집중적으로 향상하면 자기 목적형이기 어렵다. 여기에 전적과 영토가 일종의 보상으로 기능한다면 보상 강화다.

이를 종합하면 어드벤처 게임에서 자기 목적형·보상 강화형 컴퓨터 게임을 분류할 때 가장 중요한 것은 내러티브이며 액션·전략게임에서는 룰이다. 따라서 어드벤처 장르인 컴퓨터 게임은 내러티브의 기준에 중점을 두어 평가해야 할 것이며 액션게임이나 전략게임은 룰의 기준에 중점을 두어 평가하여야 할 것이다.

이제 우리는 컴퓨터 게임을 몰입대상과 중독대상으로 구별할 수 있는 기준을 구성하기 위한 준비를 거의 마쳤다. 자기 목적적 행위와 보상 강화 행위에서 그 특징을 따 왔으며, 이를 다시 컴퓨터 게임의 여러 장르들의 특성에 맞게 조정할 수 있도록 피아스의 컴퓨터 게임 장르론을 도입하였다.

하지만 이미 컴퓨터 게임 비평이라는 영역이 버젓이 존재하고 있기 때문에 무작정 컴퓨터 게임 선별기준을 들이댈 수는 없으며, 기존의 컴퓨터 게임 비평계에서 걸작 게임을 선발하기 위해 사용했던 기준이 무엇인지 살펴볼 필요가 있으며, 여기서도 얻을 것들이 있으면 얻어야 한다.

다음의 표는 컴퓨터 게임 비평지들 중 권위를 인정받고 있는 'Game Zone'과 'Game Spot'이 사용하는 게임 평가기준을 합하여 재구성한 것이다. 여기서 확인할 수 있는 것은 이 평가기준이 크게 룰과 내러티브로 구성되어 있다는 것이다. 이 책에서 지금까지 이론적으로 끌어냈던 기준이 기존 게임 비평계에서 자생적으로 사용되고 있었던 것이다. 난이도·멀티플레이는 룰에 해당되고 사운드·그래픽·내러티브는 내러티브 척도에 해당된다. 인터페이스는 일종의 기술적 기준이다.

Game Zone, Game Spot 의 게임 평가기준

평가항목		내용	지표
게임플레이	난이도	싫증을 느낄 정도도 아니고, 의욕을 꺾을 정도도 아닌 난이도를 가지고 있는가?	1에서 10까지 포인트를 매겨 평균을 내서 9.x=걸작/ 8.x=훌륭함/ 7.x=할 만함/ 6.x 이하=플레이 가치 없음
	인터페이스	플레이하는 것이 번거롭지 않게 인터페이스는 친절하고 직관적인가?	
	멀티플레이	특정한 플레이어가 일방적으로 유리하지 않도록 밸런스는 잘 맞는가?	
예술성	사운드	게임의 내용·목적과 부합하면서도 미적인 가치가 있는 음악·음향이 제공되는가? 그러나 그것이 시스템 리소스를 너무 많이 사용해 보편적 사양의 컴퓨터에서 작동이 어렵지는 않은가?	
	그래픽	게임의 배경·세계관을 잘 표현하면서 미적 가치가 있는 그래픽이 제공되는가? 그러나 그것이 시스템 리소스를 너무 많이 사용해 보편적 사양의 컴퓨터에서 작동이 어렵지는 않은가?	
	내러티브	스토리 전개는 부드러우면서도 흥미로운가? 플레이어의 사용 방식에 따른 다양한 스토리 전개와 엔딩이 준비되어 있는가?	
독창성	룰	게임 진행 방식과 규칙은 안정적이면서도 기존의 게임들과 차별적인가?	
	내러티브	스토리 전개가 기존 여러 게임을 플레이했던 사람들에게도 참신하게 받아들여질 수 있는가?	

*자료: www.gamezone.com, www.gamespot.com

게임 학습 이론에 대한 많은 책을 펴낸 엘－샤미(El－Shamy, 2001) 역시 게임 평가를 위한 측정자를 제공하였다. 그의 게임 평가기준은 컴퓨터 게임뿐 아니라 모든 게임을 대상으로 하고, 교육적 효과만을 중요시하고 있다는 한계를 가지기 때문에 모두 활용할 수는 없다. 그러나 '게임 가치' 부분을 따로 발췌하면 다음과 같이 참고할 만한 척도를 얻을 수 있다. 여기에는 룰과 내러티브의 기술적 구조뿐 아니라 그것이 도전할 만한 것인가 하는 것이 추가되어 있다.

엘－샤미의 게임 측정자

문항	지표
1. 내용과 목적과 디자인이 서로 잘 맞는가? 2. 의미 있는 도전을 제공하는가? 3. 다양성을 확보하고 있는가? 4. 객관적이고 확인 가능한 결과가 있는가? 5. 승리하기 위한 전략이 적절한가? 6. 다양한 플레이어가 참여할 수 있는가? 7. 재미의 요소가 잘 배치되어 있는가? 8. 피드백은 즉각적인가?	항목별로 0=awful, 1=poor, 2=fair, 3=good, 4=excellent

*자료: El－Shamy, 2001, p.97.

이 두 가지 기존 측정자들의 공통되는 부분은 게임의 룰과 내러티브가 얼마나 도전적인가 하는 것을 가장 중요한 평가 요소로 삼고 있다는 것이다. 다만 이들은 '그 게임의 내러티브는 몰입할 만한가?' 하는 식의 직접적인 물음을 던짐으로써 순환논리에 빠지고 있다. 예컨대 엘－샤미 측정자의 '의미 있는 도전을 제공하는가?'와 같은 질문이 그것이다. 이는 게임 룰에 대한 구조적 분석을 통하여 보다 구체적인 질문으로 바뀌어야 할 것이다.

이제 마침내 우리는 컴퓨터 게임을 몰입대상과 중독대상으로 선별할 수 있는 지점에 도달하였다. 우리가 앞에서 구성한 이론적인 바탕에다가 기존의 게임 평가기준을 참고하게 되면 이러한 기존의 평가 도구들을 활용하면서 동시에 앞의 이론적 배경에서 제시하였던 룰 디자인의 기준, 내러티브 구성의 세세한 기준을 적용하여 구성한 새로운 컴퓨터 게임 평가기준을 세워 보면 아래의 표와 같다.

이 평가기준의 윗부분은 자기 목적성의 기준이며 아랫부분은 보상 강화성의 평가기준이다. 이 기준은 비록 척도(scale)의 형태를 취하고는 있지만 정량적 측정에 사용할 수 있는 척도는 아니다. 이 기준은 컴퓨터 게임의 룰과 내러티브의 구조적 특징을 주관적으로 기술한 뒤 점수화하는 것이며, 숫자는 단지 분류적 의미만 가진다. 또 이 연구의 목적도 어떤 게임의 자기 목적성 혹은 중독성의 절대적 정도를 측정하는 것이 아니라 몰입과 중독이라는 차별적 효과를 가지는 컴퓨터 게임들을 선별하는 것이다. 이런 이유 때문에 척도의 지수는 0과 1의 범주화되는 값을 가진다. 만약 게임의 자기 목적성 혹은 보상 강화성의 정도에 따른 특정 효과의 변화를 알아보고자 하는 연구라면 이 척도의 지수를 4점 이상으로 고쳐 사용하여야 한다.[*]

---

[*] 이 경우에는 타당도와 신뢰도를 보강하여야 할 것이다.

컴퓨터 게임 선별을 위한 평가기준

자기목적성 평가기준	**내러티브 평가기준** 1. 플레이어는 내러티브가 진행됨에 있어 영향을 줄 수 있는 중요한 인물이 되는가? 2. 내러티브가 지정된 직선이 아닌 웹 형식으로 흩어진 다양한 스토리를 재구성하는가? 3. 플레이어는 게임을 하면서 현재 내러티브가 진행되고 있는 가상 세계의 여러 현상과 여기에 필요한 지식과 법칙 등을 학습할 수 있는가? 4. 플레이어가 게임 속에서 한 행동에 따른 납득할 만한 다양한 결말이 준비되어 있는가? 5. 결말은 플레이어에게 하나의 문학작품을 완성시켰다는 심미적 쾌감을 제공하는가? 6. 플레이어가 활동하게 된 상황 설정이 충분한 사전 서사를 통하여 제시되어 있는가? 7. 게임이 이루어지는 배경에 대한 서사적인 설정이 충실하게 이루어져 있는가? 8. 그래픽이 시각적 즐거움뿐 아니라 내러티브와 게임이 진행되는 세계를 잘 묘사하는가? 0=아니다 9. 배경음악은 특정한 정서(공포 등)를 증폭시키는 역할이 아니라 게임이 진행되고 있는 세계를 잘 표현하고 있는 악곡으로 간주할 수 있는가? 1=그렇다 **룰 평가기준** 1. 어떤 진영 어떤 캐릭터를 선택하더라도 승률은 일정한가? 2. 선택한 진영, 캐릭터 그리고 상황에 따라 다양한 승리전략이 제공되는가? 3. 게임을 플레이해 나가면서 점차 숙달되어 나가도록 난이도가 배치되어 있는가? 4. 게임에 숙달되면 숙달될수록 더 어려운 과제를 해결해 나가도록 되어 있는가? 5. 같은 유형의 게임에 숙달된 플레이어가 쉽게 적응할 수 있고도 참신성을 느낄 수 있는가? 6. 게임의 룰이 모순 없이 분명하여 플레이어가 게임 결과에 대해 납득할 수 있는가? 7. 플레이하는 과정 속에서 게임의 룰을 이해할 수 있도록 구성되어 있는가? 8. 플레이어의 선택에 따라 즉각적이고 확인 가능한 피드백과 결과가 제공되는가?
보상강화성 평가기준	1. 아이템이나 경험치를 수집하는 상황이 많으나 수집한 아이템이나 경험치가 전체 내러티브에서 별 역할을 하지 않는다. 2. 전투 장면에서 파괴·살상의 효과는 매우 과장되게 표현되고 나머지 부분은 구색만 맞게 표현되지만 정작 전투 자체는 어렵지 않다. 3. 누가 더 많은 시간을 게임 속 세계에서 머물렀는가에 따라 승률이 결정된다(전략게임의 경우 더 많은 병력). 4. 게임 플레이보다 게임 속에서 채팅하기 위한 인터페이스가 더 많이 개발되어 있다. 5. 더 많은 경험치를 수집하여 레벨이 올라가고, 더 많은 아이템을 모아도 맞서야 할 게임 속 상대는 그만큼 강해지지 않아서 매우 손쉽게 다루게 된다(전략게임의 경우 자원의 수집과 유닛의 개량). 6. 내러티브는 직선적이거나 아니면 형식적이고 관습적으로 주어진다. 7. 전투나 탐색보다 아이템 수집에 더 많은 시간을 할애하도록 되어 있다(전략게임의 경우 자원의 수집). 8. 플레이어에게 별 의미 없는 다양한 서열과 등급을 부가하여 대리만족을 느끼도록 한다. 9. 세계나 캐릭터는 비현실적이면서 고통과는 무관한 예쁘고 귀여운 모습으로만 나타난다. 10. 플레이어의 전적이 대결의 수준이나 상대방의 레벨 등과 무관하게 누적된 승패로만 기록되거나 정기적인 리셋이 없어 계속 누적된다.

표의 상단에 자리 잡은 자기 목적성 평가기준은 룰의 점수와 내러티브의 점수로 나누어 측정하도록 구성되어 있다. 이는 장르를 고려하기 위해서다. 대상 게임이 전략게임이나 액션게임인 경우 줄거리보다는 승부가 중요한 유형이기 때문에 룰이 중요시되어야 한다. 따라서 룰의 점수가 높을수록 그 게임은 자기 목적형 게임의 이념형에 가까운 것으로 간주된다. 반면 어드벤처 게임은 승부보다 가상의 세계를 만들어 나가고 서사를 만들어 나가는 것이 중요한 게임이기 때문에 룰 점수보다 내러티브 점수가 중요하다. 따라서 내러티브의 점수가 높을수록 자기 목적형 게임에 가까운 것으로 간주된다. 이러한 요소들을 측정한 뒤 이를 백분율로 환산한 수치를 자기 목적성 점수로 할 것이다.

표의 하단은 보상 강화성을 평가하기 위한 기준이다. 보상은 컴퓨터 게임의 장르가 무엇이든 간에 결국은 손쉬운 승리와 정서적 효과이기 때문에 장르를 고려할 필요가 크지 않다. 따라서 룰과 내러티브로 구분하지 않고 단일한 기준으로 구성하였다. 이 기준은 소극적 강화 중독에 해당되는 의존대상의 갈구와 수집벽을 특히 중요시하였다. 컴퓨터 게임에서 의존대상은 투사 가능한 게임 속 캐릭터들 혹은 게임에서 만나게 되는 익명의 다른 플레이어들이다. 따라서 게임 플레이 자체보다 이런 관계들이 더 중요시될수록 보상 강화형 컴퓨터 게임에 가깝다고 볼 수 있을 것이다. 컴퓨터 게임에서 수집대상은 경험치(레벨), 승률, 아이템 등이다. 따라서 게임 플레이 자체보다 이런 것들의 수집이 더 중요시되면 보상 강화형 컴퓨터 게임에 가까울 것이다. 이러한 요소들을 측정한 뒤 이를 백분율로 환산한 수치를 보상 강화 점수로 한다.

이 평가기준의 사용 방법은 다음과 같다.

먼저 자기 목적성 평가기준을 백분율로 환산한다. 룰의 득점이 백분율로 환산하여 70점이 넘는 액션게임이나 전략게임, 내러티브의 득점이 70점 이상인 어드벤처 게임은 자기 목적성이 높은 컴퓨터 게임으로 분류된다. 70점을 기준으로 삼는 이유는 미국의 권위 있는 게임비평 잡지들인 『Game Zone』, 『Escape Magazine』, 『Game Spot』 등이 모두 70% 이상 득점할 경우 'Good Game'이라는 평가를 주기 때문이다. 'Good' 등급 이상의 게임이 필요한 이유는 이 연구의 목적이 자기 목적형 게임과 보상 강화형 게임의 차별적 효과를 확인하고자 하는 것이기 때문에 중간 값보다는 고득점 게임이 필요하기 때문이다. 같은 절차로 보상 강화성 점수가 70점이 넘는 컴퓨터 게임은 보상 강화성이 높은 컴퓨터 게임으로 분류된다. 70점을 기준으로 삼은 이유는 영(1998)의 사이버 중독증 진단 기준이 70%임을 감안했기 때문이다.

다음은 연구 대상 컴퓨터 게임들의 자기 목적성 점수와 보상 강화점수를 서로 비교한다. 두 항목 어느 것도 70점이 되지 않는 컴퓨터 게임은 '무등급'으로 분류할 것이다. 이런 게임은 재미도 중독성도 없어 시장에서 곧 퇴출될 가능성이 크다. 따라서 연구 가치가 크지 않다. 두 항목 모두 70점이 넘는 컴퓨터 게임은 '양가적' 등급을 매겨 일단 이 연구의 대상에서는 제외한다. 이를 제외하는 것은 연구 가치가 없어서가 아니라 컴퓨터 게임의 자기 목적성과 보상 강화성이 몰입과 중독에 미치는 차별적 영향을 규명하려는 이 연구의 목적상 분석적 의미가 적기 때문이다.

자기 목적성 점수가 70점이 넘고 보상 강화성 점수가 70점 미만인 컴퓨터 게임, 그리고 보상 강화성 점수가 70점이 넘고 자기 목적성 점수가 70점 미만인 컴퓨터 게임이 이 연구에서 분석적 의미를 가진다. 이는 각각 자기 목적형 컴퓨터 게임과 보상 강화형 컴퓨터 게임으로 분류될 것이다.

이제 남은 과제는 보상 강화형 컴퓨터 게임이 실제로 컴퓨터 게임 중독 경향을 높이면서 몰입은 제공하지 않고, 자기 목적형 컴퓨터 게임은 몰입 경험을 제공하면서 중독은 되지 않는다는 것을 경험적 자료를 통해 증명하는 것이다. 이를 위해 필자는 2003년 4~7월에 걸쳐 900여 명의 청소년들을 대상으로 자료를 수집하여 이를 통계적으로 검증한 바 있다. 그 검증 결과는 필자가 이 책보다 먼저 출간한 전문 학술서를 통해 충분히 제시했지만, 일반 독자들을 대상으로 한 이 책에 실을 만큼 흥미 있는 내용은 아니기 때문에 간략하게 그 결과만 제시한다.

다음은 청소년들의 몰입과 컴퓨터 게임 중독에 영향을 주는 여러 변인들을 회귀분석한 결과이다. 이 결과가 통계적으로 의미를 가지기 위해 필요한 더 많은 수치들이 제시되어야 하지만, 이 책의 취지에 어긋나기 때문에 그 부분을 참고하고 싶은 독자는 이 책의 학술판을 참고하기 바란다.

표의 가장 좌측에는 변인들의 목록이 제시되어 있으며 우측에는 각 최적경험과 중독경향에 이 변인들이 끼친 영향력이 수치화되어 있다. B열의 수치들은 회귀계수 값으로 각 변인이 최적경험과 중독경향에 미치는 영향력의 기울기를 보여 준다. 기울기가 양수이면 긍정적인 영향을 주는 것이며 음수이면 부정적인 영향을 주는 것이다. 회귀계수 값 뒤에 붙은 * 표시는 이 계수 값이 통계적으로 유의미하다는 뜻이다. beta는 각 계수의 상대적인 영향력 정도를 표시한 것으로 이들의 합은 1이 된다.

이제 각 변인이 최적경험(몰입)과 중독경향에 미친 영향력을 살펴보도록 하자.

몰입과 중독증에 영향을 주는 변인들의 회귀분석 결과

독립변인	최적 경험		중독경향	
	B	Beta	B	Beta
상수	(-2.757)		(18.267**)	
가족 상호작용 분리 정도	-.990	-.022	4.116**	.142
가정의 경제력	-.108	-.003	-.515	-.024
보상 강화 게임 사용 정도	1.209	.033	7.347**	.314
부모의 학력	2.599*	.078	.832	.039
성별(여 = 0 남 = 1)	17.092**	.339	7.303**	.224
학업 스트레스	1.637	.039	4.925**	.183
어른들로부터 얻는 게임 정보	3.418*	.084	3.090**	.118
가정에 설치되니 인터넷 성능	-1.022	-.042	-.180	-.012
자기 목적적 게임 사용 정도	17.531**	.321	-8.465**	-.240
사용하는 컴퓨터 성능	1.378*	.057	1.127*	.071

(* p<.05. ** p<.01)

먼저 최적경험에 미친 영향을 보면 자기 목적적 컴퓨터 게임의 활용 정도, 성별(+값일 경우 남자), 부모의 학력, 어른이 주는 게임 정보, 그리고 컴퓨터 성능이 +의 값을 가지며 통계적으로 유의미함을 알 수 있다. 따라서 자기 목적적 컴퓨터 게임을 많이 할수록, 남자일수록, 부모의 학력이 높을수록, 어른들이 게임에 대한 정보를 많이 줄수록, 그리고 사용하는 컴퓨터의 성능이 우수할수록 컴퓨터 게임을 통해 몰입을 경험할 가능성이 크다고 말할 수 있다.

다음으로 중독경향에 미치는 영향을 보자. 상수항, 가족 상호작용 분리 정도, 보상 강화 컴퓨터 게임 사용 정도, 학업 스트레스, 성(남자일수록), 어른이 주는 게임 정보, 사용하는 컴퓨터의 성능이 +의 값을 보이면서 유의미한 것으로 나타났다. 반면 자기 목적적 컴퓨터 게임 사용 정도는 −값을 보이면서 유의미한 것으로 나타났다.

따라서 자기 목적적 컴퓨터 게임은 몰입에 영향을 주고, 보상 강화 컴퓨터 게임은 중독에 영향을 준다는 것이 증명되었다. 또 보상 강화 컴퓨터 게임은 몰입에 영향을 주지 않으며, 자기 목적적 컴퓨터 게임은 도리어 중독경향을 줄이고 있음도 확인되었다. 이로써 컴퓨터 게임에는 몰입, 중독 두 종류가 있으며, 앞에서 개발했던 평가기준을 통해 두 종류의 컴퓨터 게임을 선별할 수 있음이 입증되었다.

● 녹스(Nox)

지금은 존재하지 않는 웨스트우드 스튜디오가 개발한 단 하나뿐인 RPG 인 녹스는 단순하면서도 빼어난 수작이다. 이 게임 에는 발더스게이트나 플레 인스케이프 같은 장대한 서사는 없다. 줄거리는 매우 단순해서 괴물들을 무찌르고, 그 우두머리인 마녀 헤쿠바를 무찌르는 것이다. 이 작품의 장점은

스포츠처럼 신나게 즐기는 모험: 녹스

액션게임을 연상시킬 정도의 빠른 속도와 절묘한 밸런스다. 플레이어 는 숨 가쁠 정도의 속도 속에서 민첩하고 정확하게 키보드를 조작하며 전투에 임해야 한다. 때로는 배경이 판타지가 되고 총 대신 마법이나 칼을 든 FPS게임처럼 느껴지기도 한다. 이 게임을 특히 각광받게 만든 것은 플레이어들끼리의 대결이 가능하다는 것이다. 플레이어는 전사, 마법사, 소환술사 중 하나를 선택하여 서로 대결을 벌이는데 세 직업 들은 매우 개성이 강하면서 밸런스도 잘 맞아서 어느 직업을 선택하더 라도 승률에 차이가 나지는 않는다.

제8장

컴퓨터 게임 중독증의 치료

지금까지 컴퓨터 게임을 자기 목적형 컴퓨터 게임과 보상 강화형 컴퓨터 게임으로 분류한 뒤, 이 중 보상 강화 컴퓨터 게임을 게임 중독증의 대상으로 보고, 이런 종류의 게임을 가려낼 수 있는 선별기준을 개발하고, 그 타당성을 검증하였다.

이제 본격적으로 컴퓨터 게임 중독증의 발병 모형을 세우고 치료 전략을 모색해 보자. 이를 위해 우선 중독대상인 보상 강화형 컴퓨터 게임에 대해 다시 한 번 정리해 보자. 보상 강화 컴퓨터 게임은 난이도가 낮고 특별한 숙달을 요구하지 않으나 정서적 보상은 큰 게임이다. 이런 유형의 컴퓨터 게임을 한마디로 요약하자면 행위자가 욕구하는 것을 쉽게 주는 게임이라고 할 수 있다.

바로 이 점에서 중독대상과 몰입대상은 결정적으로 구별된다. 몰입할 때 플레이어나 감상자는 팽팽한 긴장감을 즐기며 이 자체를 보상으로 여긴다. 그러나 보상 강화형 컴퓨터 게임은 활동 외부에서 보상이 주어지며, 보상 획득 과정은 최소화된다. 이는 플레이어와 게임의 룰이 상호작용하지 않고 보상만 많이 준다는 의미다. 또 이미 익숙해 탐색이 필요 없는 내러티브를 통해 진정·위안·대리만족 같은 정서적 보상을 증폭시킨다.

그러나 청소년이 보상 강화형 게임에 접속한다고 바로 중독이 진행되는 것은 아니다. 이는 향정신성 의약품을 자주 접한다고 해서 마약 중독에 걸리지 않고, 경마장이나 경륜장에서 근무한다고 해서 도박 중독증에 걸리지 않는 것과 마찬가지다. 중독증은 이미 중독 욕구를 보유하고 있으면서 중독대상과 접촉할 때 성립된다(Hart, 1990). 따라서 청소년의 게임 중독증을 파악하기 위해 중독 욕구의 근원을 추적할 필요가 있다.

▐▌ 컴퓨터 게임 중독증 발병 및 치료 모형

컴퓨터 게임 중독증, 특히 청소년의 컴퓨터 게임 중독증에 대한 연구들에서 일관되게 나타나는 현상은 청소년의 낮은 사회적 지지가 중독경향을 높인다는 것이다(Young, 1998; 조아미·방희정, 2003). 특히 이 중 가장 중요한 것은 부모의 지지다. 부모의 지지가 낮아질수록 청소년의 중독경향은 높아진다. 물론 이 연구 결과들은 사회적 지지라는 변인이 게임 중독경향의 3.1%만 설명한다는 치명적인 제한점을 가지고 있다(조아미·방희정, 2003, p.265). 그러나 필자는 여기에 보상 강화형 컴퓨터 게임 사용 정도를 추가하면 설명력이 30.9%로 높아진다는 것을 밝힌 바 있다(권재원, 2004). 즉, 사회적 지지가 낮은 상태에 처한 청소년이 보상 강화형 게임에 접촉하면 컴퓨터 게임 중독증이 성립된다는 것이다. 또 이는 가족 상호작용과 학업 스트레스가 청소년의 중독 욕구에 정적 영향을 준다는 약물중독 연구와도 상통한다(이윤로, 1997).

가족 상호작용은 지나치게 높거나(밀착) 낮을(분리) 경우 중독의 트리거로 작용한다. 가족 상호작용이 분리된 가족은 상호작용이 거의 없거나 부정적으로 일관하여 정서적 안정을 기대하기 어려운 가족이다. 이 경우 청소년은 정서적으로 고독과 외로움을 느끼며, 이를 해결해 줄 수 있는 다른 대상에서 안정과 위안을 찾고, 소극적 강화 중독에 빠져들 가능성이 크다.

밀착된 가족은 너무 밀도 높은 상호작용이 이루어져 청소년이 갑갑함이나 무료함을 느끼는 가족이다. 이때 청소년은 자신만의 짜릿한 세계를 꿈꾸며 적극적 강화 중독에 쉽게 빠진다. 분리된 가족은 가족 간의 상호작용이 거의 없거나 부정적 상호작용으로 일관하는 것이다. 이럴 경우 청소년은 위로와 연대의 대상을 갈구하게 되며, 소극적 강화 중독에 빠져든다(Hawkins, 1987: 37-42).

학업 스트레스 경우 학교나 가정에서 요구하는 성취 과제와 청소년이 스스로 생각하는 자신의 능력 사이의 괴리감에서 주로 야기된다. 이 괴리감이 지나치게 크고, 또 이러한 상태가 장기간 누적되면 소극적 강화 중독의 트리거로 작용한다(이경숙·김정호, 2000). 실제로 초등학교 때부터 학원에 다니면서 성적 강박증에 시달리고 있는 우리나라 청소년들은 이런 스트레스 상태가 수년에서 십 년까지 누적되어 있을 가능성이 높다.

이러한 점들을 종합적으로 고려해 본다면 가족 상호작용이 과밀착 혹은 분리되어 있고 학업 스트레스가 높은 청소년이 보상 강화형 게임과 접촉하면 컴퓨터 게임 중독증을 유발할 가능성이 높을 것이라

예상할 수 있다. 이러한 모든 변인들을 종합하여 우리는 다음의 그림과 같은 컴퓨터 게임 중독증의 발병 모형을 작성할 수 있다.

컴퓨터 게임 중독증 발병 모형

이는 청소년의 게임 중독증이 가족·학업·게임유형에 의해 주로 야기되고, 가족·학업에서 비롯된 심리적 중독 욕구 상태가 특정한 유형의 보상 강화 컴퓨터 게임에 접촉함으로써 중독증이 유발됨을 보여 주고 있다.*

컴퓨터 게임 중독증의 모형을 수립하였으면, 바로 여기에 따라 치료를 위한 개입 전략을 수립할 수 있다. 이미 앞에서부터 계속되어 반복되는 이야기지만 가족들의 지지 부족, 높은 수준의 학업 스트레스와 함께 보상 강화라는 특정 유형의 게임이 중독증의 원인임을 여러 차례 확인하였다. 따라서 컴퓨터 게임 중독증을 치료하고자 한다면 이러한 원인 변인들에 대한 근본적인 처치가 이루어져야 할 것이다.

그런데 기존의 청소년 컴퓨터 게임 중독증 치료전략들은 이런 원

---

* 이와 비슷한 이유에서 최근 업무 스트레스와 대인 스트레스에 시달리는 성인 직장인들의 트위터 중독증 등의 가능성도 조심스럽게 제기해 볼 수 있다.

인 변인들에 대한 처치보다는 사실상 게임을 금지시키거나 플레이 시간을 줄이는 데 주된 관심을 기울인 한계가 있다. 청소년과의 충돌을 조금 더 우려하는 치료전략이라고 해 봐야, 게임 시간을 줄이도록 약속하거나, 컴퓨터를 가족 모두가 볼 수 있는 곳에 둔다거나 하는 등의 방법만이 제시될 뿐이었다.

문제는 컴퓨터 게임을 금지하거나 제한함으로써 중독증을 치료 및 예방하고자 한다면 이는 오히려 더 심각한 세대 간의 문화갈등을 야기할 수 있다는 점이다. 요즘과 같은 IT가 거의 수족처럼 느껴지는 청소년들을, 그것도 하루 종일 학업에 시달리다가 늦은 밤에야 비로소 자신의 수족 같은 컴퓨터 앞에 앉은 청소년들을 어떻게 떼어 놓을 수 있겠는가? 청소년을 컴퓨터 앞에서 떼어 놓으려는 직접적인 개입은 큰 효과를 보기 어렵다. 더구나 심야까지 학업에 시달리는 청소년들은 대부분 다른 가족 구성원보다 취침시간이 늦다. 또 사방에 널린 것이 PC방이며 컴퓨터다. 따라서 청소년을 컴퓨터에서 떼어 놓으려는 시도는 번번이 실패하고 말 것이다. 심지어 컴퓨터 게임을 하기 위해 등교하는 대신 PC방으로 가는 청소년들의 사례도 드문 일이 아니다. 따라서 청소년이 스스로 중독증에서 벗어나도록 만드는 새로운 치료전략이 필요하다.

이 책에서 지금까지 제시한 컴퓨터 게임 중독 모형과 몰입 컴퓨터 게임과 중독 컴퓨터 게임을 구별하기 위한 기준은 바로 이러한 목적에 부합되는 중요한 사실을 일깨워 주고 있다. 확인한 바와 같이 컴퓨터 게임 중독증은 보상 강화 컴퓨터 게임에 중독 욕구가 있는 청소년들이 접근함으로써 유발된다. 그리고 이 중독 욕구는 크게 가족 상호작용의 왜곡, 학업 스트레스에서 유발된다. 그렇다면 컴퓨터 게임 중독증의 치료도 막연히 게임을 제한·금지할 것이 아니라 이러한 원인들에 대한 면밀한 진단을 한 다음에 이루어져야 할 것이다.

다음의 표는 컴퓨터 게임 중독증의 유발 원인에 따른 가능한 치료 전략을 정리해 본 것이다. 특히 컴퓨터 게임 중독증의 유발 원인이 가족 상호작용이나 학업 스트레스 때문에 중독 욕구가 형성되어서인지 아니면 보상 강화 컴퓨터 게임에 지나치게 자주 접속해서인지를 구별해야 한다. 만약 전자의 이유로 인해 컴퓨터 게임 중독증에 걸린 것이라면, 게임의 문제가 아니라 먼저 가족·학업과 관련한 문제부터 해소시켜야 할 것이다. 이 경우 만약 컴퓨터 게임을 차단하면 중독증이 치료되는 것이 아니라 또 다른 중독대상을 찾아다닐 것이기 때문이다.

또 특별한 중독 욕구는 없지만 보상 강화형 컴퓨터 게임에 장시간 노출되거나 혹은 보상 강화형 컴퓨터 게임은 아니지만 플레이 방식이 보상 강화적(수동적 여가로 활용)인 경우라면 자기 목적형 컴퓨터 게임을 권장하거나 플레이 방식의 변경을 유도해야 할 것이다.

컴퓨터 게임 중독증의 원인에 따른 처치

중독증 발병 원인	가능한 처치
가족 상호작용	가족 상호작용 개선
학업 스트레스	학업 스트레스 저감
보상 강화형 컴퓨터 게임에 지나친 노출	자기 목적형 컴퓨터 게임 권장
보상 강화적 플레이의 지나친 지속	플레이 방식의 변경

필자는 이 중에서 보상 강화형 컴퓨터 게임에의 노출 시간을 줄이고 보상 강화적 플레이 방식을 변경함으로써 청소년의 컴퓨터 게임

중독증을 경감시키는 치료전략을 제안한다. 앞에서 확인한 바와 같이 자기 목적형 컴퓨터 게임은 단지 비중독적인 것이 아니라 오히려 반중독적이기까지 하다는 점에 착안한 것이다. 즉, 자기 목적형 컴퓨터 게임은 중독 성향을 감소시킴으로써 컴퓨터 게임 중독증을 예방 내지는 치료할 수 있으리라 기대할 수 있다.

이것은 매우 고무적인 결과를 기대할 수 있는 치료전략이다. 컴퓨터 게임 중독증의 치료에 컴퓨터 게임을 사용할 수 있기 때문이다. 따라서 이 치료전략을 적용하기 위한 진단은 청소년의 컴퓨터 게임 플레이 시간이 얼마나 긴가보다는 청소년이 자기 목적 · 보상 강화 중 어느 유형을 주로 사용하는가, 그리고 수동적 · 능동적 여가활동 중 어느 용도로 컴퓨터 게임을 사용하는가에 주된 관심을 기울여야 한다. 그래서 중독 증세를 보이는 청소년들에게 보상 강화형 컴퓨터 게임 대신 자기 목적형 컴퓨터 게임을 주로 사용하도록 지도하고, 플레이 방식 역시 보다 도전적이고 능동적이 될 수 있도록 지도한다면, 컴퓨터 게임 중독증의 치료나 완화를 충분히 기대할 수 있는 것이다 (권재원, 2004; Bergmann, 2001).

이러한 새로운 컴퓨터 게임 중독증 치료방식은 그냥 직관적으로 구성한 것이 아니라 약물중독 치료방법 중 대체재(substitutes) 혹은 길항제(antagonist)를 사용하는 것이 있는데, 이것을 컴퓨터 게임 중독증 치료에 응용한 것이다.

대체 · 길항제 요법이란 마약 중독 환자에게 위험한 마약 대신 유해성이 적은 다른 중독대상 혹은 마약의 효과를 상쇄시키는 다른 대상을 제공하는 중독 치료방법이다(Tucker et al., 1992; Cooper et al, 1995). 가장 가까운 예로는 담배를 끊으려는 사람들이 흔히 사용하는 무니코틴 담배 같은 것을 들 수 있다.

따라서 보상 강화형 컴퓨터 게임을 일종의 마약으로 간주할 경우, 그것과 길항적인 관계에 있는 다른 유사 활동을 권장함으로써 이를 치료할 수 있는 것이다. 그리고 여기에는 중독증에 부정적 영향을 주는 것이 앞에서 이미 검정된(권재원, 2004) 자기 목적형 컴퓨터 게임을 길항제나 대체재로 제공하는 것이 가장 바람직하다.

그러지 아니하고 컴퓨터 게임에 중독된 청소년에게 다른 종류의 활동을 권장해 봐야 마지못해 하거나, 심각한 금단현상을 보여 좋지 않은 예후를 보이거나 도리어 세대갈등만 심각해질 것이다. 그러나 컴퓨터 게임에 중독된 청소년에게 다른 종류의 컴퓨터 게임을 제안한다면 일단 치료에 응할 가능성이 더 크고, 세대갈등이나 문화 충돌의 우려도 더 적을 것이다.

물론 청소년들이 주로 사용하는 컴퓨터 게임유형을 교체하거나 플레이 방식을 개선하는 것만으로 중독증의 치유가 이루어지는 것은 아니다. 중독증은 선천적인 두뇌회로의 이상, 각종 수용계의 이상에서 야기될 수도 있고, 가족 상호작용과 학업 스트레스에도 많은 영향을 받는다. 따라서 효과적인 컴퓨터 게임 중독증의 치료를 위해서는 가족 상호작용 개선, 학업 스트레스 저감, 그리고 필요하다면 생물학적 요법과 함께 게임유형 교체전략을 병행할 필요가 있다.

● 시드마이어의 문명(Sid Meier's Civilization)

컴퓨터 게임과 교과서를 결합시킬 수는 없을까? 이는 자녀를 교육하는 모든 부모들의 희망일 것이다. 그런데 흥미진진한 게임과 역사 교과서, 심지어는 역사 백과사전을 함께 구현한 컴퓨터 게임이 있다. 바로 컴퓨터 게임의 모차르트라 불리는 시드마이어가 제작한 문명 시리즈다.*

국가를 경영하며 인류의 역사를 체험한다:
문명 시리즈

이 작품은 기본적으로 턴 방식의 전략게임이다. 플레이어는 신석기 시대 지구상에서 랜덤으로 주어지는 어느 지역의 작은 마을 하나에서 게임을 시작한다. 플레이어는 마을 주변의 지형을 개간하고 문명을 발전시켜 빠르게 현대까지 도달하여야 한다. 또 새로운 도시를 건설하여 국가의 영토를 늘려 나가고 이를 바탕으로 국력을 늘려 나가야 한다. 도시를 건설할 때는 막무가내 건설하는 것이 아니라 다른 도시와의 교통, 주변의 지형과 자원, 개간가능성 등 여러 지리학적 조건을 신중하게 고려하여야 한다.

이렇게 영토를 넓혀 나가다 보면 다른 나라와 접촉하게 된다. 다른 나라들과는 전쟁을 하거나, 무역이나 외교관계를 통해 이익을 극대화하여야 한다.

이 게임에서 승리하기 위해서는 다른 나라들보다 압도적인 강대국이 되어야 하며, 강대국이 되기 위해서는 보다 효율적이고 빠르게 문명을 발전시켜야 한다. 이 문명 발전의 요소와 순서는 실제 인류 역사와 거의 흡사하며, 필요한 경우는 백과사전 기능을 제공하여 그 단계에서 요구되는 문명과 기술이 무엇인지 상세한 설명을 제공한다.

---

* 현재 4판까지 발매되고 있다.

이렇게 이 게임은 한 편의 장대한 시청각 역사교과서와 같은 기능을 한다. 그런데 이 역사교과서는 단지 수동적으로 바라보는 역사가 아니라 실제로 참여하고 국가를 경영하는 역사다. 그렇다고 이 게임이 교육적이기만 한 것은 아니다. 전략게임으로서 이 게임은 대단히 재미있는 게임이기도 하다. 이와 유사한 게임으로는 삼국지 시리즈를 제작한 일본 고에이 사의 <대항해 시대> 시리즈가 있다. 최근 이 게임의 5편이 발매되어 선풍적 인기를 끌고 있으며, 네티즌들 사이에서는 "문명하십니까?"라는 인사말까지 나돌고 있다.

제9장

컴퓨터 게임 중독증 치료 사례

이제부터는 이 책에서 소개한 컴퓨터 게임 중독증의 모형과 몰입·중독 컴퓨터 게임 선별기준을 응용한 상담과 치료 사례를 소개하고자 한다. 물론 필자는 전문적인 상담치료사도 아니고 정신과 의사도 아니다. 따라서 이 치료 사례를 과장할 생각은 전혀 없다. 그러나 어느 정도 효과를 본 것은 사실이며, 청소년의 컴퓨터 게임 중독증 때문에 고민하고 있는 교사나 부모들에게 상당한 시사점은 줄 수 있다고 생각한다.

사실 여기서 소개하고 있는 사례들은 약 7년 정도 지난 사례들이다. 이렇게 시간이 좀 지난 사례를 소개하는 까닭은 여기에 소개된 사례의 청소년들이 지금은 대학교 4학년으로 문제없이 건실한 청년으로 성장해 있는 상태이며, 따라서 개입의 효과를 최종적으로 확정할 수 있기 때문이다.

❙❙ 사례들에 대한 개관

여기에 소개하려고 하는 사례들은 2004년 4월 1일부터 2004년 7월 10일 사이 필자가 직접 참여했던 게임 중독증 의심 청소년의 상담치료 사례들이다. 당시 필자가 참여했던 사례들은 모두 아홉 건이었으나 이 중 다섯 건은 진단척도(Young, 1998; 정보문화진흥원, 2002)로 측정한 결과 컴퓨터 게임 중독증이라고 보기 어려웠기 때문에 제외하고, 나머지 4개의 사례를 여기에서 소개하고자 한다. 각 사례의 개요는 다음과 같다. 여기서는 사례의 간단한 줄거리만 소개하고, 보다 자세한 사항은 다음 장에서 밝히기로 하자.

사례 1

A는 평소 학업 성적은 부진하였으나, 담임교사에게 붙임성이 좋고 성실한 학생이었다. 그런데 2004년 4월부터 A가 졸거나 지각하는 사례가 점점 많아졌다. 처음에는 각종 유행성 전염병의 증상을 보였기 때문에 담임교사는 쉽게 조퇴를 허락했지만, 이후 A의 조퇴는 눈에 띄게 늘어났다. 그 외에도 병원 진료 등을 이유로 지각을 하기도 하는 등 점차 학교에 정상적으로 등교하지 않는 날이 늘어났다. 이렇게 지각과 조퇴가 지나치게 잦아 이를 이상하게 여긴 담임교사는 A의 부모와 통화를 했고, 그 결과 A가 조퇴한 뒤 집에 가지 않고 PC방에서 컴퓨터 게임을 하고 있었음이 확인되었다.

모든 사실을 알게 된 담임교사는 더 이상 조퇴를 허락하지 않았다. 그러나 A는 담임교사의 허락과 무관하게 무단으로 조퇴한 뒤 여러 PC방들을 전전하면서 컴퓨터 게임에 몰두했다. 마침내 4월 중순경 격분한 학부모는 A를 외출 금지시키고, 컴퓨터를 모두 파기하는 등 강력한 조치를 취하였다.

그러나 이는 사태를 더욱 악화시켰다. A는 아예 가출을 단행하여 PC방에서 침식을 잊고 컴퓨터 게임을 하기까지 한 것이다. 그러다가 도리어 PC방 주인의 신고로 붙잡혀 오는 경우도 계속 반복되었다. 마침내 4월 하순, 담임교사, 연구자, 상담사가 A 및 학부모와 함께 상담을 실시했다. … 상담 결과 가족 상호작용을 개선하고 보상 강화 컴퓨터 게임 대신 자기 목적형 컴퓨터 게임을 처방하였다. 6월 하순, 학교생활이 정상적으로 돌아오고 컴퓨터 게임도 절제가 가능하게 되었다(2004년 S중학교 3학년 담임교사, 연구자, 상담사의 상담일지 발췌).

사례 2

2004년 3월, B의 결석과 지각이 잦아졌다. 담임교사가 확인한 결과, B는 학교에 바로 오지 않고 먼저 PC방에 들러 컴퓨터 게임을 하고 오느라고 등교시간을 넘기는 경우가 많았고, 또 경우에 따라서는 아예 등교하지 않기도 했음이 밝혀졌다. … 담임교사는 B의 어머니와 상의한 뒤 PC방이 아니라 정해진 시간 동안 집에서 컴퓨터 게임을 하도록 하였다. B 역시 그렇게 약속했으며, 한동안 그 약속을 지켰다. 그러나 3월 말 정도가 되자 B는 집에서 종일 컴퓨터 게임만 하고 등교시간이 되어도 떠나지 않았다. 억지로 등교시키면 이번에는 다시 PC방에 들러 계속 게임을 했다. … 4월, 증상이 더욱 심해져서 B는 빈번히 가출했으며, 가출한 다음에는 PC방에서 기거하다시피 했다. 마침내 5월, 담임교사, 연구자, 상담사가 B 및 학부모와 함께 상담을 실시했다. … 6월 하순, 컴퓨터 게임 사용시간이 하루 2시간 내외로 현저히 줄어들었고, 학교를 빼먹는 일도 사라졌다(2004년 K중학교 1학년 담임교사, 연구자, 상담사의 상담일지 발췌).

사례 3

C는 학교 선도부원으로 모두에게 인정받는 모범적인 학생이었다. 그런데 3월 중순 C는 수업시간에 자주 졸아서 지적을 받기 시작했다. 4월이 되자 엉뚱한 일이 일어났는데, 초등학교 이래 중학교 3학년 때까지 계속 개근이었던 C가 조퇴하거나 지각하는 경우가 늘어났다. 담임교사는 C가 워낙 모범적인 학생이었기 때문에 아프다는 말을 그대로 믿고 지각과 조퇴를 허용하였다. 그런데 4월 중순이 되자 지각, 조퇴 정도가 아니라 결석하는 경우도 발생했다. 그런데 결석이 지나치게 잦아 학부모를 면담한 결과 집에서는 정상 등교했다고 하였다. 모범생이 집에는 학교 간다고 한 뒤 어딘가로 사라진 것이다. 다시 C의 친구들을 탐문한 결과 등교는 정상적으로 하였으나 도중에 PC방에 들러 학교 오는 것도 잊어버리고 종일 컴퓨터 게임을 했음이 확인되었다. … 4월 하순, 무단결석이 7일간 연속으로 계속되었다. … 5월, C는 중간고사 성적이 평균 20점 이상 떨어져 상위권에서

중하위권으로 전락하였다. … 5월 중순, 담임교사, 연구자, 상담사가 C 및 학부모와 함께 상담을 실시했다. 그리고 필자의 조언을 얻어 이 책에서 소개한 모형에 따라 진단 및 처치하였다. 그 결과 7월 초, 증세가 완전히 사라지고, C는 정상적인 상태로 돌아갔다(2004년 K중학교 2학년 담임교사, 연구자, 상담사의 상담일지 발췌).

사례 4
2003년 9월 D가 아폴로 눈병을 빙자하며 결석하였다. 그 이후로 사흘 연속 결석했다. … 눈병이 나은 뒤 며칠 학교에 나오다가 갖가지 법정 전염병을 빙자, 2주 연속 결석했다. … 꾀병을 부리고 컴퓨터 게임을 했음을 확인했다. … 2003년 12월, 이런 일이 반복되어 학부모 면담을 요청했으나 거절당했다. … 2004년 3월, 3학년에 진급한 뒤 거의 등교하지 않았다. … 교사가 집에 연락하자 아버지는 큰 병에 걸려 학교에 가지 못한다고 거짓말을 했다. … 4월, 연구자, 담임교사, 상담사가 D와 면담하였다. … 6월 하순, D는 수입일수 미달로 유급하였다(S중학교 2학년 담임교사, 연구자, 상담사의 상담일지 발췌).

치료 전략

필자는 컴퓨터 게임 중독 청소년에 대한 치료방법으로 앞서 소개한 대체재·길항제 요법을 사용하였다. 필자와 상담사는 중독 청소년에게 컴퓨터 게임을 금지시키거나 시간을 제한하는 대신 중독성 낮고, 몰입성 높은 자기 목적적 컴퓨터 게임을 제안하였다. 그리고 그 게임을 플레이할 경우에 한하여 교사·부모가 간섭하지 않을 것임도 분명히 했다. 자기 목적적 컴퓨터 게임의 목록은 치료 당시 널리 구할 수 있던 컴퓨터 게임들을 앞에서 개발한 선별기준에 의거하여 평가한 뒤에 선정하였다.

그러나 대체재·길항제 요법을 사용하기 위해서는 중독 청소년에게 중독대상인 컴퓨터 게임을 버리고 길항제로 처방된 자기 목적형 컴퓨터에 접근하도록 하는 동기화 전략이 필요하다. 이를 위해서 근접성 계약(contingency contracting)과 행동적 자기조절훈련전략(strategy of behavioral self-control training)을 사용하였다. 이는 중독대상을 전면 금지하는 대신, 특정 조건하에서만 허가하는 중독치료 개입전략이다 (Tucker et al, 1992). 즉, 컴퓨터 게임을 완전히 금지하는 대신, 필자와 상담사가 선정한 게임을 플레이하는 한 컴퓨터 게임에 제한을 두지 않기로 한 것이다.

그러나 청소년의 게임유형 교체만으로는 문제가 해결되지 않는다. 이와 동시에 학부모, 교사에게는 상호작용의 개선과 사회적 지지를 요구하였다. 이에 따라 부모들은 치료대상 청소년과 상호작용의 빈도를 늘리고, 그중 칭찬·동의 등 긍정적 상호작용의 비중을 늘릴 것을 요구받았다. 다만 C의 경우는 가족 상호작용의 과도한 밀착이 문제가 되었기 때문에 가족 의사결정 과정에서 선택권을 부여하고, 부모가 C에게 간단한 일에 대한 조언을 부탁하는 등 가족 내에서 C의 영역을 넓히는 조치를 요구하였다.

이상의 치료전략과 구체적 개입 절차를 정리하면 다음의 그림과 같다. 첫 단계는 조사대상자의 컴퓨터 게임 중독 여부와 가족 상호작용, 스트레스 등 사회·심리적 원인을 진단하는 것이다. 중독 여부는 Young(1998)의 진단척도, 본인 및 가족 상담을 통해 판단하였고, 중독의 사회·심리적 원인 진단을 위해 본인, 가족, 그리고 교사들을 면담하였다.

원인진단	게임유형 진단	처방	효과확인
목표 중독 여부와 원인 탐색	**목표** 게임유형 및 플레이 방식 관찰	**목표** 대체게임 처방 게임 향유방식 개선 클라이언트, 가족, 교사 상담	**목표** 게임 중독 경향 및 플레이 행태 확인
활동 내용 클라이언트 및 가족 면담, 표준 진단도구를 이용한 측정	**활동 내용** 클라이언트의 게임사용 행태 및 환경을 관찰하여, 보상 강화성 여부 판단	**활동 내용** 클라이언트가 즐기는 게임과 같은 장르의 자기 목적 게임 처방 연구자가 제시한 게임을 플레이할 경우에 한하여 컴퓨터 게임에 제한을 두지 않기로 약속 가족 내 상호작용 개선을 위한 부모 상담	**활동 내용** 표준 진단 도구와 플레이 행태 관찰을 통한 중독경향 지속 여부 판단

컴퓨터 게임 중독 청소년에 대한 치료 절차

두 번째 단계는 게임 중독에 영향을 주는 컴퓨터 게임유형 혹은 플레이 방식에 대해 관찰하고 판단하는 것이다. 이를 위해 먼저 본인 면담을 실시하였다. 면담을 통해 가장 많이 플레이하는 게임에 대한 정보를 얻고, 이 게임이 보상 강화 게임인지를 평가했다. 다음으로는 클라이언트의 게임 플레이 장면을 직접 관찰함으로써 컴퓨터 게임을 자기 목적, 보상 강화 중 어떤 용도로 사용하는지 확인하였다.

세 번째 단계는 처치의 단계로, 대상 청소년이 중독된 컴퓨터 게임과 같은 장르에 속하는 자기 목적적 컴퓨터 게임을 행동적 자기조절 훈련전략에 따라 권장하였고, 학부모와 교사에게는 사회적 지지를 높이고 양질의 상호작용을 요구하였다. 또 본인 면담, 가족 및 교사면담을 통해 그 진전 여부를 수시로 확인하였다.

　마지막으로 효과 확인 단계는 처치 단계에서 이루어진 관찰과 면담 결과 예후가 좋다고 판단되면 실시하였다. 이 단계에서 Young(1998)의 진단지, 면담, 그리고 플레이 행태 관찰을 다시 하고 치료의 종료 여부와, 개입전략 교체 여부 등을 확인하였다.

▮▮ 사례에 대한 상세 분석

사례 청소년의 심리 · 사회적 특성

　먼저 사례 청소년의 개인적 특성을 파악하기 위해 실시한 심리검사와 가정환경조사 결과부터 살펴보자.

　- 심리검사 결과

　제일 먼저 실시한 검사는 조사를 의뢰한 청소년들이 실제로 컴퓨터 게임 중독증에 걸린 것인가를 판단하기 위한 게임중독경향검사였다. 이를 위해 가장 고전적인 영(Young, 1998)의 척도와 정보문화진흥원(2002)에서 개발한 컴퓨터 게임 중독 진단척도를 통해 해당 청소년의 중독 경향을 측정하였다. 측정 결과의 해석은 최대한 보수적으로 했는데, 그 까닭은 환자가 아닌 청소년에게 엉뚱한 처치를 할 우려를 피하기 위해서였다. 따라서 두 척도를 이용해서 각각 검사한 뒤 그 점수 중 낮은 쪽을 기준으로 하여 컴퓨터 게임 중독증의 유병 정도를 판정하였다.

그 결과 앞에 소개한 사례 청소년들 모두 73점을 넘는 높은 중독경향을 보였고(A: 76, B: 75, C: 79, D: 74), 나머지 청소년들은 중독증이 아닌 것으로 나타나서 개입을 중단하고 귀가시켰다.

그러나 즉, 이들의 인성을 보다 종합적으로 파악하기 전에는 컴퓨터 게임 중독경향이 높게 나왔다는 것만으로 중독증을 의심하기는 어렵다. 따라서 이들의 지능, 인성 등 심리적 변인들을 표준화 검사를 통해 측정해 보았다.

그 결과 이들의 IQ(웩슬러 방식)는 A는 115, B는 116, D는 112로 정상보다 조금 높았고, C는 138로 상당히 우수하였다. 또 MMPI 결과를 보면 A의 경우는 강박증이나 불안, B와 C는 약간의 반항 혹은 비행의 소지가 나타났지만, 이는 모두 표준편차 이내의 범위로 상담을 요할 정도는 아니었다. D의 경우는 오히려 매우 정서가 안정되어 있다는 평가가 나올 정도였다.

또 저소득층 자녀들이 약물중독에 쉽게 빠져든다는 선행연구(이윤로, 1997)를 감안하여 살펴본 사례 속 청소년들의 사회·경제적 배경에서도 특별한 문제는 발견할 수 없었다. 네 청소년 모두 정상적인 가정에서 생활하고 있었으며, 부모의 별거·이혼 사례는 없었다. 부모의 교육수준이나 소득을 살펴보면, A의 아버지는 공기업 간부이고, C의 부모는 대학원을 졸업한 연구직 종사자, B의 부모는 고졸이지만 부부가 함께 규모가 큰 의상실을 경영하고 있었다. 다만 D의 경우는 학부모 면담이 이뤄지지 않아 정확한 정보를 수집하지 못하였다. 그러나 담임교사 진술에 따르면 "공납금이나 급식비 등이 밀린 적은 한 번도 없었고, 사용하는 휴대폰이나 복장 등으로 보아 경제적인 어려움은 없는 것으로 판단되었다."

따라서 이들이 앞에서 제시한 컴퓨터 게임 중독 모형 외의 심리적·사회적 변인으로 인해 중독증이 발병한 것은 아니라고 보아야 한다. 그렇다면 다음에 수행해야 할 조사는 이들의 가족 상호작용, 학업 스트레스, 그리고 주로 사용하는 컴퓨터 게임의 유형을 분석하는 것이다.

- 가족 상호작용

먼저 사례 청소년들의 가족 상호작용을 살펴보았다. 그 결과 이들은 모두 가족 상호작용이 정상적이라고 보기 어려웠다. 이들의 가족 상호작용은 그 밀도가 지나치게 낮거나(A, B, D) 혹은 지나치게 높았다(C). 이를 구체적으로 살펴보면 다음과 같다.

사례 1의 경우: 두려운 가족

A의 가족은 얼핏 보아서는 별문제가 없어 보이는 건실한 가정이었다. 그의 부친은 엄격한 가정에서 자랐고, 매사에 성실하고 꼼꼼한 성품의 소유자였다. 또 모친은 다양한 문화적 소양과 교양을 갖춘 여성으로 성실하고 예의 바르고 친절했다. 이들은 경제적으로도 넉넉한 편이었으며 A를 매우 사랑했으며, A에게 제공할 수 있는 투자라면 물심양면으로 아까운 줄을 몰랐다. 그러나 문제는 이러한 투자에는 반대급부로 A에 대한 높은 기대수준도 수반하기 마련이라는 것이었다.

A는 그러한 기대에 부응하기 위해 열심히 공부하였고, 성적도 평균 87~92점으로 비교적 상위권에 속했다. 하지만 이 정도 성적은 부모의 기대에는 한참 미치지 못하는 것이었다. A의 담임교사는 다음과 같이 말했다.

A의 어머니는 성적에 대해 유달리 욕심이 많았어요. 사실 7차 교육과정에 따라 성적표에는 석차를 기록하지 않도록 되어 있어요. 하지만 A의 어머니는 반드시 학교에 찾아와서 석차를 알려 달라고 했죠. A의 석차는 우리 반에서 5등 정도였고, 잘할 때는 3등 정도를 했는데, A의 모친은 이걸 매우 불만스러워했습니다. 석차를 확인할 때마다 1등은 못 해도 2등은 해야 하는 거 아니냐며 매우 낙담하는 모습을 보이곤 했는데, 차마 무슨 말을 못 하겠더라고요(A의 담임교사).

이렇게 기대수준이 높았던 A의 부모는 당연히 그들 기준으로는 부진했던 A의 성적에 대해 질책하거나 더 열심히 할 것을 요구하는 경우가 많았다. 그런데 A의 어머니는 담임교사에게 숨긴 사실이 있었다. 그것은 이러한 질책이 왕왕 언어폭력이나 신체적인 폭력을 수반하기도 하였다는 것이다. 그리고 A는 이를 몹시 두려워하였고, 특히 아버지를 두려워했다. 결국 A는 가능하면 부모와 대화를 하지 않으려는 경향을 가지게 되었다. 하지만 정작 그의 부모는 A가 대화를 회피한다는 사실을 알지 못했다. A는 심리상담사와의 면담에서 다음과 같이 말했다.

나는 여태까지 부모님께 성적표 보여 주고 칭찬받은 적이 단 한 번도 없어요. 글쎄 아버지는 내가 평균 92점을 받았는데도 거의 꼴등 취급했어요. … 그런 판에 한 번은 시험을 망쳐서 85점까지 떨어진 적이 있었어요. 그때는 정말 집에 들어가는 것이 무서웠어요. 어디로 도망치거나 아니면 사라져 버리고 싶었어요. … 부모님은 매사에 야단만 쳐요. 어쩌다 눈이 마주치면 "이거 했니? 저거 했니?" 하는 말만 해요. 그리고 대화라고는 공부 이야기 말고는 아무 말도 안 해요. 물론 처음에는 다양한 화제로 이야기를 시작해요. 하지만 어떤 화제로 시작했든지 간에 결국 결론은 다 공부였어요. 월드컵 이야기를 하다가도 결국은 공부 얘기로 바뀌고, 그런 식이었어요. 안정환이 골든골 넣고 우리나라 8강 올라갈 때도 "저렇게 포기하

지 않고 공부하면 반드시 서울대학교에 갈 수 있고" 이런 식으로
요. ⋯ 나는 우리 부모님이 친근하다고 느낀 적 없어요. ⋯ 아버지
는 학원 하루 빠졌다고 주먹으로 마구 치고, 심지어는 고무호스를
휘두르기도 했어요. 어머니는 그런 아버지를 말리지 않고 오히려
옆에서 말로 거들었어요. 나는 부모님이 세상에서 제일 무서워요
(2004년 4월, A와 상담사의 면접기록).

이렇게 A는 부모와 부정적인 대화로 일관함으로 인해 결국 가족
상호작용이 분리되어 버렸다. 또한 여기에 더해 과도한 학업 스트레
스에 시달리기까지 하였다. 이런 상황은 A가 소극적 강화 중독 욕구
를 형성시킬 수밖에 없는 상황이다. 이런 상황에서 그것이 컴퓨터 게
임이든 혹은 진정제류의 마약이든 혹은 강박적인 수집벽이든 간에
소극적 강화를 줄 수 있는 대상이 주어진다면 A는 중독될 수밖에 없
었을 것이다. 그리고 컴퓨터 게임은 이 중 가장 손쉽게 접하고 다룰
수 있는 대상이었고, 어디서나 접할 수 있는 대상이었다.

사례 2의 경우: 외로운 가족

B의 사례는 A와 매우 대조적이었다. B의 부모는 A의 부모와 달리
자녀에 대해 성취지향적이지 않았다. 또 이들은 다정다감한 성품의
소유자이며, 엄격하다기보다는 자녀에게 매우 관용적이었다. 따라서
B는 양친 모두로부터 질책이나 체벌을 거의 받지 않았으며, 부모와
대화하는 것을 그다지 부담스러워하지 않았다.

그러나 문제는 시간이었다. B의 부모는 의류상이었는데, 동대문 시
장 일대에서 상당한 규모의 가게를 운영하고 있었다. 하지만 의류 도
매상들의 활동시간이 일반인과 정 반대이기 때문에 B는 부모와 라이
프 사이클이 달라 많은 시간을 함께하지 못했다. 또한 부모 역시 가

게 일 때문에 B와 많은 시간을 보내지 않는 것에 미안함을 느끼고 있었다. 부모는 가게를 돌보기 위해 아침 일찍 출근하고 밤늦게 퇴근하면서 B를 거의 챙겨 주지 못했다. B의 어머니는 필자에게 다음과 같이 하소연했다.

정말 아이 혼자 집에 두고 장사하려면 가슴 한편이 짠하고, 정말 죄 지은 것 같죠. 하지만 어쩌겠어요? 이제야 겨우 가게가 자리를 잡아 가고 있거든요. 지금이 제일 중요한 시기입니다. 이 고비만 넘기면 종업원도 늘리고 하면서 애 아빠가 집에 좀 자주 있고 그러면 되는데, 당장은 종업원을 많이 둘 형편도 못 되니, 부부가 하루 종일 가게 보는 수밖에 없어요. 그래도 자식을 저렇게 혼자 팽개쳐 두는 게 너무 미안하다 보니 응석을 너무 많이 받아 주는 게 아닌가 하는 생각도 들어요. 사 달라는 건 다 사주고 해 달라는 건 다 해 주었죠….

게다가 B는 외아들이었다. 또 B의 부모는 형제들이 대부분 지방에 거주하였기 때문에 사촌형제들도 많지 않았다. 사정이 이렇다 보니 B는 거의 대부분 시간을 집에서 혼자 보내야만 했다. 이런 환경에서 자란 B는 성격도 소심하여 친구도 많지 않았으며, 거의 유일한 대화 상대는 초등학교 6학년 때 사귄 여자 친구뿐이라 해도 과언이 아니었다. 그런데 여자 친구와 서로 다른 중학교에 진학하면서부터 둘이 만나는 빈도가 부쩍 줄어들었고, 마침내 여자 친구가 다른 남자 친구를 사귀게 되면서 B는 부쩍 외로움과 고립감을 느끼게 되었다. B의 말을 들어 보자.

S하고는 초등학교 6학년 때 사귀었어요. 저는 성격이 소심하고 조용한데, S는 활동적이고 유쾌한 아이였어요. 그래서 더 좋아했는지

도 몰라요. 그런데 중학교를 서로 다른 데로 가게 되었고, 점점 만나는 횟수가 줄어들었어요. 그런데 S가 다른 남자애랑 사귄다고 소문이 났어요. … 뭐, 그럴 수도 있죠. 그런데 나를 더 힘들게 만든 것은 친구들 말이 원래 S는 남자관계가 복잡한 아이라는 것이었어요. 물론 그 말을 믿지 않았어요. 그런데 사실이 아닌 줄 알았는데, 알고 보니 그게 맞는 말이었어요. 저는 그 아이의 남친이랄 것도 없었고, 여러 남자들 중 하나에 불과했던 것 같아요. 그때 느낀 배신감은 뭐라 말할 수 없어요. 세상에 나 하나밖에 없는 것 같았고, 아무도 믿을 수 없었어요. 그리고 너무 외로웠어요.

이렇게 고독감을 많이 느끼고 있는 상태에서 B는 우연히 LD라는 온라인 게임을 접했다. LD게임은 MMORPG게임의 일종으로 가상의 세계에서 플레이어가 육성하고 있는 캐릭터를 조종하여 모험을 떠나는 게임이다. 보통 MMORPG게임은 모험과 액션을 위주로 하는 게임, 서사를 위주로 하는 게임, 그리고 캐릭터 육성을 중심으로 하는 게임으로 분류할 수 있는데, LD는 이 중 세 번째 유형에 속했다. B는 LD게임과의 만남을 다음과 같이 회상하고 있다.

그때 LD게임을 알게 되었어요. 왜 그랬는지 모르겠는데, 처음 캐릭터 만들 때 여자 캐릭터를 선택하게 되었어요. 그랬더니 왠지 여자 친구하고 비슷하게 느껴지더라고요. 그래서 이름도 S라고 지었어요. 이 캐릭터를 데리고 여러 지역을 다니며 모험을 하니까 마치 여자 친구랑 같이 동고동락하면서 모험하는 것처럼 느껴졌어요. 그때 너무 외로웠고, 내 대화상대는 게임 속에서 내가 키우는 캐릭터 밖에 없는 것 같았어요. 그래서 잠시라도 모니터 속의 캐릭터를 보지 않으면 견딜 수 없었어요.

이렇게 B는 이 게임 캐릭터에 자신의 외로움을 투사하였고, 이를 의존대상으로 삼았다. 말하자면 자신이 육성하고 있는 게임 속 캐릭터와 사랑에 빠진 것이다. 그의 외로움이 커질수록 캐릭터에 대한 애착도 높아졌다. 그리고 애착이 높아질수록 그는 게임 이외의 세상에 대해서는 무관심해졌다.

사례 3의 경우: 완벽한 가족

세 번째 사례의 가족은 외부에서 본다면 거의 완벽한 가족으로 보였다. C의 부모는 모두 공학 석사학위를 가진 대기업체 연구원들이었다. 두 사람 모두 엄격하고 깔끔한 성품이었지만 그렇다고 완고하거나 꽉 막힌 그런 사람은 아니었다. 어떤 면에서 보면 단점이 없다는 것이 가장 큰 단점일 정도였다. 특히 아버지는 조금의 빈틈도 없었다. 이러한 가정환경 때문에 C의 부모는 바른 훈육을 중시하였고, C는 엄격한 가정교육을 받았다. 그 결과는 나쁘지 않았다. C는 "학교에서 예의 바른 학생으로 알려졌고, 학교 선도부원으로 활동했으며, 선행상 등 표창장을 여러 번 수상하였다."(C의 담임교사)

C의 부모는 A의 부모처럼 자녀를 과도한 기대수준으로 스트레스를 주거나 두렵게 만들지도 않았으며, B의 부모처럼 너무 바빠 대화할 시간이 없지도 않았다. C는 부모와의 상호작용에 전혀 부족함이 없었으며, 또 그 상호작용은 부정적 상호작용이 아니라 긍정적 상호작용이었다. C는 부모를 매우 존경했으며, 부모가 하는 말을 매우 진지한 자세로 경청했다. C는 학업 성적도 우수했다. 그의 학업 성취도는 대체로 88~93점 사이로 결코 모자람이 없었고, 부모도 표준편차를 벗어날 정도로 떨어지지만 않으면 대체로 만족하고 격려하는 편이었다. 하지만 문제는 본인이었다. 정작 본인은 완벽해 보이는 부모에 비해 자신이 너무 초라하다고 느꼈다. C는 이렇게 말했다.

우리 부모님은 두 분 다 공부를 아주 잘하신 분들입니다. 지금도 계속 공부를 하고 있고요. … 물론 나도 공부를 못하는 편은 아니지만, 그 정도로는 어림없죠. … 우리 아버지는 뭐든지 잘하세요. 공부도, 운동도 다 잘하시고, 성격도 아주 좋으세요. 큰소리치거나 거친 말을 하거나 하지 않아요. … 나는 아버지가 실수하는 걸 한 번도 본 적 없어요. … 그런데 나는 아버지가 화를 내거나 야단을 치거나 했으면 좋겠어요. 절대 화 안 내고 고분고분 타이르시는데, 그게 더 무서워요. … 어쩔 때는 혹시 내가 입양된 아이가 아닐까 하는 생각도 해요. 부모님에 비하면 전 너무 형편없거든요. 어쩌면 부모님은 나를 내놓은 자식으로 여길지도 몰라요. … 우리 부모님은 시험 성적 가지고 뭐라고는 안 해요. 무조건 잘했다고 하시죠. 하지만 난 그런 말이 더 무서워요. 잠깐이지만 눈빛에서 실망하는 모습을 읽을 수 있거든요. 그래서 더 잘하려고 노력하지만 어느 정도 이상은 안 올라가요. 그럴 땐 정말 내가 쓰레기처럼 느껴져요.

이렇게 부모에 대한 열등감에 시달리고, 가정에는 자신의 자리가 없다고 느끼던 C는 PC방에서 전략게임 RA와 슈팅게임 RN을 알게 되었다. C는 이들 게임에 깊이 빠져들었고, 얼마 지나지 않아 고수가 되었다. 그는 인터넷을 통해 전 세계의 플레이어들과 겨루었고, 대단히 훌륭한 전적을 올렸다. 그의 ID와 닉네임은 이들 게임 유저들 사이에서는 칭송의 대상이 되었고, C는 이 게임들의 동호회, 카페, 클랜 등에서 유명 인사로 통했다. C는 이렇게 자신의 위상이 높아진 상황을 즐겼다. C는 이 즐거움에 대해 이렇게 설명했다.

… 집에서는 난 아무것도 아닌 한심한 아들이지만, RA서버나 RN서버에서 내 아이디는 아주 유명한 사람이에요. 처음 초보자 시절을 제외하면 세계 랭킹 10위 밖으로 나가 본 적이 없어요. 내가 게임에 접속한 게 확인되면 초보자들이 내 아이디를 알아보고 인사하고, 가르쳐 달라고 졸라요. 또 세계 여러 나라의 게이머들이 Boss라고 부르면서 나를 존경해요. 그럴 때 정말 내가 중요한 사람이라는

것을 느껴요. 이런 느낌은 부모님하고 있을 때는 절대 경험할 수
없는 것이죠.

사례 4의 경우: 해체된 가족

네 번째 사례는 앞의 경우와 질적으로 달랐다. D의 부모는 D와 긍
정적이건 부정적이건 간에 상호작용 자체를 거의 하지 않았다. D는
아무런 간섭을 받지 않는 것이 아니라, 아예 아무런 관심도 받지 않
았다. 이 가족은 사실상 해체된 가족이라고 봐야 할 정도였다. 다만
같은 집에 거주할 뿐이었다. D의 부모는 담임교사, 필자, 상담사와의
면담을 모두 거절하였으며, 오직 전화상으로만 이야기를 나누려고 하
였다. 또 그들은 자신이 어떤 일을 하는지 구체적으로 밝히지 않았다.
심리상담사는 D의 부모가 하는 말의 대부분이 거짓말일 가능성이 높
아서 의미 있는 분석을 하기 어렵다고 말했다. 확보할 수 있는 유일
한 신뢰할 만한 진술은 "D의 부모는 새벽에 나가 밤늦게 들어오고, D
는 늘 텅 빈 집에서 자명종 시계를 듣고 일어났으며, 늦은 밤까지 컴
퓨터 게임을 하다가 텅 빈 집에서 잠자리에 들었다고 한다."라는 담
임교사의 진술뿐이었다.

종합 분석

네 사례들을 모두 종합해 보면 컴퓨터 게임 중독증에 걸린 네 학생
들은 모두 가족 상호작용에서 문제가 있음을 확인할 수 있다. 먼저 A
의 경우는 가족 상호작용이 주로 부정적인 내용으로 일관된 경우다.
이렇게 부정적인 상호작용이 빈번하게 일어나면 그 밀도는 점점 낮
아지게 된다. A는 이렇게 밀도가 낮은 가족 상호작용에서 충분히 얻

기 힘든 유대감, 연대감을 통한 진정과 위안을 컴퓨터 게임을 통해서 얻으려고 했다. B의 경우는 부모가 매우 허용적이기 때문에 A와 정반대일 것 같지만 사실은 가족 상호작용이 분리되었다는 점에서는 마찬가지다. 부정적인 상호작용으로 일관하거나 상호작용이 부족하거나 그것이 청소년의 심리에 미치는 최종적인 결과는 '외로움'인 것이다. 특히 B는 이 외로움이 극에 달한 경우라고 할 수 있다. 따라서 이들은 소극적 강화 중독의 트리거를 가지고 있다.

반면 C는 A, B와 정반대의 경우다. C는 외롭다기보다는 지나치게 상호작용이 밀착되어 있다. 그의 가족은 너무도 훌륭한 부모와 거의 완벽한 조건들로 인해 그의 역할이나 힘이 별로 필요하지 않은 상태다. 그는 부모가 조정해 놓은 것을 따르기만 하는 상태이며, 그렇다고 해서 부모가 권위적이거나 고압적인 것도 아니다. 하지만 이런 가족 관계 속에서는 모험심이나 자긍심을 충족시킬 만한 역동적인 활동의 기회가 부족하다. C는 그것을 게임에서 얻었다. 따라서 C는 적극적 강화 중독에 걸린 것이다.

학업 스트레스

학업 스트레스가 청소년의 중독 욕구에 가장 큰 영향을 주는 변인이라는 것은 구태여 증명할 필요도 없는 사실이다. 따라서 필자는 컴퓨터 게임 중독증 치료를 위해 네 학생들의 학업 스트레스를 측정하기 위해 '청소년 특수인성검사A'를 실시하였다. 그 결과 A와 C의 학업 스트레스는 학업 스트레스가 표준범위보다 높게 나타났으며(A: 73점, C: 78점), B는 52점으로 표준 범위 내에 있었고, D는 23점으로 학업 스트레스를 거의 느끼지 않는 것으로 나타났다. 각 사례를 살펴보자.

사례 1의 경우

A의 학업 스트레스는 내적 · 외적으로 나타났다. 내적 학업 스트레스는 자기 스스로 설정한 기준에 미치지 못한다는 불만에서 비롯되었다. 그는 부모가 자신에게 많은 투자를 하고 있음을 충분히 인지하고 있었다. 그럼에도 불구하고 자신의 학업 성취도는 부모가 투자한 만큼의 결실을 이루지 못하고 있다는 점도 지나칠 정도로 의식하고 있었다. 그 결과 A는 점수 1, 2점에 대단히 민감하게 반응하였으며, 시험을 매우 두려워했다. A는 자기 자신에 대한 열패감을 털어놓았다.

> 부모님이 나한테 정성을 많은 쏟는다는 것을 알아요. 하지만 난 거기에 늘 미치지 못하죠. 내가 열심히 안 한 탓이라고는 생각하지 않아요. … 그게 마음대로 안 되는 걸 어떡해요? … 점수 1점 때문에 너무 쪼잔하게 군다며 선생님한테 야단맞았어요. 하지만 그 1점이 나한테는 피 같아요(2004년 4월 A와 상담사의 면접기록).

외적 학업 스트레스는 그의 부모의 반응에서 비롯되었다. A의 부모는 자기 자신에 대한 불만에서 비롯되는 A의 학업 스트레스와 불안을 인지하지 못했으며, 위로해 주는 대신 질책을 가함으로써 오히려 증폭시켰다. 그의 아버지는 공포의 대상이었으며, 어머니 역시 원하는 위로를 주지 못했다.

> 어쩌다 시험을 아주 망쳤을 때는 정말이지 죽고 싶어요. 사실 스스로 죽으나 아빠한테 맞아 죽으나 마찬가지라는 생각이 들 때도 있었어요. 성적표를 보는 아빠를 상상하는 것만으로도 입맛을 잃을 정도였어요. 그럴 때 엄마가 위로의 한마디라도 해 주었으면 하고 바랄 때가 많았어요. 하지만 엄마는 오히려 야단만 치고, 컴퓨터를 하지 말라고 해요.

A는 이럴 때마다 MS라는 게임을 했다. 이 게임은 비교적 손쉽게 아이템과 점수를 획득할 수 있는 전형적인 보상 강화 컴퓨터 게임이다. 어쨌든 A는 이 게임에서 손쉬운 승리와 성공을 거둠으로써 위로를 느꼈다. 그리고 그 위로가 주는 행복감 때문에 더욱더 게임에 깊이 빠져들었다. A는 MS에 대한 자신의 생각을 이렇게 밝혔다.

시험 때문에 마음이 어지럽고, 세상 살기 싫어진다고 느껴지면 MS를 했어요. MS만 하면 마음이 편해져요. 학교랑 집에서는 점수 1, 2점 때문에 혼나고 짜증나지만, 여기서는 한 번에 1,000점씩, 2,000점씩 막 올라가요. 그리고 캐릭터들도 귀엽고, 화면도 예뻐서 우중충한 교실하고는 비교도 할 수 없어요. 그러다 다시 교실 가서 공부할 생각을 하면 로그아웃하기 너무 싫어요.

이것은 전형적인 보상 강화다. 그리고 MS가 주는 보상은 대체로 진정과 위로를 주는 평화롭고 예쁜 것들이었기 때문에 A의 부모는 이 게임의 심각성을 감지하지 못했고, 공부하느라 지친 머리를 식히는 정도로만 생각했다.

사례 3의 경우

C는 사례 청소년들 중 학업성적이 가장 우수한 학생이었지만 역설적으로 학업 스트레스 역시 사례 청소년들 중 가장 높았다. A와 달리 C의 부모는 성적 때문에 벌을 주거나 질책하는 편은 아니었다. 따라서 C의 학업 스트레스는 주로 스스로 설정한 기준에서 비롯되는 내적인 것이었다. 심지어 C는 부모가 자신의 성적에 대해 관대한 것을 자신을 무시하기 때문이라고 해석하기까지 했다.

엄마 아빠는 내가 아무리 시험을 망쳐도 야단치지 않아요. 그저 빙 긋이 웃으며, "수고했다. 다음에는 잘해라."이러고 말죠. 하지만 그 속마음이 다를 거라는 건 나도 알아요. 그분들 나름의 기준이 있는데, 내 성적 같은 게 눈에 들어오기나 하겠어요? 그런데 어떻게 저렇게 태연할 수가 있죠? 그건 포기했기 때문일 거예요. 하긴 뭐 나 같이 못난 자식 성적이 궁금하기나 하겠어요? 하지만 나는 엄마 아빠 못지않은 아들이라는 것을 보여 주고 싶어요. 그러려면 시험을 잘 쳐야 하는데 그게 마음대로 안 되어서 무척 속상해요.

그는 자신이 유능한 부모에 비하면 너무도 하찮다고 여겼고, 그런 부모에게 무시받지 않고 자식으로 인정받으려면 아주 높은 학업성적을 올려야 한다는 강박관념을 가지고 있었다. 그것이 마음대로 되지 않았을 경우 컴퓨터 게임 세계에서 고수로 대접받는 것을 즐겼다.

❚❙ 사례 청소년의 컴퓨터 게임 사용 특징

컴퓨터 게임유형

컴퓨터 게임 중독증은 중독 욕구만 형성되었다고 해서 발병하지 않는다. 중독 욕구를 가진 청소년이 해당 중독 욕구를 충족시켜 주는 유형의 컴퓨터 게임에 접했을 경우에 비로소 발병한다. 따라서 사례 청소년들의 가족, 심리 상태 등 조사와 마찬가지로 그들이 즐겨 플레이하는 컴퓨터 게임이 어떤 것들인지 조사하는 것도 필수적이다.

조사 결과 A는 LG(이하 게임명은 모두 가공의 이니셜)·LD, B는 LD·M을 즐겨 플레이하였으며, D는 LD와 MS를 즐겨 플레이하였다. 이 중 LG·LD·M은 이미 필자의 선행연구(권재원, 2004)가 제공한 게임선별 목록에서 매우 위험한 보상 강화형 컴퓨터 게임으로 판정받은 바 있는 게임들이다. 다만 MS는 이 목록에 나오지 않은 게임이기 때문에 필자가 직접 플레이하고 관찰한 뒤 개발한 준거에 따라 평가하였는데, 앞의 세 게임보다 보상 강화도가 훨씬 높았다.

다만 C의 경우 자기 목적 게임인 RA·RN을 주로 사용하고 있었다. 이 경우에는 게임 자체가 문제가 된다기보다는 플레이 행태가 문제가 된다. C의 플레이 행태 분석 결과, C는 이미 두 게임의 최고수준에 올라 더 이상의 기량 발전 여지가 없음에도 불구하고 이 게임들을 장시간 반복하고 있었다. 즉, 승부 그 자체나 게임의 내용보다는 전적을 늘리고, 다른 플레이어들의 존경에 집착함을 확인했다. 그가 만족을 얻은 것은 게임 자체가 아니라 게임 커뮤니티 내에서의 높은 순위였다. 이는 자기 목적형 컴퓨터 게임이라 할지라도 사용 방법에 따라서는 보상 강화형 컴퓨터 게임처럼 작용할 수도 있음을 보여 주는 사례다.

컴퓨터 게임 플레이 환경

사례 청소년들 중 A, B, C는 게임 플레이 장소로 주로 PC방을 활용하였다. 이들이 PC방을 주요 게임장소로 활용하게 된 시점은 A와 C의 경우 컴퓨터 게임을 과하게 한다는 부모의 질책을 받거나, 컴퓨터 사용을 금지 혹은 제한받은 다음부터다. B는 부모가 아침 일찍 출근해서 저녁 늦게 퇴근했기 때문에 특별한 제지를 받지 않았으나, "학교 오는 길에 PC방이 보이면 하다가 만 게임 생각이 너무 간절해 지나칠 수가 없었고, 등교시간에도 시간에 여유가 있어 잠깐 하다 간다는 것이 오후 늦게까지 하게 되었다."(B 담임교사 상담일지) 다만 부모와 거의 상호작용이 없는 D는 유료 온라인 게임사용료의 절약을 위해 PC방을 이용했다.

이렇게 주된 컴퓨터 게임 플레이 환경으로 나타난 PC방의 상황을 보기 위해 필자와 교사들은 14개의 PC방들을 답사하였다. 관찰요목은 설치한 게임들의 유형과 중독 의심 청소년 발견 시 업주의 조치 여부였다.

그 결과 자기 목적형 컴퓨터 게임을 하나 이상 설치한 PC방은 세 군데에 불과하였고 나머지 11개소는 보상 강화형 컴퓨터 게임 일색이었다. 또 업주가 중독이 의심되는 청소년에게 지도나 조치를 한 곳은 1곳에 불과했다. 이 중 5개 업소는 업주 대신 아르바이트 학생이 지키고 있었다. 아르바이트 학생들은 멀쩡한 오전에 교복 차림의 학생들이 컴퓨터 앞에 앉아서 게임을 하고 있는데도 전혀 의심하거나 제지하지 않았으며, 심지어는 재떨이를 제공하기까지 하였다.

따라서 막무가내 게임을 제한하거나 금지한다고 해도 중독 욕구가 남아있는 한 아무 소용이 없음을 확인하였다. 집에서 금지하면 이들은 PC방으로 갈 것이다. PC방이야말로 컴퓨터 게임 중독증에 걸릴 가장 최적화(?)된 장소다. 만약 PC방 이용을 제한하기 위해 밤늦은 시간에 외출하지 못하도록 한다면 이들은 학교를 빼먹으면서 낮 시간에 PC방에 갈 것이다.

▮▎ 게임유형 교체의 효과

게임유형 교체와 치료의 경과

원인 분석이 끝났기 때문에 필자와 상담사는 각 사례 청소년들에게 원래 플레이하던 보상 강화형 컴퓨터 게임 대신 자기 목적형 컴퓨터 게임을 권장하는 게임유형 대체요법을 실시하였다. 청소년들은 필자와 상담사가 제시한 자기 목적 컴퓨터 게임 중 1~2개씩 선택하였다. 이들은 자신들이 선택한 자기 목적형 컴퓨터 게임을 플레이한다는 조건하에 컴퓨터 게임 금지를 면제받았다. 그리고 권장하는 게임을 거부할 경우에는 부모와 협력하여 컴퓨터 게임을 전면 금지할 것임을 선언하였다. 사례 청소년들은 자신들이 좋아하는 게임이 아니더라도 적어도 게임을 할 수는 있게 되었다는 사실에 안도하며 권장하는 게임을 선택했다.

A는 NWN와 RON을, B는 BG2와 NWN을, C는 TO를, 그리고 D는 BW를 선택하였다. 또 이들은 정기적으로 치료진이 개통한 서버에 접속해 함께 해당 컴퓨터 게임을 플레이하고 채팅을 통한 의견교환을 약속했다. 선택한 게임이 너무 어렵거나 진행이 막히는 경우에는 필자가 사용법을 가르쳐 주었고, 그래도 어려울 경우 해당 게임의 마니아들이 모여 있는 클랜을 소개시켜 주었다.

그러나 컴퓨터 게임 중독증은 게임의 속성이 주원인이 아니라 가족, 학업 스트레스가 주원인이기 때문에 가족상담 또한 병행했다. 부모의 생각이나 태도가 변하지 않고, 중독 욕구를 일으키는 환경이 변하지 않는다면 제아무리 건전한 컴퓨터 게임을 제공한다 해도 청소년은 어떻게든 중독되고 말 것이기 때문이다.

이렇게 대체요법을 실시한 경과는 다음과 같다.

사례 1의 경우

무엇보다도 A의 부모가 적극적으로 협조했다. 아버지는 담임교사,

필자, 그리고 상담사와 함께 대화를 나누고 난 뒤 많은 부분 자신의 문제를 인정했다. 실제 그는 A를 대하는 태도를 의식적으로 바꾸었는데, 야단치는 횟수를 줄이고 칭찬하는 횟수를 늘렸다. 또 집 안에서 컴퓨터 게임을 소재로 대화를 나누기도 하였고, 교우 관계에 대한 대화를 하기도 했지만 학업과 관련한 이야기는 일절 하지 않았다.

한편 A는 처음 얼마간은 평소 즐기던 MS게임을 하지 못하게 되자 불안과 약간의 금단현상을 보였다. 하지만 그래도 꿩 대신 닭처럼 허용된 자기 목적형 컴퓨터 게임인 NWW와 RON을 조금씩 플레이했다. 그러나 A는 이 두 게임을 그리 좋아하지는 않았다. 그 이유는 너무 어렵다는 것이었다. A는 이렇게 투덜거렸다.

> 정말이지 시험 때문에 짜증나는데, 게임하면서까지 스트레스받고 싶지 않아요. 이건 게임이 아니라 무슨 공부나 수행평가 하는 기분이에요. 그나마 이 게임할 때는 엄마가 또 게임한다며 잔소리하지는 않기 때문에 하기는 하지만요. … 너무 재미없어요.

그럼에도 불구하고 두 달 뒤 A의 컴퓨터 게임 중독경향을 다시 측정한 결과 34점으로 크게 내려가서 정상으로 나타났다. 그러나 이것이 게임유형 교체의 효과가 나타난 것인지는 불분명하다. A가 예전에 하던 MS 게임을 완전히 끊었기 때문에 중독증은 분명 치료가 되었지만, 그렇다고 필자가 권장한 NWN나 RON게임을 열심히 한 것도 아니기 때문이다. 사실상 A는 컴퓨터 게임 자체를 별로 하지 않았다. 결국 A의 상태가 호전되는 데 가장 큰 영향을 준 것은 아버지와의 관계 개선인 것으로 나타났다. A는 변화된 아버지와의 관계를 무척 즐거워했다.

··· 아빠랑 탁구를 같이 배워요. ··· 요즘 아빠는 웃는 날이 많아졌어
요. 엄마도 잔소리를 안 하고. ··· 컴퓨터 게임이요? 하하. 그거 별로
하고 싶지 않아요. 뭐 그렇게 재미있는 것도 아니고, 별로 생각나
지도 않아요. ··· 사실 이번 기말고사에서는 평균이 좀 떨어졌는데,
아빠는 야단치는 게 아니라 오히려 사회는 1등 했다면서 칭찬해
주었어요.

결국 A의 사례는 컴퓨터 게임 중독증에 가족 상호작용이 미치는
영향이 얼마나 큰가를 보여 주었다. 가족 상호작용의 개선만으로도
중독증이 사실상 치유된 효과를 가져온 것이다. 물론 여기에는 아버
지와 함께 또 다른 자기 목적적 활동인 탁구를 배웠다는 것도 작용했
을 것이다. 따라서 A는 가족 상호작용의 개선과 학업 스트레스 저감
을 통한 중독 욕구의 감소, 그리고 탁구라는 자기 목적적 활동의 대
체효과 등이 상호작용하여 컴퓨터 게임 중독증을 물리칠 수 있었다
고 볼 수 있다.

사례 2의 경우

B의 경우도 학부모의 협조가 매우 유기적으로 이루어졌다. 가게
때문에 늘 집을 비웠던 B의 부모는 담임교사와 필자의 오랜 설득 끝
에 가게의 영업시간을 단축하고, 적어도 부모 중 한쪽이 집에 있는
시간을 늘리기로 하였다. 부모는 B가 하는 이야기를 적극적으로 경청
하고 가족 행사도 자주 열고, 외식도 자주 갖는 등 가족 상호작용을
복원하기 위해 많은 노력을 기울였다.

그러나 그 효과는 즉각 나타나지는 않았다. B는 평소에 하던 LD게
임에 미련을 많이 가졌고, 또 그 게임에서 육성하고 있는 여자 친구
와 같은 이름을 가진 캐릭터를 그리워하기까지 했다. 그리하여 그 게

임을 하지 못하는 것에 대해 거부반응을 보이는 등 가벼운 금단현상이 있기도 했지만, '권장 게임을 하면 교사와 부모에게 어떤 제약도 받지 않을 것이라는 점에 끌려, 그나마 LD게임과 가장 비슷해 보이는' BG2와 NWN를 골라서 마지못해 플레이하였다.

첫 1주간 B는 LD에 비해 너무 높은 난이도와 복잡한 내러티브를 가지고 있는 BG2와 NWN에 큰 흥미를 느끼지 못했다. 진입장벽을 돌파하지 못한 셈이다. 사실 컴퓨터 게임 중독자들은 웬만한 진입장벽도 돌파하지 못할 정도로 심리적 에너지가 고갈 상태인 경우가 많다. 따라서 대체요법이 성공하려면 중독자가 자기 목적형 컴퓨터 게임의 만만찮은 진입장벽을 돌파할 수 있도록 하는 지원이 필수적이다. 이에 필자는 프로게이머와 동호인들로 구성된 클랜에 B를 소개하여 이 게임들을 잘할 수 있도록 지원을 요청하였다. 또 부모에게도 가능하면 둘 중 한 사람은 일찍 귀가하여 B가 이 게임들을 플레이하는 것을 관전하고 응원이나 질문을 할 것을 요구하였다.

처음에는 떠듬떠듬 클랜 회원에게 이것저것 물어 가며 게임을 하던 B는 2주가 지나자 클랜 회원들과 함께 협동해 가며 게임 속에서 모험하는 것을 좋아하기 시작했다. 특히 다양한 전술을 배우고, 복잡한 내러티브를 풀어 나가는 데 흥미를 붙였다. 하지만 B에게 가장 직접적으로 긍정적인 영향을 준 것은 클랜에서 만난 선배들을 통해 외로움을 해소할 수 있었다는 것이다. B는 이 게임의 플레이, 그리고 클랜 활동들을 통해 얻은 흥미로운 경험을 이렇게 표현했다.

> … 클랜에서 만난 형들이 너무 좋아요. 거기서는 제가 가장 어리고, 또 초보잖아요? 형들은 거의 고등학생 아니면 대학생들인데 다들

성격도 좋고, 공부도 잘하고, 좋은 대학에 다니는 형들이었어요. …
한번은 제일 위험하다는 던전으로 모험을 떠났어요. 몬스터들이 너
무 세고, 드래곤까지 튀어나와서 무척 어려웠는데, 형들이 저를 둘
러싸고 보호해 주었어요. 나도 빨리 기술을 익혀 형들을 도와주고
싶어요…. 밤늦게까지 하냐고요? 우리 클랜 규칙이 뭔지 아세요?
폐인 되지 말자예요. 클랜원들끼리 서로 약속한 거거든요. 이제부
터는 공부도 열심히 할래요.

그리고 더 시간이 지나자 B는 단순한 구조에 보상만 많이 주던 LD,
즉 예전에 중독되었던 게임을 대단히 유치하다고 생각하게 되었다.

LD게임이요? 그 게임 생각하면 웃음밖에 안 나오네요. 내가 어쩌
자고 그 따위 게임에 미쳤었는지 참 이상해요. 그 게임은요 전술도
필요 없고, 줄거리도 없고, 그냥 마우스 클릭만 해대면 돼요. 오래
하면 경험치 올라가고 레벨 올라가고, 레벨 올라가면 세져서 잘
싸우고, 뭐 그런 것뿐이잖아요? BG2처럼 머리 쓰는 게임 한번
맛들이면 그런 허접한 게임은 두 번 다시 못 하죠. 정말 쓰레
기 게임이에요. 재미도 없는 거에 그렇게 허적대고 있었던 게
쪽팔려요.

이후 B의 컴퓨터 게임 중독경향을 다시 측정한 결과는 43점으로
나타났다. 이 점수는 아직 안심할 수 있는 단계는 아니지만 어쨌든
중독에서는 어느 정도 벗어났음을 보여 주는 것이다.

사례 3의 경우

C는 앞의 두 경우와 매우 다르게 자기 목적형 컴퓨터 게임에 중독
되었다. 따라서 게임 유형의 교체는 큰 의미가 없다고 할 수 있다. 하
지만 문제는 컴퓨터 게임을 즐기는 행태에 있었기 때문에 행태를 교
체하는 데 주안점을 두고 처치하기로 하였다. 따라서 이미 익숙해진

RN을 그만두게 하고 그 대신 처음부터 초보자 입장에서 새로 익혀야 하는 TO를 권장하였다. TO는 RN과 거의 흡사하지만 난이도가 더 높기 때문에 RN의 달인이 되어 있는 C에게 자기 목적형 컴퓨터 게임으로 작용할 수 있다.

C는 게임유형보다는 게임 사용방식이 보상 강화적인 것이 문제였다. 따라서 C에게는 가능하면 승률이 높고 전적이 훌륭한 상대만 골라서 도전하고, 되도록 게임의 난이도를 높여서 사용하며, 대전이 끝나면 전적에는 신경 쓰지 말고 자신과 상대방이 구사했던 전략·전술을 분석·복기하도록 요구하였다.

1주일 경과 후 C는 TO게임에 흥미를 느끼고 익숙해졌다. 그리고 연구자의 지시대로 인터넷에서 승률이 가장 높은 상대들만 골라서 도전했다. C는 처음에는 자꾸 패하고, 자신의 통산 전적에 승보다 패가 더 많아지자 분노를 감추지 못했다. 그러나 복기 작업이 계속될수록 C는 승패 자체보다는 승부의 질에 더 많은 흥미를 느끼게 되었다. 한때 C는 승률이 20%에 미달할 정도로 떨어졌지만 여기에 개의치 않고 이길 확률이 거의 없는 최고수들에게 연거푸 도전하였고, 승패와 무관하게 이를 즐거워하게 되었다. C는 이 도전의 즐거움을 이렇게 표현하였다.

> K라는 플레이어는 아주 무서운 고수예요. 저는 그 사람한테 10번 도전했는데, 한 번도 못 이기고 다 졌어요. 하지만 헛수고한 건 아니에요. 가장 최근에 붙었던 두 번은 제가 거의 이길 뻔했었다고요. … 사실 K랑 대결하면 지더라도 기분이 좋아요. 이 엄청난 플레이어는 10번을 싸우면 10번 모두 다 다른 전술로 대응하거든요. 그래서 게임이 끝나고 나서 내가 왜 또 졌나 곰곰이 생각하다가 보면 K가 이번에는 처음 보는 기발한 전술을 사용했다는 것을 알게 돼요.

이걸 깨닫는 순간이 너무 즐거워요. … 통산 전적이요? 요즘 제 전적이 4승 17패던가? 뭐 상관없어요. 자꾸 지더라도 K, P, I 이런 사람들하고 대결하는 게 재미있어요. 허접한 상대로 승수나 늘리는 것은 시시해요(2004년 6월 C와 연구자의 면접기록).

한편 필자와 상담사는 C의 부모에게 가정에서 C의 발언권을 강화하는 등 그의 위상을 높이도록 노력해 달라고 부탁하였다. C의 부모는 여기에 흔쾌히 응했으며 필자와 함께 C의 위상을 높일 수 있는 방법을 연구하였다. 우선 아버지는 자청하여 TO게임 유저가 되었고, C로부터 TO게임을 배웠다. 아버지가 이 게임에 어느 정도 익숙해진 다음부터 매주 한 번씩 필자, C, 아버지, 담임교사가 시간을 정해 두고 서버에 접속, TO 정기 시합을 열기도 하였다. 물론 고수들과의 대전을 통해 단련된 C의 승률이 가장 높았다. 이렇게 한바탕 시합이 끝나면 채팅을 통해 서로의 전술과 기량을 비평하고 새 전술에 대해 토론하기도 하였다. 특히 C는 자신이 아버지에게 무엇인가를 가르치고 있다는 데 대해 매우 즐거워하였다.

정말 평생토록 내가 아빠에게 무엇인가 가르칠 수 있다는 것은 상상도 해 본 적이 없었어요. … 아빠가 처음 나한테 게임 가르쳐 달라고 했을 때는 긴가민가했어요. 하지만 아빠가 정말로 TO게임을 좋아하고, 또 진지하게 배우려고 해서 너무 좋았어요. 무엇보다도 아빠가 나를 한심하게 생각하지 않는다는 것을 알게 되어 기뻐요. … 세상에 아들하고 전자오락(아빠들한테는 게임이 아니라 전자오락이잖아요?) 같이해 주는 아빠가 얼마나 있겠어요? 그동안 아빠가 날 무시한다고 생각했던 게 미안해요. … 물론 엄마도요.

이렇게 두 달이 지난 뒤 C는 사례 청소년들 중 가장 좋은 치료효과를 보여 주었다. C의 컴퓨터 게임 중독경향을 측정한 결과는 25점으로 중독경향이 완전히 사라졌다고 단언할 수 있을 정도였다.

사례 4의 경우

D는 네 명의 사례 청소년들 중 그 증상이 가장 심각했다. 또한 D는 본인은 물론 부모까지도 시종일관 치료진에 대해 비협조적으로 일관하였다. 부모는 면담을 거부했으며, D 역시 번번이 필자와의 면담 약속을 어겼다. 필자는 간신히 메신저나 SMS를 이용해서 D와 연락을 취할 수 있었다.

D는 담임교사의 강권에 의해 마지못해서 평소 하던 게임 대신 자기 목적형 컴퓨터 게임인 BW를 선택했지만, 특별한 이유가 있어서라기보다는 그 상황을 모면하기 위해 아무 게임이나 선택한 것으로 보였다. 이후 D는 BW게임과 익숙해지는 데 매우 애를 먹었다.

하필이면 D가 선택한 BW는 필자가 제안했던 자기 목적형 컴퓨터 게임들 중 가장 난이도가 높고 복잡한 게임이었다. 이 게임은 원활한 진행을 위해 엄청나게 많은 탐색과 연습이 필요하다. 또 내러티브 역시 미리 정해진 스토리가 없는 스토리 웹을 이루고 있어 상당한 수준의 상상력과 창의성을 요구한다. 이 게임은 플레이어의 상상력과 창의성 수준에 따라 전혀 다른 종류의 게임으로 변신한다. 이런 놀라운 유연성과 아름다운 그래픽과 음악은 이 게임의 개발자를 게임 디자인계의 모차르트라고 불리게 만들었다.

그러나 D는 이런 훌륭한 컴퓨터 게임을 접했음에도 불구하고, 컴퓨터 게임을 하면서 지적인 노력과 심미적 감식안이 필요하다는 사실을 받아들이지 않았다. 게다가 D는 필자와의 면담약속을 번번이 어기고 잠적하곤 했기 때문에 인터넷 메신저로 우연히 대화가 가능할 뿐이었다. D는 BW에 대해 다음과 같이 말했다.

> BW게임 이거 도저히 못 하겠어요. 너무 재미없어요. … 조작법이
> 왜 이렇게 복잡해요? … 대사는 또 이렇게 많고요? … 내가 게임하
> 고 싶다 그랬지, 무슨 소설책 읽고 싶다고 했어요? 짜증나. 이게 지
> 금 게임하는 거예요? 공부하는 거예요?

이 메신저 대담을 마지막으로 필자는 더 이상 D와 접촉할 수 없었
다. 담임교사와 연락해 본 결과 D는 학교 결석이 누적되어 결국 진급
하지 못하고 정원 외로 처리되었다고 한다.

● 에이지 오브 엠파이어

　문명 시리즈는 분명 교육과 놀이가 결합된 대단히 우수한 컴퓨터 게임이다. 그러나 한 가지 약점이 있으니, 이미 실시간 전략게임의 박진감과 긴장감에 익숙해진 청소년들을 끌어들이기에는 턴 방식의 진행이 지나치게 지루하게 느껴질 수 있다는 것이다. 이에 문명 시리즈와 명령과 정복 시리즈를 결합하여 실시간으로 진행되면서 역사적인 발전을 느낄 수 있는 게임이 탄생하였는데 바로 마이크로소프트에서 개발한 <에이지 오브 엠파이어> 시리즈다. 사실 <문명> 시리즈를 바탕으로 한 실시간 전략게임 개발은 거의 무한대에 가까운 변수들을 취급해야 하기 때문에 <문명> 개발자인 시드마이어조차 불가능하다고 포기했던 프로젝트였지만 <에이지 오브 엠파이어> 시리즈는 이 불가능에 가까운 과업을 모니터상에 훌륭히 구현하였다.

　이 게임에서 플레이어는 석기시대에서 시작하며 식량과 각종 자원을 관리하면서 군단을 편성·지휘하면서 동시에 문명을 발전시켜야 한다. 문명 시리즈와 달리 상대편 역시 동시에 이 작업을 진행하고 있다.

　이 게임의 묘미는 승패를 결정짓는 변인이 매우 다양하고 복잡하다는 것이다. <명령과 정복> 시리즈나 <워 크래프트> 같은 일반적인 실시간 전략게임은 자원 관리를 잘해서 많은 군단을 편성하는 것이 승패를 결정짓는 가장 결정적인 변인이다. 그러나 <에이지 오브 엠파이어> 시리즈에서는 문명 발전이라는 또 다른 변인이 추가된다.

파괴보다 건설과 발전이 더 중요한 실시간
전략게임: 에이지 오브 엠파이어

아무리 유닛 수가 많더라도 더 발전된 문명권의 소수 군단과 충돌하면 전멸을 면키 어렵다. 여기에서 플레이어들은 복잡한 선택의 갈래를 풀어야 한다.

또한 이 게임은 단지 상대편의 군단을 많이 살상하고 상대방의 건물을 파괴해야 승리하는 일반적인 실시간 전략게임과 달리 평화로운 승리도 가능하다. 문명을 최종수준까지 빨리 발전시키거나, 역사적인 건물들(자금성, 콜로세움)을 더 많이 짓거나, 문화적인 영역을 더 많이 확보함으로써도 승리가 가능하다. 이는 기존의 전략게임들이 치밀한 지능을 사용한다는 점에서는 높은 평가를 받음에도 불구하고 전쟁을 미화하고 파괴적이라며 제기된 비판에 대한 성공적인 답변이다.

실제로 인류의 역사는 군사력에만 의존하거나 혹은 문화에만 의존한 민족들의 멸망을 지켜보았다. 군단의 관리와 문명의 관리를 동시에 진행해야 하는 이 게임은 이런 인류 역사의 축소판이라고 할 수 있다. 물론 성질 급한 우리나라 청소년들에게는 한판 대결에 1~2시간 걸리는 복잡한 이 게임이 그리 큰 반응을 불러일으키지 못하였다. 그러나 마니아층을 상대로 꾸준한 인기를 끌어 지금은 <엠파이어 어스>, <에이지 오브 미솔로지>, <에이지 오브 엠파이어 2, 3>, <라이즈 오브 네이션즈> 같은 다양한 후속작들이 개발되었다.*

---

* 후속작이 이렇게 많은 이유는 이 게임의 초기 개발자들이 각각 새로운 스튜디오를 창설하거나 다른 회사로 옮겨갔기 때문이다.

나가는 글

이 책은 우선 컴퓨터 게임 중독증을 이해하기 위해 몰입과 중독이 무엇이 다른지에서부터 시작하였다. 그리고 어떤 것들이 몰입대상이 되며 어떤 것들이 중독대상이 되는지 살펴보았고, 이에 따라 몰입대상이 되는 컴퓨터 게임과 중독대상이 되는 컴퓨터 게임을 선별해 낼 수 있는 평가기준을 구성하였다. 이것을 바탕으로 실제 컴퓨터 게임 중독증에 걸린 청소년들에게 보상 강화 컴퓨터 게임 대신 자기 목적적 컴퓨터 게임을 플레이하도록 하고, 가족 상호작용을 개선하고 학업 스트레스를 저감시키는 치료전략을 수립하여 이를 실행에 옮기기도 하였다.

이제 이 먼 길을 마무리할 때가 되었다. 나는 이 책의 마무리를 어쩌면 너무도 당연해서 겨우 이 정도 알기 위해 박사학위까지 필요했느냐는 비아냥거림까지 들을 수 있는 말로 마무리하고자 한다. 그건 바로 "제대로 된 가족 상호작용이 이루어지고 학업 스트레스가 높지 않으면서 좋은 컴퓨터 게임을 가려서 플레이하면 컴퓨터 게임 중독증에 걸리지 않는다."는 것이다.

치료 사례 청소년들의 경우를 보자. 이들은 한결같이 가족 상호작용에 문제가 있었다. A는 부모에게서 부정적인 말을 들음으로써 상호작용 밀도가 낮아졌다. B와 D는 부모와의 상호작용 자체가 워낙 적어서 분리된 가족의 전형적인 모습을 보여 주었다. 반면 C는 지나치게 상호작용의 밀도가 높아 자신만의 세계를 만들 여지가 없었기에 자신만의 모험을 원했다.

학업 스트레스도 역시 만만치 않았다. 특히 A와 C는 높은 학업 스트레스에 시달리고 있었다. A는 부모로부터 위로받기 원했으나, 부모는 오히려 질책함으로써 학업 스트레스를 더 높였다. C의 경우는 부모가 학업 성적에 대해 관대하게 반응했지만 C는 이를 무관심으로 오해하면서 오히려 더 잔혹한 징벌로 인식하였다. 이들의 부모는 모두 이들이 원하는 것을 주지 못했다.

그 결과 A는 사이버 세계에서 대리만족과 위로를 얻으려 했다. B와 D는 사이버 세계에서 외로움을 달래 줄 투사 대상을 확보하려 했다. C는 부모의 그림자에서 벗어난 자신의 영역 확보와 중요 인물로서 존중감이라는 보상을 얻기 위해 컴퓨터 게임에 빠져들었다. 특히 이들이 컴퓨터 게임 장소로 많이 이용한 PC방은 보상 강화 컴퓨터 게임이 주로 설치되어 있고, 업주는 청소년의 중독 여부에 무관심했기 때문에 이들은 더욱 쉽게 중독되었다.

물론 당초 필자가 구성했던 치료 모델에서 핵심적인 역할을 할 것이라고 기대했던 컴퓨터 게임유형 교체의 효과는 그렇게 분명하게 나타나지 않았다. 이 효과는 오직 B의 경우에서만 분명하게 확인할 수 있었다. B는 처음에는 자기 목적형 컴퓨터 게임을 어려워하였으나 진입장벽을 극복한 이후 이를 즐기게 되었다. 또 보상 강화 컴퓨터 게임을 유치하게 여겨서 더 이상 하지 않게 되었고, 게임에 의존하지도 않게 되었다. 자기 목적적 컴퓨터 게임이 보상 강화 컴퓨터 게임의 길항제로 기능한 것이다.

그러나 성공 사례들을 모두 관통하는 하나의 공통점은 인간적인 유대감의 강화가 컴퓨터 게임 중독증 치료에 결정적이라는 것이었다.

A와 C의 치료효과는 게임유형 교체보다는 가족 상호작용 개선에서 비롯되었다고 봐야 한다. 어떤 면에서는 가족 상호작용이 개선되자 게임유형 대체의 효과가 발휘되기도 전에 컴퓨터 게임 중독경향이 현저하게 경감되었다고 봐야 할 정도였다. B의 경우도 게임유형 대체의 효과가 단독으로 발휘되었다기보다 게임을 하면서 알게 된 클랜형들과의 유대감의 도움을 받았다. 물론 C의 경우는 승률이라는 보상 대신, 게임 자체를 즐기게 되었다는 점에서 게임유형 교체효과가 나타났다고 볼 수도 있겠지만 아버지가 아들과 적극적으로 게임을 함께 하고, 아들은 아버지에게 게임을 가르쳐 주는 등 현저하게 개선된 가족 상호작용이 단단히 한몫을 했다.

반면 게임유형을 대체하는 처치만 이루어지고 가족 상호작용이나 학업 스트레스 영역에서는 아무 변화를 기대하기 어려웠던 D의 경우는 치료에 실패하였다. 이와 같은 결과는 청소년들의 컴퓨터 게임 중독증을 치료할 때 게임유형 교체의 효과는 가족 상호작용의 개선과 학업 스트레스 저감이 병행될 때에 제대로 발휘된다는 것을 보여 주고 있다. 이는 비단 컴퓨터 게임 중독증뿐 아니라 다른 유형의 중독증 치료에서도 대체재·길항제 요법이 단독으로 효과를 발휘하기 어려운 것과 마찬가지다(Cooper et al, 1995).

사례들 속에 나타난 게임 중독 청소년들은 모두 외로움과 고통을 달래 줄 대상을 찾고 있었다. 학교와 가정에서 이를 찾지 못하자 이들은 컴퓨터 게임에서 이를 찾고자 했고, 그러한 왜곡된 대리만족의 대가로 중독되고 말았다. 따라서 이들의 치료에서 가장 중요한 열쇠는 부모와의 소통을 어떻게 복원하는가에 달려 있었다. 이는 청소년의 게임 중독증이 소통·사회적 지지의 단절에서 비롯되었고, 근본적

치료는 이것이 회복될 때 비로소 가능하다는 기존 학설들(Young, 1998; 조아미·방희정, 2003)과 일치하는 결과다. 실제 이들은 자기 목적 게임의 진입장벽 단계에서 어려움을 호소하였다(진술문 12, 18). 이때 가족·교사의 지지(C의 경우), 선배들의 지지(B의 경우)가 없었다면, 게임유형 교체의 효과는 발휘되기 어려웠을 것이다.

그러나 이것이 게임유형 교체를 이용한 청소년 게임 중독증 치료 전략의 의미를 축소시키지는 않는다. 이 전략의 장점은 강한 치료효과가 아니다. 청소년의 여가·문화 도구인 컴퓨터 게임을 제한하지 않으면서, 부작용을 통제할 수 있다는 것이 더 중요하다. 실제로 사례 청소년들은 컴퓨터 게임을 하면서도 부모와 교사의 지지를 받을 수 있었고 이것이 이들을 치료에 적극적으로 반응하게 만들었다. B는 게임을 매개로 연대감을 회복했고, C는 게임을 매개로 가족과, 특히 아버지와의 상호작용을 개선했다. 이 과정에 불필요한 문화 충돌은 일어나지 않았다. 이는 청소년 사이버문화의 건전한 육성과 지도는 그들 문화의 이해와 수용을 바탕으로 가능하다는 사실을 다시 보여 주는 결과다.

그러나 필자는 이 책이 가지고 있는 다음과 같은 한계들을 인정한다.

첫째, 필자는 전문적인 임상심리학자도, 또 신경정신과 의사도 아니다. 따라서 필자가 여기에서 수립했던 게임유형 대체 요법을 확정된 치료방법으로 여겨서는 안 된다. 보다 많은 시험사례가 필요하기 때문이다. 다만 컴퓨터 게임 시간을 줄이거나, 금지하는 대신 주로 플레이하는 게임의 종류를 바꾸어 봄으로써 치료효과를 올릴 수 있다는 새로운 문제 제기로 여기는 것이 좋을 것이다. 치료 심리학이나 정신의학 전문가들이 부디 이 부분을 채워 주었으면 하고 바랄 뿐이다.

둘째, 중독증이라는 정신질환은 심리 · 사회적 요인뿐 아니라 생화학적 요인 때문에도 유발되며, 실제로는 이 경우가 더 많다는 것이다. 따라서 컴퓨터 게임 중독증의 치료에는 게임유형 대체, 가족 상담과 아울러 생물학적 치료도 병행될 필요가 있다. 하지만 이는 필자의 영역이 아니기 때문에 관련분야의 많은 연구가 있기를 바랄 뿐이다.

셋째, 여기서는 자기 목적형 컴퓨터 게임이 중독증을 경감시키는 효과에 대해 분석하였다. 그러나 자기 목적형 활동에는 여러 종류가 있다. 어쩌면 자기 목적적 컴퓨터 게임이 아니라 다른 종류의 자기 목적적 활동이 더 좋은 대체효과를 보여 줄 수도 있다. 하지만 여기서 그 정도까지는 다루지 못했다.

그럼에도 불구하고 이 책이 다만 하나마나한 소리를 던진 것이 아닐 것이라는 일말의 자신감은 유지하려고 한다. 무엇보다도 이 책은 다음과 같은 목소리를 던지고자 하는 것이며, 이 목소리가 들린다면 소기의 목적을 달성한 것이기 때문이다.

인터넷과 컴퓨터 게임은 오늘날 청소년들의 대표적인 문화 아이콘이다. 비록 기성세대들이 이들의 문화에 어느 정도는 익숙해지고자 하지만, 아무래도 계속해서 진화하는 이 분야에서 기성세대가 그 가쁜 호흡을 따라잡기는 쉽지 않다. 하지만 따라잡기가 쉽지 않다고 해서 그것을 기성세대의 느린 호흡에 강제로 맞추려 해서는 안 된다. 브라질의 저명한 교육학자 파울루 프레이리가 일찍이 말했듯이 참된 교육은 교육자와 피교육자가 서로 가르치며, 서로 배우는 것이다. 이제 기성세대들은 새로운 세대의 문화를 다양성 속에서 용인하며 서로 상교하는 자세를 가져야 할 것이다.

이를 위해 제일 먼저 해야 할 일은 청소년들의 문화 아이콘을 무조건 유해한 것으로 몰아 단속하려는 시도를 중단하는 것이다. 성인들의 문화에도 도박과 같은 유해한 부분이 있듯, 청소년의 문화에도 그런 부작용이 있을 뿐이다. 그런데 그 부작용뿐 아니라 문화 전체를 폄하하고 공격할 때 문화 충돌이 일어나며 세대 간의 갈등은 골이 깊어지는 것이다.

이 책에서 시종일관 다루고자 했던 연구는 청소년 문화의 부작용에 해당되는 부분만 수정하고, 전반적인 문화는 존중하기 위한 교육적인 방안이 무엇인가 하는 것이었다. 그 결과는 중독을 야기하는 환경을 개선하고, 중독적인 게임을 건전한 게임으로 교체하는 방안을 발견한 것이다. 이를 통해 청소년과의 문화 충돌을 방지하면서 중독의 위험을 최소화할 수 있을 것이다.

참고문헌

강경호(2002), 『중독의 위기와 상담』, 서울: 한사랑가족상담연구소.

강숙희(1997), 「구성주의적 패러다임에 입각한 학습 환경으로서의 매체의 활용」, 『교육공학연구』, 13(1), pp.117 - 131.

강신욱(2002), 「생활체육 참가자의 운동중독과 주관적 삶의 질에 관한 연구」, 『한국체육학회지』, 41(5), pp.59 - 70.

강영안 편(1998), 『대중문화, 더 이상 침묵할 수 없다』, 서울: 기윤실 문화.

강운선(1999), 「환경 영역의 교수 - 학습 과정에서 컴퓨터 시뮬레이션 게임의 학습 효과」, 『시민교육연구』, 28, pp.171 - 199.

게임 종합 지원센터(2001), 『게임 몰입증(게임 중독)의 현황과 대처 방안』, 문화관광부.

고선주, 백혜정(2001), 「인지발달: 컴퓨터 게임에서의 문제해결 분석」, 『한국심리학회지: 발달』, 14(2), pp.29 - 42.

구정화(1997), 「청소년의 건전한 여가활동을 위한 지도 — 청소년의 건전한 여가문화 형성을 중심으로」, 『상담과 지도』, 32. pp.111 - 135.

김교현(2002), 「심리학적 관점에서 본 중독」, 『한국심리학회지: 건강』, 7(2), pp.159 - 179.

김교현, 태관식(2001), 「자기 노출이 청소년의 컴퓨터 중독 개선에 미치는 효과」, 『한국 심리학회지: 건강』, 6(1), pp.177 - 194.

김윤옥 외(2001), 『교육연구를 위한 질적 연구방법과 설계』. 서울: 문음사.

김정규(1997), 『게쉬탈트 심리학』. 서울: 학지사.

김종훈, 김우경(2001), 「인터넷 게임을 기반으로 한 교육 모델 제시」, 『한국 컴퓨터산업 학회 논문지』, 2(6), pp.759 - 774.

김창배(1999), 『21세기 게임 패러다임』, 서울: 지원미디어.

김혜원(2001), 「청소년들의 인터넷 이용현황과 그에 대한 원인 분석 - 인터넷 중독증세와 음란행위를 중심으로」, 제37회 청소년문제연구세미나자료집, pp.19 - 66.

김회수, 천은영(1999), 「직접교수에서 학습전략과 메타인지 및 단계별 멀티미디어 활용이 학업성취에 미치는 영향」, 『교육공학 연구』, 15(1), pp.132 - 150.

나은영, 마동훈, 김철규(1999), 「인터넷 · 컴퓨터통신 몰입수준에 따른 행동양식의 차이」, 『한국심리학회지: 사회문제』, 5(2), pp.72 - 90.

라도삼(1999), 『비트의 문명, 비트의 사회』, 커뮤니케이션 전략 위원회.

류흥렬(2000), 「컴퓨터 게임의 서사적 특징」, 한국문학교육학회 편, 『문학교육론』, 5(1), pp.89 - 116.

박동숙, 전경란(2001), 「상호작용 내러티브로서의 컴퓨터 게임의 텍스트 연구」, 『한국언론학보』, 45(3), pp.69 - 110.

박상우(2000), 『게임, 세계를 혁명하는 힘』. 서울: 씨엔씨미디어.

박혜원, 곽금주(1996), 「전자게임의 유형 및 평가차원에 관한 일 연구」, 『한국심리학회지: 발달』, 9(2), pp.91 - 105.

손봉호(1995), 『고통 받는 인간』, 서울대학교 출판부.

손영수, 최만식, 문인수(2002), 「스포츠 몰입상태 척도에 대한 통계적 타당성 검증」, 『한국스포츠심리학회지』, 13(2), pp.59 - 73.

송계호(1999), 『직관과 구성』, 서울: 나남출판.

송정연(2001), 「스포츠 도박으로서 경마 참여 정도와 중독성향 및 사회적응관계」, 『한국스포츠사회학지』, 14(2), pp.601 - 615.

신순영, 김창석(2002), 「컴퓨터 게임의 이용행태가 학습전략과 학업성취도에 미치는 영향」, 『한국컴퓨터교육학회 논문지』, 5(2), pp.79 - 89.

신승남(2001), 「골프 라운드 동기와 파트너 수준이 몰입경험과 라운드 결과에 미치는 영향」, 『한국스포츠리서치』, 12(2), pp.17 - 28.

신영철(2001), 「Cyberaddiction의 진단 및 병리」, 한국중독정신의학회 편, 『한국중독 정신의학회 춘계학술대회 초록집』.

안귀덕(1999), 『청소년 문화의 비교 문화적 연구』, 서울: 정신문화연구원.

안정임(2001), 『청소년의 인터넷 중독증후군 및 음란물 접촉행위에 관한 연구』, 서울: 한국여성민우회 미디어운동본부.

양명환(1998), 「볼링 중독성향과 심리적 행복감」, 『한국체육학회지』, 37(4), pp.217 - 222.

양영선, 이재경(1997), 「멀티미디어 환경에서의 교수-학습 형태와 지도 방안」, 『교육공학 연구』, 13(1), pp.21 - 42.

엄나래, 정영숙(2002), 「고등학교 남학생들의 일상 활동에서의 몰입경험에 관한 탐색적 연구」, 『한국심리학회지: 발달』, 15(3), pp.55 - 69.

유영만(1999), 「N세대와 새로운 학습방식」, 『교육마당 21』, 209(1), pp.98 - 109.

윤여순(1995), 「상호작용 멀티미디어의 교실수업에서의 적용: 학습자의 메타인지 전략 사용을 중심으로」, 『교육공학 연구』, 11(1), pp.97 - 121.

은지용(2002), 「청소년 문화연구의 대안적 접근」, 『시민교육연구』, 34(2), pp.149 - 176.

이경숙, 김정호(2000), 「학업 스트레스 대처 훈련이 고등학생의 학업 스트레스와 학업 성취에 미치는 효과」, 『한국심리학회지: 임상』, 5(1), pp.42 - 59.

이미나, 이건만, 박부권, 권숙인, 김대일(2002), 「정보사회 지체로 인한 학교붕괴 해소책 연구 — IT 주도적 학습체제와 N문화 학교 풍토 개발을 중심으로」, 『시민교육 연구』, 34(1), pp.251 - 294.

이성호(2003), 『교수방법의 탐구』, 서울: 양서원.

이소영, 권정혜(2001), 「Impulsivity, social problem - solving abilities, and communication style of adolescent Internet game addicts」, 『한국심리학회지: 임상』, 20(1), pp.67 - 80.

이순형(1999), 「컴퓨터 게임이 아동의 공간기술과 단기기억에 미치는 효과」, 『한국아동학회지』, 20(3), pp.292 - 306.

이윤로(1997), 『청소년의 약물 남용과 치료』, 서울: 문음사.

이은주(2001), 「몰입에 대한 학습동기와 인지전략의 관계」, 『교육심리연구』, 15(3), pp.199 - 216.

이정모, 김성일, 황상민(1999), 「멀티미디어 타이틀의 내용구조에 따른 학습 행동의 분석: 상황화된 인지의 중개자로서의 멀티미디어 매체의 효과와 기능」, 과학기술처 소프트 사이언스 지원 연구.

이해경(2002), 「인터넷상에서 청소년들의 폭력게임 중독을 예측하는 사회 심리적 변인들」, 『한국심리학회지: 발달』, 14(4), pp.55 - 79.

이형초, 안창일(2002), 「인터넷 게임 중독의 진단척도 개발」, 『한국심리학회지: 건강』, 7(2), pp.1 - 22.

이희영, Bradley, J. A.(2000), 「Video Game Play and Television Viewing as Predictors of Aggression in Preadolescent Boys: A Comparative Analysis」, 『상담학연구』, 1(1), pp.149 - 160.

임선빈(1996), 「새로운 학습 환경으로서의 가상현실」, 『교육공학연구』, 12(2), pp.189 - 209.

정경아, 한규석(2001), 「게임 중독 청소년의 특성 분석: 개입의 필요성 판단을 위한 연구」, 『2001년 한국 심리학회 연차 학술 대회 논문집』, pp.222 - 228.

정보문화진흥원(2002), 『두려움 없는 클릭: 정보화 역기능 예방가이드』, 서울: 한겨레신문

정영숙(2000), 「N세대의 친 사회도덕 발달: 관련 변인의 탐색 및 증진 방안의 모색」, 『한국심리학회지: 발달』, 13(3), pp.12 - 34.

정용각(2000), 『여가행동 및 레크리에이션』. 부산: 부산대학교 출판부.

정종호(2001), 「게임 중독증 예방 및 치료법」, 『가정과 상담』, 40(1), pp.11 - 24.

정청희, 최용주(1997), 「운동참가가 정서 변화에 미치는 영향」, 『한국스포츠심

리학회지』, 8(1), pp.57 - 68.

조남근, 양돈규(2001), 「청소년이 지각한 사회적 지지와 인터넷 중독경향 및 인터넷 관련 비행간의 관계」, 『한국심리학회지:발달』, 14(1), pp.95 - 111.

조아미, 방희정(2003), 「부모, 교사, 친구의 사회적 지지가 청소년의 게임중독에 미치는 영향」, 『청소년학연구』. 10(1), pp.249 - 275.

최유찬(2002), 『컴퓨터 게임의 이해』. 서울: 문화과학사.

한국 간행물 윤리위원회(1998), 『청소년 유해 간행물에 대한 성인 인식도 조사』.

한국 정보문화 센터(2001), 『인터넷 중독 현황 및 실태 조사』, 서울: 한국 정보문화 센터 경영 관리실.

한국 청소년 개발원(1993), 『청소년 문화론』. 서울: 서원 출판.

한국게임산업개발연구소(2001), 『2001게임백서』, 서울: 문화관광부.

한국사회학회 편(1990), 『한국 사회의 세대문제』, 서울: 나남.

한상진(1999), 『386 세대의 자화상』, 서울: 정신문화연구원.

허운나(1986), Some Issues in Computer - Assisted Interactive - Video Technology, 『교육공학 연구』, 2(1), pp.151 - 175.

허운나, 유영만(1998), 『교육공학 개론』, 서울: 한양대학교 출판원.

홍두승(2000), 『사회조사 분석』, 서울: 다산출판사.

홍성태(1996). 『사이버 공간, 사이버 문화』, 서울: 문화과학사.

황상민(2000), 「신세대(N세대)의 자기표현과 사이버 공간에서의 상호작용: 사고와 행동양식의 변화를 중심으로」, 『한국 심리학회지: 발달』, 13(3), pp.1 - 12.

황상민, 한규석(1999), 『사이버 공간의 심리』, 서울: 박영사.

황상민 · 김성일 · 김소영 · 변은희(1998), 「멀티미디어 매체의 특성과 학습효과에 대한 탐색적 연구」, 『교육공학 연구』, 14(2), pp.209 - 225.

Adorno, T.(1970), *Aesthetische Theorie*, Frankfurt M.: Suhrkamp. 홍승용 역(1989), 『미학이론』, 서울: 문학과 지성.

Bergmann, W.(2000), *Computer machen Kinder schlau*, München: Beust Verlag.

_____ (2002), *DigitalKids - Kindheit in der Medienmaschine*, München: Beust Verlag.

_____ (2003), *Erziehen im Informationszeitalter*, München: Deutsche Taschenbuch Verlag.

Caillois, R.(1967), *Jeu et Homme*, Paris: Galimar. 이상률 역(1994), 『놀이와 인간』, 서울: 문예출판사.

Caputo, V.(1995), "Anthropology's silent 'others': A Consideration of some conceptual and methodological issues for the study of youth and children's cultures", in Amit – Talai, V. & H. Wulff(Ed.), *Youth cultures: A cross – cultural perspectives*, London: Routledge, pp.19 – 42.

Cooper, M. L., Frone, M. R., Russell, M., & Mudar, P.(1995), Drinking to regulate positive and negative emotion: A motivational model of Alcoholism, *Journal of Personality and Social Psychology*, 69, pp.961 – 974.

Cox, M. J.(1997), *The effect of Information Technology on Students' Motivation. Final Report*, King's College: London.

Cox, M. J.(1997), *The effect of Information Technology on Students' Motivation. Final Report*, King's College: London.

Craig, S. C.(1997), *After the Boom: The Politics of Generation X*, New York: Rowman & Littlefield

Croce, B.(1901), *Fundamental Theses of an Esthetic as Science of Expression and general Linguistic.* 이해완 역(1994), 『크로체의 미학』, 서울: 예전사.

Csikszentmihalyi, M. & Csikszentmihalyi, I. S.(1988), *Optimal Experience: Studies of Flow in Consciousness*, New York: Cambridge Press.

Csikszentmihalyi, M. & Schneider, B.(2000), *Becoming Adult*, New York: Basic Books.

Csikszentmihalyi, M. & Schneider, B.(2000), *Becoming Adult*, New York: Basic Books.

Csikszentmihalyi, M.(1975), *Beyond Boredom and Anxiety: The Experience of Play in Work and Games*, San Francisco: Jossey – Bass. 이삼출 역(2003), 『몰입의 기술』, 서울: 더불어 책.

_____ (1986), "Play and intrinsic rewards", in *Journal of Humanistic Psychology*, 15(3), pp.41 – 63.

_____ (1990), *Flow: The Psychology of Optimal Experience*, New York: Harper & Row.

_____ (1996), *Creativity – Flow and Psychology of Discovery and Invention*, New York: Harper Collins.

_____ (1997), *Finding Flow*, New York: Brockman Inc. 이희재 역(2002), 『몰입의 즐거움』, 서울: 해냄.

Davison, C. D.(1998), *Abnormal Psychology*, LA: John Wiley & Sons.

DeMaria, R. & Wilson, J. L.(2002), *High Score: The Illustrated History of Electronic Games*, Osborne Media Group.

Dickie, G.(1974), *Art and the Aesthetics*, Haven Publications.

_____ (1984), *The Art Circle*, Haven Publications.

Dumazedier, J.(1967), *Toward a Society of Leisure*, London: Collier – Macmillan.

Durkheim, E.(1992), *Professional Ethics and Civic Morals*, London: Routledge.

Eagle, S. H. & Ochoa, A. S.(1988), *Education for democratic citizenship*, New York: Teachers College, Columbia Univ.

El – Shamy, S.(2001), *Training Games: Everything You Need To Know About Using Games To Reinforce Learning*, Sterling, Virginia: Stylus Place of Publication.

Erikson, E.(1950), *Childhood and Society*, New York: Norton.

Friths, S.(1981), *Sound Effect: Youth, Leisure and the Politics of Rock'n'Roll*, New York, pantheon Books.

Galvin, M. K. & Brommel, V.(1986), *Family Communication*. 노영주 · 서동인 · 원효종 역(2001), 『가족관계와 의사소통』, 서울: 하우.

Giddens, A.(1984), *The Constitution of Society*, London: Basil Blackwell.

_____ (1991), *Modernity and Self – Identity*, London: polity Press.

_____ (1992), *Transformation of Intimacy*, London: polity Press.

Glasser, W.(1976), *Positive Addiction*, New York: Harper Collins. 김인자 역(2001), 『긍정적 중독』, 서울: 한국심리상담소.

Gleitman, H.(1995). *Basic Psychology*. New York: W.W.Norton & CO. 정현갑 역(2002), 『심리학』, 서울: 시그마프레스.

Glenn, C. M. Jr.(1997), *The Child's Experience of Video Play*, Ma.: The University of Texas Austin

Graef, R.(1978), "An analysis of the person by situation interaction through repeated measures", Doctoral dissertation, University of Chicago.

Halford, N. & Halford, Z.(2000), *Swords & Circuitry – A guide to Computer Role – Playing Games*, London: The Coriolis Group.

Hart, A.(1990), *Healing Life's Hidden Addictions*. 윤귀남 역(1997), 『숨겨진 중독』, 서울: 참미디어.

Hawkins, J. D.(1987), *Childhood predictors and Prevention of Adolescent substance Abuse*, Washington D.C.: Governmental Print.

Heim, M.(1999), *The Metaphysics of Virtual Reality*, London: Oxford Univ. Press.

Hewitt, J. P.(2000), *Self and Society – A Symbolic Interactionist Social – Psychology*. 윤인진 역(2001), 『자아와 사회』, 서울: 학지사.

Huizinga, J.(1955). *Homo Ludens A Study of the play, element in Culture*. Boston: Beacon Press. 김윤수 역(2001), 『호모 루덴스』, 서울: 까치.

Kaplan, M.(1960), *Leisure in America*, New York: Wiley.

Kivy, P.(1990), *Philosophical Reflections on the Purely Musical Experience*, Cornell Univ. Press. 장호연 역(2000), 『순수음악의 미학』, 서울: 이론과 실천.

Kneif, T.(1998), *Vorträge zur Musiksoziologie*, Seoul: Sejong Vertrag.

Lukacs, G.(1916), *Die Theorie des Romans*, Berlin: Luchterhand.

_____ (1971), *Aesthetik Bd.1 − 4*, Berlin: Luchtherhand.

Mannheim, K.(1952), *Ideologie und Utopie*, Frankfurt a. M: Verlag G. Schulte − Bulmke.

Martin, G.(1999), *When good things become addictions*. 임금선 역(1999), 『좋은 것도 중독이 될 수 있다』, 서울: 생명의 말씀.

Meyer, L.(1956), *Emotion and Meaning in Music*, Chicago: Haven.

Murray, J.(1997), *The Future of Narrative in Cyberspace*, MA: MIT Press.

Parker, S.(1976), *The Sociology of Leisure*, London: George Allen & Unwin. 이연택·민창기 역(2002), 『현대사회와 여가』, 서울: 일신사.

Pias, K.(2002), *Computer Spiel Welten*, München: Sequenzia Verlag.

Reed, S. K.(2000), *Cognition: Theory and Applications*, New York: Thomson Learning. 박권생 역(2003), 『인지심리학』, 서울: 시그마프레스.

Rollings, A. & Morris, D.(2000), *Game Architecture and Design*, London: The Coriolis Group.

Schiller, H. I.(1996), *Information Inequality*, London: Routledge. 김동춘 역(2001), 『정보 불평등』, 서울: 민음사.

Schneider, B.(2000), *America's Teen Agers: Motivated but Directionless*, Yale Univ. Press.

Shaffer, D. R.(1999), *Developmental Psychology*, New York: Thomson Learning. 송길연 외 역(2001), 『발달심리학』, 서울: 시그마프레스.

Shogren, G. & Welch, D.(1999), *Running in Circles*. 안효선 역(2000), 『중독』, 서울: 에스라서원.

Stahl, S.(1999), *A gentle Instruction to Game Theory*, America Mathematical Society.

Stevenson, D.(2000), *Age Power: The ambitious generation*, Rowman & Littlefield.

Tapscott, D.(1999), *Growing up digital: Net Generation*. 허운나, 유영만 옮김 (2000), 『N세대의 무서운 아이들』, 서울: 물푸레.

Tucker, J. A., Vunchirinch, R. E., & Downey, K. K.(1992), *Handbook of clinical behavior therapy*, New York: Wiley & Sons.

Woelflin, H.(1904), *Die klassische Kunst*, Frankfurt: Suhrkamp.

Young, K. S.(1998), *Caught in Net*. 김현수 역(2000), 『인터넷 중독증』, 서울: 나눔의집.

Zolberg, V.(1990), *Constructing a Sociology of the Arts*, Cambridge Univ. Press.

부 록

〈부록 1〉 컴퓨터 게임 중독증을 소재로
한 소설 「아바타」*

"이런 썩을!"

폭탄 터지는 소리와 기관총 소리가 요란하게 울려대고 눈앞의 모니터가 온통 붉게 물들어 버리자 태호가 주먹으로 테이블을 두드리며 외쳤다. 그리고 의자 등받이에 몸을 집어던진 채 앞뒤로 몇 번 흔들어 대었다. 그동안 무적을 자랑했던 <카운터 스트라이크> 연승 기록이 깨지는 순간이다. 15연승? 16연승? 하여간 최근 들어 처음 겪어본 패배다.

― Hey! You're excellent soldier! It was a great match! See ya!

자신을 뉴질랜드 인이라고 소개했던 상대방에게서 채팅 인사가 왔다.

― You, too. Good game. Bye bye.

태호 역시 자신이 알고 있는 몇 안 되는 영어단어를 총동원해 작별 인사를 보냈다. 그리고 게임을 중단한 뒤 자리에서 일어섰다. 30분간의 격전을 벌인 다음이라서 그런지 머리가 약간 어지럽고 어깨가 쑤셨다. 목을 조금 돌려 보고 자기 손으로 어깨를 탁탁 두드린 뒤 태호는 가방을 들쳐 메고 옆자리에서 계속 게임하고 있는 종훈이를 두드렸다.

---

* 이 소설의 제목이 제임스 캐머런의 영화와 같다고 표절이라고 생각하면 안 된다. 이 소설은 필자가 2002년에 재직 중인 신암중학교 교지에 기고했던 것이다. 굳이 따지면 이 소설의 제목이 원조다.

"야, 최종훈, 그만 좀 해라. 학원 갈 시간이야."

"음. 음? 알았어."

종훈이가 건성으로 대답했다. 그러나 꿈쩍도 하지 않고 있는 엉덩이의 묵직함으로 보아 전혀 일어설 기척이 아니었다. 도리 없이 태호는 종훈이가 하고 있는 게임을 물끄러미 바라보며 기다려야 했다. 긴장감이라고는 전혀 없이, 일본 애니메이션 투로 예쁘게 꾸며진 캐릭터들이 이리저리 분주하게 옮겨 다니면서 이런저런 아이템들을 줍고 있었다. 가끔 익살스럽기까지 한 명색이 괴물인 캐릭터들이 튀어나와 전투가 벌어지기는 했지만 칼질 몇 번에 허무하게 쓰러졌고, 공연히 아이템과 돈만 보태 주었다.

"야, 너 이게 재미있냐?"

"아니, 그냥."

"그럼, 그만하고 가자니깐?"

"먼저 가. 조금만 더 하면 레벨 올라가니까."

"야, 재미도 없는 것, 레벨만 자꾸 올리면 뭐 하냐?"

태호가 투덜거렸지만 종훈이는 들은 척도 않고, 예쁜 소녀 캐릭터를 조종하여 별로 위험하지도 않은 모험을 계속하며 아이템을 줍고 경험치를 올리고 있었다. 그러기를 10여 분 마침내 예쁜 벨소리와 함께 "레벨이 올랐습니다."라는 귀여운 목소리가 들렸다. 종훈이가 캐릭터 창을 열자 긴 머리를 찰랑거리는 귀여운 소녀 캐릭터의 모습이 나타났다. 레벨 업 배너를 클릭하자 소녀의 모습은 더 귀엽고 매력적으로 바뀌었다.

"어라? 이게 뭐야? 너도 정말 어지간하다."

그 소녀 캐릭터를 물끄러미 바라보던 태호가 약간은 놀란 듯, 또 나머지 약간은 한심하다는 듯 종훈의 얼굴을 위아래로 훑어보았다.

"캐릭터 이름이 유지연? 너 유지연 걔하고는 헤어졌잖아?"

"헤어져? 누가? 누구 맘대로?"

"누구 맘대로? 걔 맘대로! 너 지연이가 2반 이오종하고 사귀는 거 몰라? 전교생이 다 보는 앞에서 손잡고 다니는 거 못 봤어?"

"웃기지 마."

"관두자. 하여간 너도…. 휴. 뭐라 할 말이 없네."

"할 말 없으면 하지 마. 그리고 너 학원 간다며?"

"넌 안 가?"

"안 가. 너나 가. 난 이제 학원 끊을 거야."

"맘대로 해라. 난 간다."

태호는 PC방 의자에 비스듬한 자세로 반쯤 드러눕다시피 한 모습으로 마우스를 까딱까딱 누르고 있는 종훈의 모습을 안타까운 듯, 한심한 듯 잠시 바라보다 등을 돌렸다. 그의 등 뒤로 이 세상의 모든 무기들은 다 동원되었지 싶은 총포도검의 합성음이 잠시 울리다 사라졌다.

자정을 알리는 종소리를 들으며 종훈이는 부스스한 모습으로 열쇠를 비틀어 문을 열고 집으로 들어섰다. 동대문에서 새벽장사 하는 부모님은 여느 때와 다름없이 집에 없었고, 텅 빈 집과 덩그러니 하나 켜져 있는 현관의 등불만이 그를 맞아 주었다. 종훈이가 아무도 없는 깜깜한 집에 밤늦게 들어오는 것이 안타까워 엄마가 켜 두고 나간 것이리라. 그러나 종훈이는 아무도 없는 환한 집보다 가족이 기다리고 있는 깜깜한 집이 더 그립다.

방 한구석에 어차피 별로 든 것도 없는 책가방을 내동댕이치고 종훈은 마치 자석에라도 끌려가듯 컴퓨터 전원 스위치를 눌렀다. 컴컴한 방에 마이크로소프트 로고가 모니터를 밝히며 어슴푸레한 빛을 흘려내었고, 종훈의 긴 회색 그림자가 힘없이 늘어섰다가 컴퓨터 화면이 바뀔 때마다 색깔을 바꿔 입었다.

유령같이 그림자를 흘리며 종훈은 컴퓨터 앞에 앉았다. 그리고 마치 정해진 프로그램이 작동하는 것처럼 불길한 마스크 모양의 게임 아이콘을 클릭했다. 아이디와 비번을 치고 접속하자 그의 게임 아바타가 화면에 나타났다.

"지연…."

마치 종훈이의 말을 알아듣기라도 하는 양, 둥근 눈망울에 날씬한 몸매를 하고 있는 게임 아바타가 그를 향해 윙크인지 비웃음인지 모를 표정을 던져 주었다.

"저어, 이런 말 하기는 미안하지만."

지연이 애교스럽게 눈초리를 치켜 올렸다.

"우리가 가고 있는 방향이 틀린 것 같거든요? 저기 희미하게 보이는 게 수평선처럼 보이는데…. 우리가 가려던 곳은 안개산맥이 아니었던가요?"

"허, 그러게요."

종훈이 멋쩍게 머리를 긁었다.

"어떤 놈이 이정표에다가 장난을 쳤나 봐요. 에이. 이런 멍청한 장난질에 당하다니."

"너무 자책하지 말아요."

지연이 우아한 걸음으로 종훈에게 다가왔다.

"온갖 술수가 난무하는 땅 페이룬에서 그 정도 안 당해 본 사람이 어디 있겠어요?"

― 아, 천사가 따로 없어!

종훈은 가슴 깊숙한 곳으로부터 위안을 느끼며 지연을 슬쩍 훔쳐보았다. 연분홍색 로브 사이사이로 살짝 드러난 하얀 살결이 햇빛을 받아 반짝였고, 자주색 투구 아래로 흘러내린 긴 머리카락이 바람을 받아 춤추듯 흩날리고 있었다.

"자아, 이러고 있어 봐야 별 도움이 안 되니까."

지연의 차가우면서도 부드러운 손이 종훈의 어깨 위에 살포시 내려앉았다.

"일단 아까 그 이정표까지 되돌아가죠. 이 바닷바람이 좋긴 하지만, 오늘 안에 안개산맥에서 스승님을 만나야 하니까."

"저야 뭐."

종훈이 약간 부끄러워하며 웃었다.

"길이 멀어지면 멀어질수록 좋은 걸요? 그럼 지연 신관님과 함께하는 시간도 길어지니까."

"어머, 종훈 기사님도….."

지연이 말끝을 흐리며 미소로 화답했다. 그 미소에 종훈은 지금까지 겪었던 모든 고통스러웠던 기억이 한순간에 소멸되는 환희를 느껐다. 그러나 그 기쁨도 잠시, 종훈이 갑자기 발걸음을 멈추었다.

"이상해요. 뭔가 위화감이 느껴져요. 이런 느낌, 이런 느낌을 언제 받았더라… 아! 이레니쿠스! 이런 함정이다!"

종훈의 당황한 목소리가 끝나기도 전에 그들이 서 있는 둘레로 불길이 원을 그리며 일어서더니 장막을 이루면서 완전히 에워싸고 말았다.

"화염의 장막!"

지연이 침착한 모습으로 나풀거리던 머리카락을 쓸어 넘기며 말했다.

"걱정 말아요. 이 정도는 쉽게 처리할 수 있어요."

그리고 나직한 목소리로 주문을 외우기 시작했다.

"하, 아름다운 마법사를 데리고 나타나셨군."

거칠고 구역질나는 바리톤 음성이 들리더니 검은 망토를 걸친 키가 큰 중년 남자가 불길 속에서 모습을 드러내었다.

"이레니쿠스! 그때 확실히 숨통을 끊어 놓았어야 했는데."

종훈이 부들부들 떨리는 손가락으로 칼을 움켜쥐었다.

"호오, 고귀한 기사 종훈. 이거 정말 오랜만이로군. 하하하, 이거, 감사의 말씀을 드려야겠는 걸? 그대의 고귀한 자비심 덕에 이 몸이 이렇게 돌아올 수 있었으니 말이지. 전보다 몇 배는 더 강해져서 말이야. 하하하하!"

이레니쿠스가 거미처럼 느물거리는 길고 가는 손가락을 마치 하프라도 연주하는 듯이 흔들어 대었다.

"그러니까 이제는 저 아름다운 마법사도 별 도움이 되지는 않을 것이란 말이지."

이레니쿠스의 말이 끝나기가 무섭게 그들을 에워싸고 있던 불길에서 한 줄기 섬광이 번득이며 주문을 외우고 있던 지연을 덮쳤다. 지연의 몸이 종잇장처럼 맥없이 붕 떠오르더니 종훈의 발 앞에 풀썩 쓰러졌다. 그리고 고통스러운 기침과 함께 검붉은 핏덩이를 토해 내었다.

"지연 신관님!"

"괜찮아요. 쿨럭."

지연이 연신 기침을 해대면서 억지로 웃는 얼굴을 만들어 보였다.

"이레니쿠스!"

종훈이 허리에 차고 있던 장검을 뽑아 들었다. 장검에서 파란 광채가 솟구치자 불길의 원이 마치 두려움이라도 느끼는 듯 수그러들기 시작했다.

"도저히 용서할 수 없다. 오늘만은 내게서 자비를 기대하지 않는 것이 좋을 것이다."

"하아, 홀리 소드! 어떤 마법이라도 해제할 수 있다는 거룩한 무기. 크크. 하지만 내가 그 정도 대비도 하지 않았을 것 같은가?"

이레니쿠스가 비웃으며 손을 치켜 올리자 땅속에서 시커먼 형상들이 기분 나쁜 소리를 흥얼거리며 솟아올랐다.

"트롤들!"

"자아, 어쩌실 텐가? 고귀한 기사 나리. 그대가 날 공격한다면 저 아름다운 마법사는 트롤들의 간식거리가 되고 말걸세! 자, 이 더러운 땅 귀신 트롤들아, 부드러운 고기가 저기 있다."

이레니쿠스가 손을 휘두르자 키가 3미터는 넘어 보이는 트롤들이 일제히 지연을 향해 달려들었다. 종훈은 있는 힘껏 장검을 휘두르며 트롤들을 막았다. 그의 검이 허공을 스칠 때마다 하얀 빛이 번득이며 트롤의 두꺼운 가죽이 예리하게 갈라졌다. 그러나 트롤은 워낙 몸집이 큰데다가 상처도 순식간에 아물었기 때문에, 종훈의 공격은 트롤을 잠시 주춤거리게 할 뿐, 이내 회복된 트롤들이 다시 덤벼들었다.

"하아, 트롤들을 먼저 상대하시겠다? 그대는 지금 나를 무시하고 있는가, 아니면 눈물겨운 사랑 때문인가?"

이레니쿠스가 야비한 웃음을 던지더니 종훈을 향해 손을 내뻗었다. 그의 마디만 앙상한 거미가시 같은 손가락 끝에서 살아 꿈틀거리는 것 같은 안개가 뻗어 나오더니 종훈을 향해 꿈틀거리며 다가오기 시작했다. 한 모금만 호흡하더라도 치명적인 타격을 받는 사악한 마법 <지옥의 숨결>이었다. 이 치명적 안개는 인간의 체온에 반응하여 표적이 된 사람 둘레를 떠나지 않기 때문에 더욱 위험한 존재였다.

물론 평소의 종훈이었다면 홀리 소드로 얼마든지 막아 낼 수 있었을 것이다. 그러나 종훈이 이 안개를 상대한다면 아직 기운을 차리지 못하고 있는 지연은 트롤들의 손에 갈기갈기 찢어지고 말 것이었다. 종훈은 일단 칼을 꼿꼿이 세운 채 다음 행동을 결정하지 못하고 주저하고 있었다.

그때 지연의 날카로운 목소리가 들려왔다. 그리고 그들과 트롤들, 이레니쿠스를 포함한 반경 수십 미터가 한낮의 태양보다 몇 배나 밝은 찬란한 빛의 물결로 넘실거리기 시작했다. 빛의 물결이 넘실거릴 때마다 트롤들은 하나둘 먼지가 되어 버렸고, 지옥의 숨결은 연분홍색의 따뜻한 향기가 되어 부드럽게 흩어졌다.

"성스러운 절대 광막!"

이레니쿠스의 입에서 공포스러운 한마디가 터져 나왔다. 이 세상에 존재하는 선한 정령들과 신의 정수를 모두 소환하는 강력한 마법. 흑마법과 조금이라도 연결된 대상을 모두 중화시켜 그 존재를 소멸해

버리는 절대선의 정화. 그러나 이 마법을 소환한 사람은 그 힘을 견디지 못해 목숨을 내어 놓아야 할지도 모른다는 백 마법 최후의 비기.

"이럴 수가 저 계집이! 아, 이럴 수가."

이레니쿠스는 자기 몸에서 수십 년간 연마했던 흑마법의 에너지가 썰물처럼 빠져나가는 것을 느끼며 휘청거리기 시작했다. 그러나 그 휘청거림도 잠시, 종훈의 홀리 소드가 섬광을 일으키며 그의 몸뚱이가 예리하게 세로로 갈라지며 장작처럼 쓰러졌다. 그렇게 이레니쿠스의 사악한 육신은 몇 번 꿈틀거리다가 마침내 회색 안개가 되어 산산이 흩어져 버렸다.

이레니쿠스를 완전히 해치운 것을 확인한 종훈은 칼을 집어 던지고 지연을 향해 달려갔다. 지연은 허리를 반쯤 들어 올린 채 엎드려 있었다. 그녀의 상체를 간신히 지탱하며 땅을 딛고 있는 가느다란 팔의 굴곡에서는 핏물이 방울방울 흘러내렸다.

"지연 신관님!"

종훈이 지연을 붙들어 일으켰다. 이미 그녀의 몸에는 한 줌의 힘도 남아 있지 않는 듯, 그의 품에 안기자마자 두 팔이 축 아래로 처지고 말았다.

"무사하셨군요."

지연이 입가로 희미한 미소를 지으며 들릴 듯 말 듯한 목소리로 말했다.

"그럼 되었어요."

"되긴 뭐가 돼요? 난 당신을 잃을 수 없단 말이에요! 왜 그런 무리한 마법까지 쓰셨나요?"

"저도 종훈 기사님을 잃을 수 없었…"

말을 채 마치기도 전에 지연의 눈이 감기며 고개가 아래로 쳐져 버렸다. 종훈은 이 순간 아무 말도 입 밖에 튀어나오지 않는 것이 너무 슬펐다. 수많은 전투로 거칠어진 그의 얼굴 위로 작은 강물 두 줄기가 흘러내렸다.

새벽 네 시, 아무도 없는 텅 빈 아파트. 작은 방 하나에서만 빛이 흘러나오고 있었다. 그 빛은 컴퓨터 모니터가 반짝이는 빛이었고, 스피커에서는 계속 똑같은 음악이 반복되고 있었다. 그리고 그 앞에서 종훈은 한 손에 마우스를 움켜쥔 채 의자에 목을 기대고 잠들어 있었다. 그의 눈가에는 흐르다 말라 굳어 버린 눈물 자국이 모니터 빛을 받아 번들거렸다. 모니터에는 '당신의 캐릭터가 죽었습니다. 경험치와 아이템의 20%를 삭감하고 다시 시작하시겠습니까?'라는 문자가 유령처럼 둥실둥실 떠다녔다.

〈부록 2〉 컴퓨터 게임의 분류

1980년대까지만 해도 컴퓨터 게임은 '전자오락'으로 불렸다. 기성세대는 항상 새로운 문화에 적대적이었기에, 이 '전자오락'은 청소년에게 유해한 것으로 간주되었고, '오락실'은 학교 위생구역 내에 있어서는 안 되는 유해시설로 취급되었다.

그러나 이제 컴퓨터 게임은 보편적인 문화로 자리 잡았다. E스포츠 선수들이 당당한 직업으로 인정받고, 게임 제작이 아니라 게임 플레이를 전공하는 대학까지 생길 정도로 컴퓨터 게임의 위상은 높아졌다. 그럼에도 불구하고 아직 기성세대들은 컴퓨터 게임을 음악, 미술, 연극 등과 같은 당당한 하나의 장르로 인정하지 않는 듯하다.

게다가 인정하려 하더라도 어른들이 접근하기에는 만만치 않은 진입장벽들이 있다. 컴퓨터 게임도 하나의 문화 장르고, 따라서 나름의 문법, 나름의 체계가 있기 때문이다. 음악이나 연극에 처음 접근할 때 기본적인 악전이나 규칙들을 학습해야 하듯이 컴퓨터 게임에 접근할 때도 기본적인 지식들은 학습해야 한다.

무엇보다도 컴퓨터 게임에 처음 접하는 기성세대들이 소홀하기 쉬운 것은 컴퓨터 게임 역시 다양한 하위 장르로 구성되어 있다는 것이다. 호러영화, 전쟁영화, 애정영화 등을 구별하지 않고 동일한 영화로 취급하는 것이 어리석은 일이듯이, 컴퓨터 게임의 다양한 장르들의 차이를 무시하고 무조건 컴퓨터 게임으로 통칭하는 것 역시 어리석은 일이 될 것이다.

구동 기기에 따른 컴퓨터 게임 분류

컴퓨터 게임은 테크놀로지와 결합한 놀이이자 예술이다. 따라서 어떤 하드웨어에서 구동되는가에 따라 구현되는 게임의 스타일도 확연하게 다르다. 통상 컴퓨터 게임은 하드웨어에 따라 네 가지로 분류된다.

아케이드 게임

소위 전자오락실 게임이다. 게임 전용으로 제작된 게임기에서 구동된다. 전용 게임기는 특정 게임만 구현시키는 전자칩과 기판으로 구성되어 있고, 주로 아케이드 등에 설치되는 경우가 많아 이렇게 불린다. 컴퓨터 기술이 발달하기 전인 1990년대 초반까지만 해도 복잡한 동작과 그래픽을 가진 게임을 작은 게임기나 PC에서 구현하는 것은 거의 불가능했다. 따라서 몸집이 큰 아케이드 게임은 컴퓨터 게임의 주류를 이루었다. 그러나 콘솔 게임기와 PC의 성능이 향상되면서 아케이드 게임은 점차 주변부로 밀려나서 DDR이나 PUMP 같은 댄싱 게임 혹은 성인 오락실의 도박 게임에서 그 명맥을 유지하고 있다.

콘솔 박스 게임

가정용 게임기에서 구현된다. 주로 TV에 연결해서 사용하며, 흔히 비디오 게임이라고 불린다. 90년대 초반까지만 하더라도 콘솔 박스는 규모가 작은 아케이드 게임기에 불과하였고, 실제 아케이드 게임을 소형화·단순화시킨 유형이 많았다. 그러나 90년대 후반 정보처리장치(CPU)를 장착한 2세대 게임기가 등장하면서(플레이 스테이션, 새

아케이드 게임기

플레이 스테이션

턴) 콘솔 박스 게임은 화려한 그래픽을 바탕으로 게임계의 주류로 떠올랐다. 최근에는 자체 저장 기능과 온라인 기능까지 갖추었다. 그러나 콘솔 게임기의 CPU는 복잡한 연산보다는 그래픽 처리에 특화되어 있기 때문에 여기에서 구현되는 게임들도 주로 실사를 방불케 하는 화려한 그래픽을 바탕으로 하는 액션게임이나 스포츠게임 등이 많다. 최근 월드컵과 맞물려 청소년들에게 폭발적인 인기를 끌었던 축구게임인 위닝 일레븐, 또 실제 레이스를 벌이는 것 같은 스릴을 주는 레이싱 게임인 나스카 등이 이 분야의 대표적인 게임이다.

PC 게임

우리나라에서는 매우 대중적이지만 미국이나 유럽에서는 그리 대중적인 게임은 아니었다. 말 그대로 PC에 설치해서 사용하는 게임이다. PC는 콘솔 박스와 달리 게임을 목적으로 하는 기기가 아니다. 따라서 콘솔 박스 게임과 같은 현란한 그래픽은 구현하기 어렵다. 그대신 PC는 정보를 처리하고 연산할 수 있는 CPU를 가지고 있으며, 또한 대용량의 자료를 저장할 수 있는 HDD를 가지고 있다. 따라서 PC 게임은 주로 텍스트를 기반으로 긴 줄거리를 가지고 있으며, 이줄거리를 계속해서 풀어 나가는 종류의 게임이나, 인공지능을 이용한 장기, 체스와 같은 게임에서 출발점을 찾았다. 그러나 1990년대 후반 이후 비약적으로 발전한 그래픽 카드에 힘입어 기존 PC 게임의 장점을 유지하면서 그래픽도 화려한 대작 게임들이 다수 출시되어 무시하지 못할 영향력을 가지게 되었다. 처음에는 플레이어와 컴퓨터의 대결 형식으로 진행되는 게임이 주류였지만 네트워크가 발전하면서 플레이어와 플레이어가 대결하는 형식이 보편화되었다.

온라인 게임

기본적으로 PC에서 플레이한다. 그러나 정보처리는 PC에서 이루어지지 않고 서버에서 이루어지고 정보도 서버에 저장된다. PC 게임은 사용자와 컴퓨터가 대결하는 것을 원칙으로 하고, 게임도 사용자가 자신의 PC에 설

온라인 게임 어둠의 전설

치해서 플레이하지만 온라인 게임은 복수의 사용자들 간의 대결이나 협력을 전제하고 있고, PC는 단지 서버에 접속하는 도구이며 게임 자체는 서버에 설치되어 있다. 온라인을 통해 동시에 접속한 복수의 플레이어들은 서로 경쟁하기도 하고 동맹하기도 하면서 게임을 풀어나간다.

2000년대 이후 온라인 게임은 기존의 PC 게임을 변방으로 밀어내면서 새로운 주류 게임으로 성장하고 있다. 그러나 사용기간이 길어질수록 많은 수익을 올리는 온라인 게임의 특성은 중독성이 강한 게임을 양산하는 폐해도 만들어 냈다.

특히 온라인 게임은 D&D게임에 적합하다. D&D게임은 Dungeon & Dragon 게임의 약자로, 중세의 컴컴한 지하 감옥이 주요 무대가 되고, 용과 같은 전설의 괴물들이 등장하는 게임이다. 이런 세계를 홀로 모험한다는 것은 어려운 일이기 때문에 함께 모험할 동료들을 모아서

파티를 구성하는데, 이는 PC 게임에서는 그대로 구현하기 어렵고 오직 온라인 게임에서만 완전히 구현할 수 있다. 이렇게 다수의 사용자가 접속하여 진행하는 D&D게임이 MUD(Muti user Dragon)게임 혹은 MMORPG게임이며, 시중의 온라인 게임의 절반 이상이 이런 종류의 게임이다.

플레이 목적에 따른 분류

컴퓨터 게임을 구동 환경에 따라 분류할 수도 있지만 내용에 따라서 분류할 수도 있다. 이 분류는 흔히 컴퓨터 게임의 장르라고 불린다. 물론 이 장르는 어떤 뚜렷한 기준에 의해 만들어진 것은 아니고 다분히 관습적이다. 그럼에도 불구하고 실제 널리 사용되고 있기 때문에 전혀 무의미한 것으로 치부하기는 어렵다. 또 이 장르는 그저 관습적이기만 한 것은 아니다. 여기에는 분명한 기준이 있는데, 그것은 궁극적으로 플레이어가 게임을 통해 달성하고자 하는 목표에 따른 기준이다. 여기에 따라 컴퓨터 게임을 다음과 같이 분류할 수 있다.

시뮬레이션 게임(Simulation game)
이 게임은 말 그대로 컴퓨터를 이용하여 실제 상황을 모의로 체현하는 것을 목적으로 한다. 플레이어는 시장이 되어서 도시를 운영할 수도 있고, CEO가 되어서 기업을 경영할 수도 있고, 부모의 입장이 되어서 아이를 육성할 수도 있다. 심지어는 신이 되어서 인간들을 다스릴 수도 있다. 시뮬레이션 게임은 주로 PC 게임이 대부분인데, 이런 시뮬레이션이 가능하기 위해서는 복잡한 연산과 인공지능이 필요하기 때문이다. 따라서 아케이드 게임기나 콘솔 박스 게임기로는 구현하기 어렵다. 최근에는 일상생활을 그대로 시뮬레이션한 게임들이 인기를 끌고 있다.

롤플레잉 게임(Role playing game)

여기에서 말하는 롤플레잉 게임은 단순한 역할극 놀이가 아니다. 이는 오히려 중세 영웅 사가(saga)가 게임 형태로 진화한 것에 가깝다. 이런 종류 게임에서 가장 중요한 것은 세계관이다. 즉, 현실이 아닌 또 하나의 세계가 필요하며, 이 세계의 여러 법칙, 직업, 종

일상생활을 시뮬레이션 한
게임: 심즈

족, 나름의 지리적 환경과 역사도 필요하다. 주로 이 세계는 중세적인 경우가 많으며, 플레이어는 이런 세계 속에서 어떤 영웅적인 등장인물의 역할을 맡아 모험을 진행한다.

이 종류의 게임에서 가장 특징적인 것은 플레이어가 맡은 등장인물이 게임을 진행하면서 성장한다는 것이다. 이는 전형적인 영웅 전설의 영향을 받은 것으로, 플레이어가 게임을 진행하면서 등장인물은 점점 강해지고 또 소지하고 있는 물품(아이템)도 풍성해지게 된다.

원래 이 게임은 대단히 장대한 줄거리와 복잡한 시스템을 필요로 하기 때문에 이런 연산을 가능하게 한 PC에서 주로 구현되었다. 그러나 최근에는 온라인 게임에서 주로 구현되고 있는데, 이는 다수가 동시에 접속하는 온라인 게임이야말로 가상의 세계를 구현하는 데 적합하기 때문이다. 플레이어는 또 다른 세계인 온라인 세계에서 모험을 하며 다른 플레이어들과 물품도 교환하고 때로는 동맹하고 때로는 전투를 벌인다.

마법의 세계에서 영웅적인
모험을 즐기는 전형적인
롤플레잉 게임:
네버윈터 나이츠

전략 게임(Strategy game)

전략게임의 원조는 장기나 체스다. 장기나 체스는 상징적으로 표현된 전쟁이며, 장기말들은 상징적으로 표현된 군대다. 컴퓨터 게임의 중요한 장르 중 하나인 전략게임은 장기나 체스를 컴퓨터상에 구현하면서 동시에 그래픽을 이용하여 장기말들을 보다 실제 군인이나 무기와 비슷하게 바꾸어 놓은 것이다.* 컴퓨터 기술이 발달하면 할수록 유닛들은 더욱 실제 군인이나 무기와 비슷해지며, 효과 음향도 실제 전쟁을 방불케 한다.

전략게임은 게임상의 시간의 흐름에 따라 턴 방식과 리얼타임으로 분류한다. 턴 방식은 전투를 벌이고 있는 쌍방이 번갈아 가며 한 수씩을 주고받는 방식이다. 이는 장기나 체스의 방식이 그대로 적용된 것이다. 공격과 방어가 번갈아 가며 이뤄지며, 사실상 시간은 흐르지 않는다.

리얼 타임 전략 게임(Real Time Strategy game: RTS게임)에서는 실제로 시간이 흐른다. 이는 공격 측과 수비 측이 번갈아가며 수를 교환하지 않고 모든 것이 동시에 이루어진다는 의미다. 웨스트우드 사에서 1994년에 발표한 DUNE 2는 RTS게임의 효시로

실시간 전략게임:
라이즈 오브 네이션스

---

* 장기말에 해당되는 컴퓨터 게임의 용어는 유닛.

당시 대단한 반향을 불러일으켰다. 플레이어는 상대방을 공격하기 위해 기지를 건설하고 자원을 수집하고 무기를 생산하여 군단을 편성하고 공격을 감행하는데, 이러한 작업은 상대방 역시 동시에 진행하고 있기 때문에 턴 방식보다 훨씬 긴박하게 게임이 진행된다. 어떤 면에서는 이런 RTS게임이 등장하면서 전략게임은 비로소 장기, 체스의 그림자를 벗어났다고 볼 수 있다. 우리나라에서 선풍적인 인기를 끌며 국민게임으로 정착한 스타크래프트 역시 리얼 타임 방식 전략게임이다.

그러나 RTS게임이 보편화되었다 해서 턴 방식 전략게임이 사양화된 것은 아니다. RTS게임이 긴박하게 진행되는 시간 때문에 전략뿐 아니라 순발력, 유닛 컨트롤 등의 신체적인 요소도 승패에 영향을 주지만 턴 방식 게임에서는 충분히 생각하고 나서 다음 수를 진행하기 때문에 지략만으로 승패가 가려지기에 이를 선호하는 플레이어도 꾸준히 유지되고 있다.

퍼즐 게임(Puzzle game)

조각 맞추기 게임은 가장 역사가 오래된 컴퓨터 게임 중 하나다. 여기에는 단순하게 도형 조각들을 맞추는 게임에서부터 여러 단서들을 맞춰서 사건을 해결해 나가는 추리게임에 이르기까지 다양한 종류가 포함된다. 흔히 조각 맞추기 게임은 퍼즐 게임으로, 사건 해결 게임은 어드벤처 게임

퍼즐 게임의 고전 테트리스

미궁의 사건을 해결해 나가는
어드벤처 게임 원숭이섬의 비밀

으로 부르기도 한다.

조각 맞추기 게임은 그래픽의 부담이 없기 때문에 PC의 성능이 충분하지 않던 1980년대부터 이미 PC용 게임으로 널리 보급되었다. 최근에는 작은 화던에서 플레이하기에 적당하기 때문에 모바일 게임의 주류가 되기도 하였다.

어드벤처 게임은 주로 미지의 장소에 미지의 상황에 빠진 등장인물의 역할을 맡아서 진행한다. 플레이어는 주어진 단서들을 이용하여 상황을 판단하고 다음 행동을 결정해서 사건을 풀어 나가야 한다. 최근 롤플레잉 게임이 장대화되면서 이런 퍼즐링의 요소를 흡수하는 경향이 있기 때문에 어드벤처 게임의 독자적인 영역은 축소되는 경향을 보인다.

액션 게임(Action game)

액션게임은 컴퓨터로 행하는 일종의 스포츠다. 대결의 승리가 목적이며, 플레이어에게 요구되는 능력은 지략보다는 숙달된 손놀림이다. 이는 아케이드 게임기의 주종을 이루었으며, 화려한 그래픽의 구현이 가능한 콘솔 박스 게임 역시 이 장르를 중심으로 발전하였다.

격투 게임(Fighting game)

이 게임은 플레이어가 게임상의 캐릭터를 이용하여 전투를 벌이는 게임이다. 전략게임에서는 플레이어가 군대를 지휘하는 지휘관이 된다면, 격투게임에서는 직접 전투하는 입장이 된다. 플레이어가 키보드나 조이스틱을 조작함에 따라 캐릭터는 정해진 격투 동작과 기술을 구현한다. 이때 필요한 기능은 단순한데, 적의 공격은 피하고 나의 공격은 적중시키는 것이다. 순발력 있게 키보드나 조이스틱을 조작하는 능력이 다른 어떤 능력보다도 중요하다. 격투게임은 아케이드게임이나 콘솔 박스 게임의 주류를 이루었다. 지금도 가장 많이 팔리는 콘솔 박스 게임은 대전 격투게임이 주종을 이루고 있다.

슈팅 게임(Shooting game)

슈팅게임은 엄밀하게는 격투게임에 포함된다. 그러나 사격을 겨루는 게임을 따로 슈팅게임으로 분류하는 것이 일반적이다. 이 종류의 게임들 중 최근 가장 유행하는 것은 플레이어가 조종하는 캐릭터는 화면에 등장하지 않고 사격해야 할 대상들만 화면에 1인칭 시점으로 등장하는 1인칭 슈팅 게임(First Person Shooter)이다.

이 게임은 화면이 마치 실제 눈앞에 펼쳐진 정경처럼 보이고, 총을 쏘아 맞히거나 가격할 때 마치 자신이 직접 쏘고 가격하는 것과 같은 타격감을 준다. 이 때문에 폭발적인 인기를 끌고 있는 반면, 많은 보수적인 단체들로부터 청소년들의 폭력성을 심화시킨다는 비판을 받기도 한다. FPS게임이 이런 비판으로부터 자유롭지 않은 것도 사실이다. 위에서 내려다보거나 혹은 45도 각도로 비스듬히 바라보는 각도와 달리 정면으로 바라보는 시점을 채택한 이 게임은 플레이어가 조종하는 캐릭터가 전혀 화면에 보이지 않고 단지 그가 들고 있는 무기만 나타난다. 이 경우 플레이어는 게임상의 캐릭터를 의식하지 않으며, 플레이어 자신을 의식하고 마치 자신이 직접 무기를 들고 있는 것처럼 느낀다. 따라서 살상이 이뤄질 경우 게임 장면이라는 느낌보

FPS게임 카운터 스트라이크 　　90년대 인기 격투게임: 스트리트 파이터 2

다는 자신이 무엇을 파괴하거나 누군가를 살해했다는 느낌을 다른 어떤 게임보다도 강하게 받게 된다.

스포츠 게임(Sports game)

이 게임도 기본적인 원리는 격투게임과 같다. 다만 대결하는 종목이 싸움이 아니라 공인된 스포츠 종목이라는 점에서 다를 뿐이다. 똑같은 격투라도 길거리 싸움이면 대전 격투게임이지만 복싱이 되면 스포츠 게임이 된다. 격투 게임과 마찬가지로 스포츠게임도 키보드나

실제 경기를 방불케 하는 축구게임 위닝일레븐

조이스틱을 순발력 있게 조작해서 승리하는 것을 목적으로 한다. 특히 그래픽 처리기능이 우수한 콘솔 박스 게임은 실제 경기장면의 실사와 흡사한 화면을 제공하여, 플레이어가 실제 경기장에 온 것 같은 착각을 유발한다. 심지어

FIFA 2006, NBA Live, Winning 11 Evolution 같은 게임은 실제 선수들의 데이터를 이용하여 능력치나 동작까지 실제와 거의 흡사하게 느낄 수 있다.

권재원

서울대학교 사범대학 및 대학원을 졸업하였다.(교육학 박사)

1992년부터 18년간 중학교에서 사회를 가르쳤으며, 현재 풍성중학교에 재직하고 있다.

2004년부터 서울대학교, 상명대학교, 한국방송통신대학교에서 강의했다.

참교육 연구소 부소장과 전교조 부대변인을 역임했다.

'교육이 청소년의 인권과 행복에 기여하는 길이 무엇인가'라는 화두를 평생의 과제로 삼고 계속 고민하고 있다.

저서로는『청소년을 위한 민주주의 교육의 이론과 실제』(공저),
『컴퓨터 게임 중독증의 이해와 치료』,『한국 교실에 적합한 교육연극 모형의 개발과 적용』(공저),
『학교에서의 청소년 인권』,『내가 만일 대통령이라면』(공저) 외에 논문 다수가 있다.

게임은 일려주고 중독은 치료하는 학부모 지침서
게임 중독
벗어나기

초판인쇄 | 2010년 11월 15일
초판발행 | 2010년 11월 15일

지 은 이 | 권재원
펴 낸 이 | 채종준
펴 낸 곳 | 한국학술정보㈜
주   소 | 경기도 파주시 교하읍 문발리 파주출판문화정보산업단지 513-5
전   화 | 031) 908-3181(대표)
팩   스 | 031) 908-3189
홈페이지 | http://ebook.kstudy.com
E-mail | 출판사업부 publish@kstudy.com
등   록 | 제일산-115호(2000. 6. 19)

ISBN   978-89-268-1632-5 03370 (Paper Book)
        978-89-268-1633-2 08370 (e-Book)

이담 은 한국학술정보(주)의 지식실용서 브랜드입니다.